Y.771.
2.   2.

Y.3936.
4.

LA SECONDE PARTIE DE L'ALEXIS

De Monseigneur l'Euesque de Belley.

Où sous la suitte de diuers PELERINAGES *sont deduites plusieurs* HISTOIRES *tant anciennes que nouuelles, remplies d'enseignemens de* PIETE'.

A PARIS,
Chez CLAVDE CHAPPELET, ruë sainct
Iacques, à la Licorne.

M. DC. XXII.
AVEC PRIVILEGE DV ROY.

A MADAME
SOEVR DV ROY.

MADAME,

La seconde traitte de ce PELERIN, vous regarde comme son Estoille matiniere, puis que la premiere voit le iour sous les influences des faueurs, & de la protection de MONSEIGNEVR, Frere du Roy, & le vostre; sa bonne reception vous inuite a vn pareil accueil; & la nauigation de ce voyageur qui s'embarque sur la perilleuse mer des iugemens des hommes, ne pourra estre qu'heu-

EPISTRE.

reuse, si elle a pour flambeaux deux si grãds Astres, non tant jumeaux que germains, & qui sont maintenant les deux Poles de nostre France, que nostre Soleil enuironne de ses splendeurs: Luy que les François regardent comme le premier fleuron de ceste belle Monarchie, Vous qu'ils cõsiderent comme vn brillant qui jette ses rayons au dedãs & au dehors, emplissant de desir, d'admiration, & de jalousie les courages de tant de Princes. Le Ciel qui vous a fait naistre d'vn double Lys, de Frãce & de Florence, vous a dõné dans vn corps bien composé vne ame si genereuse & si grande, qu'on la diroit extraitte de celles de l'inuincible HENRY & de l'incomparable MARIE, puis que vous portez le nom de tous les deux, si l'origine des ames n'estoit point reseruee à la main de Dieu qui les respand comme des perles celestes dans les nacques des corps quand ils sont suffisamment organisez. Ceste extreme Grandeur de vostre naissance qui met vostre front dans les estoilles, fait paroistre si basse toute autre Grandeur, qu'elle estouffe toute ambition en vous, & en nous les souhaits qui ne peuuent estre qu'inferieurs à vostre merite. La France desire vous retenir comme vne perle precieuse, par le prix de son propre sang ; & toutes les Couronnes estrangeres vous regardent comme vne toison d'or, dont elles voudroient enrichir leurs contrees. Que si vos aisneés emplissent l'Espagne de gloire, & la Sauoye d'honneur, il faudroit estendre les murailles du monde pour dresser un Empire digne de vous auoir. Le Roy, dont le iugement ourdit la trame de vostre destinee, sçaura bien discerner ce qui vous sera plus auantageux. Mais qu'il face tout ce qu'il voudra, il ne vous acquerra iamais plus de gloire que celle que vous possedez, de luy appartenir. Faittes, MADAME, que profitant en aage & en Sagesse deuant Dieu & deuant les hommes, vos Vertus secondent, ou s'il se peut, surpassent vostre sang, puis qu'il n'est point d'eminence qui leur soit comparable. Faittes qu'elles croissent auec vos annees, iusques au plein iour de la perfection, & qu'elles ne soient pas tant en vous accident, que substance,

EPISTRE.

habitude, que nature; Afin que nous vous puissions publier pour la plus Vertueuse, comme vous estes la premiere, & la plus illustre Princesse de l'Vniuers. De laquelle ie ne sçay si ce ne sera point plustost temerité, que reuerence, de me dire,

MADAME,

Tres-humble & tres-
obeyssant seruiteur.

IEAN PIERRE, E. DE BELLEY.

L'AVTHEVR AV PELERIN ALEXIS.

TOVT le monde se plaint, mon Pelerin, de ce qu'estant desia sur le poinct de la Troisiesme Partie des courses que tu promets, tu n'es pas encore sorty de ta premiere cachette. On dict que tu n'es Pelerin que de la langue, & non des pieds, & que tu veux voir tout l'Vniuers sans partir d'vne place. A cela ie ne sçay ce que tu respondras, si tu ne dis que ce fameux Drac qui fit toute la rondeur de la terre & des eaux en peu de temps, ne donna pas plus de peine à ses pieds, puis que ses promenades estoient bornees de la circonference du Tillac de sa Nauire. Ouy mais il alloit par mer, & toy par terre. Tu reparts que tu ne vas ny par mer ny par terre : mais par l'air à l'ayde d'vne plume; & que tu n'es Pelerin ny de pieds ny de langue, si l'on ne dit comme le Psalmiste :

Au Pelerin Alexis.

Que tu es abondant en beaucoup de langage,
Et que tu entreprends un si ample voyage,
Que pour en voir le bout, le plus viste escriuant
Ta langue de sa plume à peine iroit suiuant.

De moy qui me sens, comme estant ton Secretaire engagé, à ta defence, ie dy que qui voudra cheminer si viste, haste son pas tant qu'il luy plaira, que tu ne t'es pas obligé de le suiure. Que ces hastez aillent s'ils veulent auec les oyseaux; estant nay de race qu'on appelle en Austrasie, de l'ancienne Cheualerie, d'où tu tire ton extraction, tu ne fais pas profession d'aller trop bien à pied. Aussi n'entreprends-tu tes Pelerinages que par Pieté, laquelle va tousiours assez tost selon Dieu, si elle va bien : le Prince des Apostres auertissant les Pelerins de ceste vie de ne cheminer pas dans l'excessiue serueur d'vn zele moins discret. Ceux qui voudrõt aller en poste auec les Mages d'Orient, & faire en peu de temps de grandes équipees, auront bien tost despesché le voyage de Bethlehem. Tu as en recommandation le precepte de ce Philosophe, duquel dict nostre Caton François:

L'Autheur

Adore assis comme le Grec ordonne,
Dieu en courant ne veut estre adoré:

Car en fin c'est pour honorer & seruit Dieu que tu voyages, c'est le but de tes desseins. Ce qui faict que tu es resolu de t'arrester à toutes les rencontres que tu feras, & de succer comme vne industrieuse abeille toutes les fleurs que tu treuueras pleines de suc pour en faire ton miel, faisant de petits essors pour reuenir tousiours à ta ruche, c'est à dire au rendez-vous de l'Isle-franche. Qui n'ayme qu'à deuorer vn faict, non à digerer les morceaux des digressions que tu tailles expressement, ne s'amuse pas à lire tes voyages : ne chasser que pour manger, ce n'est pas chasser en Gentilhomme, mais en gibboyeur & en prouuoyeur. Tu as pour ta deuise celle de Cesar, qu'il se faut haster lentement ; ceux qui marchent auec tant d'impetuosité ne font pas des courses de duree. Tu ressemble à ces animaux mundes, tu chemines en ruminant, & rumines en cheminant : tout viendra bien à son poinct à qui aura loisir d'attendre. D'autres se plaignent, & selon moy, pour te parler en amy, mon Pelerin, il me semble qu'ils ont quelque raison, de ce que faisant cognoistre les autres tu te rends incogneu toy-mesme ; pareil à ces sages femmes qui font accoucher les autres, & ne font plus d'enfans: Mais tu me dis que c'est aussi le propre des sages hommes de se cacher; celuy là viuant le mieux, selon l'ancien prouerbe, qui se cache le mieux. Il me semble donc que tu ferois plus à propos de te taire du tout si tu te veux rendre autant mescognoissable qu'inuisible. Mais de ressembler à ces gens qui veulent paroistre en balets, & se masquent de peur d'estre cogneus, & à ces machines qui marchent & qui cachent les ressorts qui les font mouuoir; c'est imiter Penelope, qui faisoit vn ouurage le iour qu'elle deffaisoit la nuict, pour tromper l'attente de ses poursuiuans; & c'est le vray moyen de ne voir iamais le bout de son trauail, chose neantmoins que les ouuriers & les voyageurs desirent auec tant d'impatience. Tu responds, que pour ceux qui courent les Benefices il est bon d'aller ainsi hastiuement, mais pour toy qui es sans obligation, sans pretension, sans interests, & sans dessein, que tu vas à ton ayse où te conduit ton bon Genie; indifferent où la nuict de la mort te prendra, sçachant qu'és grandes entreprises c'est assez d'auoir osé, & que le grand Maistre que tu sers ne regarde pas tant en nos seruices les effects que les affections. Mais aussi ne te rendras-

L'Autheur

tu point importun à tes Lecteurs, en te cachant ainsi, comme ce Peintre derriere ton tableau, pour escouter leurs iugemens, en couurant le bras qui ruë tant de pierres, & en imitant ceste saffrette Galathee du Poëte, qui lance des oranges, & puis entreueuë se relance dans le plus espais du boccage. Et c'est à quoy tu dis que consiste ton plus grand plaisir, de voir combattre des aueugles, & disputer parmy ceux qui te liront qui est Alexis, qui est Menandre, qui Florimond, qui Meliton, qui Serafic, qui Basile, qui Theophore, & tant d'autres que tu feras monter sur ta Scene portatiue ; & cependant tel pensera tenir Iunon par les pieds qui n'aura qu'vne creuse nuee, & tel atteindra au but qui ne croira pas l'auoir rencontré. Mais, mon cher Alexis, à quoy sont bonnes toutes ces couuertures, puis qu'il n'y a point icy de feintes, ains que ce sont toutes veritez ; ne sçais-tu pas que la Verité fille du Ciel veut estre veuë à nu, & que les desguisemens luy desrobent sa gloire? Tu dis au rebours, que nuë elle est odieuse, que cruë elle est nuisible à beaucoup d'estomachs incapables de la digerer, & que cet artifice si simple de noms changez, & de qualitez diuersifiees pour oster la premiere face des Histoires & en leuer la trace aux chiens les mieux ameutis, & qui ont le meilleur nez, oste comme les dents à la couleuure, le reste n'ayant aucun venim. Au lieu que de parler tout ouuertement des vices ou des vertus des particuliers, qui sont les actions plus communes de la vie humaine, c'est treuuer le moyen d'apporter plus de scandale que d'edification, qui est tout le reuers du but où tu pretends. Que la cognoissance des personnes n'adjouste rien à la force de l'exemple, & que ce qui est à imiter, ou à euiter, se monstre assez sans cela. Le Sauueur mesme dans ses Paraboles espargnoit ainsi les noms des personnes reprouuees, ne nommant ny l'adultere, ny le mauuais riche, ny leurs semblables. En somme comme il faut reprendre le mal & espargner les mauuais, pour monstrer que c'est le defaut que l'on cōbat, non la persōne que l'on hait; ainsi faut-il faire parlant de diuerses occurrences & de diuers personnages. Et puis en fin, que sçait-on, me dis-tu, si tout cecy est parabolique, peut-estre, pour trancher le fil de tant d'importunes enquestes, qu'il vaut mieux le dire ainsi, & que chacun voye ses veritez dans ces emblesmes, si bon luy semble. Au demeurant ie t'aduertis si tu es si obstiné à te celer, qu'apres t'auoir bien prié de faire paroistre ta face à mes yeux, & resonner ta voix à mes oreilles, ie m'addresseray au sage Menandre, ou à quelqu'autre de ta cognoissance, qui m'apprendra de tes nouuelles à ton insceu; & lors semblable aux compagnons de Sason, ie laboureray auec ta genisse. Et que sçais-tu si dans le monde où tu te produit ainsi enuelopé, il n'y aura point quelqu'ame furieusement curieuse qui en aille au Deuin; on y va bien pour de moindres occasions: Mais ie voy bien que tu te fies en ce que le Diable ne cognoist pas les pensees, & pour cela que n'estant encor qu'en idee il ne te peut cognoistre. Pourtant tu as beau faire, i'espere qu'en fin la langue ou la plume te feront vn mauuais office, ce sont de mauuais outils pour couurir vn secret; tost ou tard, dict le prouerbe, la souris est manifestee par son cry. Que si tu feins ainsi par vn vtile stratageme, afin d'attirer à pareil combat que celuy que tu entreprends contre les mauuais Liures, quelques bonnes plumes seruans de perdrix de reclam qui appelle les autres pour les faire donner dans la tonnelle, ie louë ton project, & ie te conseille de te tenir clos & couuert, iusques à ce que quelque Phœnix renaisse de tes cendres; chose que desire ton Secretaire auec vn extreme empressement de cœur. Et c'est pour cela qu'il te faict si souuent

au Pelerin Alexis.

prendre la trompette en la main par le recit de tant de pieces de Poësie; car pour dire la verité les pieds nombreux des vers ont vn son aussi esclattant par dessus la prose, comme celuy de la trompette surpasse celuy de la voix humaine. Que si on te reprend d'y estre trop abondant, tu pourras dire que Dauid estant vne source inespuisable qui s'offre à toutes les imaginations, & la version de l'Abbé de Iosaphat en offrant vne moisson si plantureuse, auec les imitations & les inuentions de tant d'autres excellens esprits, se delectans en ce genre d'escrire; il est malaysé de ne faire de larges emprunts en des bourses si liberales, & de ne dixmer amplement, ou de ne glaner abondamment en des champs si fertiles; où tu ne fais que comme les brebis qui laissent aux herbes qu'elles broutent ie ne sçay quelle humidité qui les faict aussi tost repousser; ou comme l'abeille qui faict plustost son miel de l'esprit des fleurs que de leurs fueilles. Et puis quel homme de bon sens ne iugera que tu honores beaucoup les Autheurs de ces rares pieces, en les alleguant comme si c'estoient des Homeres, & des Virgiles; certes s'ils sont eux-mesmes iustes estimateurs de la gloire que tu leur procures, ils ne mespriseront pas celuy qui

L'Autheur

les met en estime, & qui ne les produiroit pas s'il ne prisoit beaucoup leur labeur, puis qu'il en pare & releue le sien. Et puis ces mauuais & pernicieux Liures, que ton Escriuain s'efforce de combattre sous le bouclier de tes Pelerinages, imitans en la conduitte de leurs contes les feintes des Poëtes, & meslans dans leurs escrits mille & mille vers engendrez par la superabondance de la chair & du sang, & dignes d'estre rongez par les vers de la terre; n'est-ce pas chercher l'antidote dans la cantharide, & dans la vipere mesme; & de la mesme lance qui faict la blesseure procurer la guerison; que d'enchanter sagement par de semblables charmes, chassant les esprits malings auec la harpe de Dauid? Car bien que la Poësie ne semble estre en son iour qu'en des subjets friands & libertins, si est-ce qu'il faut essayer tant qu'on peut de l'arracher d'entre les mains du vice, comme d'vn possesseur injuste. Que si sans aucun blasme, ains auec beaucoup de loüange de leurs Autheurs, plusieurs Histoires sainctes tant de l'ancienne que de la nouuelle Alliance, ont esté mises en vers: si sainct Gregoire Euesque de Nazianze par excellence surnommé le Theologien, a faict des Tragedies sacrees, & d'autres pieces Poëtiques,

pour-

au Pelerin Alexis.

pourquoy ne sera-t'il permis de mesler des Vers parmy des Narrations pieuses, ce qui est si souuent pratiqué par S. Hierosme, S. Augustin, S. Bernard, & plusieurs autres saincts Peres? Ne seroit-ce pas vne iniustice manifeste de dénier à l'ornement du Téple, pour l'edification des ames, les precieuses estoffes dont se parent les Dames? Ne fondra-t'on iamais l'or & les bracelets que pour faire vn veau d'or? & n'osera-t'on employer pour la verité & pour le salut les mesmes artifices qui tirent à la vanité, & qui meinent tant d'esprits à leur ruine? Mon Alexis, n'est ce pas vne chose deplorable de voir tant de gens pendus aux mamelles empoisonnees des Lamies du Monde, qui n'ouurent leurs bras & leur sein à leurs petits que pour les estouffer? de voir des Vers si bien tissus, que ce sont autant d'enchâtemens, & autant de breuuages venimeux qui font couler le desreiglement dans les esprits les mieux faicts auec vne douceur d'autant plus dangereuse & mortelle qu'elle est suaue, & que nul antidotte s'oppose à ce malheur? Le plus ingenieux des Poëtes Romains se repentant de ces folies, qui le firent releguer parmy les Schytes, & appliquât les remedes aux maux que ses Vers auoient faits, cõseille à ceux qui se voudrõt retirer de l'Amour profane, d'e-

ẽ

L'Autheur

uiter la lecture de la Poësie, qui cache l'aspic sous de belles fleurs, voulant bien trahir la vanité de son art, tout remply de malice & de fard, pour le seruice de la Verité & de la Vertu. Et pourquoy ne sera-t'il pas permis à ceux que Dauid appelle des Enchanteurs Prudens, de prendre le contre pied, & de guerir les malades par le reuers de ce qui les perd, & par vne bône melodie ceux qui sont piquez des mauuaises Tarātoles? pourquoy ces industries seront-elles discōuenables ou defenduës à ceux qui excitēt & r'ameinent au bien? le môde aura bon marché de nous à ce conte, s'il luy est permis de nous attaquer par des endroits par où il ne soit pas loysible de se défédre, ny de réparer les bresches par où il vient à l'assaut. Ceste injustice ne viole t'elle pas ce droit de nature, qui permet aux attaquez de repousser les violéces? & quelle inegalité nous voudroit empescher de nous retreuuer par les mesmes destours qui nous perdent? Et qui ne plaindra, mon Alexis, la misere de tant d'esprits foibles, qui chassent apres le vent, & qui embrassent des ombres, auec le mesme empressement qui porte les enfans apres les papillôs, en les voyant s'enfoncer cōme apres des speculations & des estudes fort serieuses, en la lecture de ces vains ouurages, qui sōt sans soustien, cōme des murailles de terre & de chaux cruë, sans

tuf & sans moëllon, c'est à dire, sans suc &
sans moëlle. Viandes creuses qui réplissent
l'imagination de chimeres fantastiques, &
qui n'ont rien de plus constant que leur impertinence; despourueus non seulement de
solidité, mais souuent d'apparece, presque
tousiours de raison : car on n'y void qu'impossibilitez, qu'euenemens sans vray-sem-
blace, rencōtres extrauagātes, chasteaux en-
chantez, &, cōme disoient les espions d'Israel que la peur occupoit, parlans des habitans de la Terre promise, des hommes de la
race des Geans, qui rendent des combats
inimaginables tāt par mer que par terre; des
noms inoüys, espouuātables, & sans aucune signification; des mōstres tels que iamais
l'Affrique n'en enfanta de semblables; des
Roys, des Cheualiers, des terres, des lieux,
des pays qui ne furent iamais, & qui ne peuuent estre ; des artifices magiques ; par la lecture desquels les ames s'appriuoisent insensiblement à l'accointance des Demons,
& se rendent hardies à pratiquer les Sor-
ciers, & à exercer leurs sortileges, pour
voir si par l'ayde du pere de mensonge, ces
illusions qui nagent dans leurs cerueaux
ne se pourroient point former en experiences. Ie laisse à dire qu'ordinairemēt tous ces
fatras manquent de sens cōmun, & se treu-

ē. ij

uent sans liaison & sans suitte; on y saute des prez aux vignes, de la mer à la terre, du ciel aux abysmes, & cela en vn tourne-fueillet; ce sont de vains bastelages, de vrayes Comedies, qui ne sōt de mises qu'enuers ceux qui s'amusent apres les Charlatās & les ioüeurs de passe-passe. Apres tant de pures fables, qui ne laissét en la memoire que des embarrassemens, en la volonté que des vacuitez, en l'entendement que des estourdissemens, en la fantaisie que des crotesques, tout cela retournant en fin dans son principe, qui est le neant: Adjoustez-y les libertinages & les folastreries, que dis-je, mais les saletez & les ordures qui y sont desguisees sous des habillemens de vertu. On y void des cōbats abominables loüez, & releuez comme des trofees, des folles & brutales affections tiltrees des beaux nōs de fermeté, de fidelité, & de constance; des trahisons representees en termes honorables, des desbauches deprauees colorees comme des gentillesses, des enleuemens approuuez, en vn mot le vice assis par ces artifices au trosne qui n'est reserué qu'à la Vertu. Que si la Probité & les bonnes mœurs y sont renuersees, imaginez vous comme est traictee la Pieté, à laquelle la plus grande grace qu'on face c'est quand on n'y parle point de Dieu. Mais combien est il detestable d'y voir les Dieux des Payés, qui sont des Demons, dict le Psalmiste, non seulement nommez, mais inuoquez par des plumes Chrestiennes. Toutesfois ces Autheurs ont en cela quelque raison en leur folie, de ce qu'aux actions profanes qu'ils deduisent, ils dónent vne creance profane, nómans des Diuinitez qui ne sõt point, cõme les personnages dont ils produisent les feintes actions ne furent iamais. Cepẽdant ces lectures font imperceptiblemẽt perdre les sentimens de la vraye Religion à force d'inuoquer les Dieux des Gentils, de traitter de leurs sacrifices, de leurs augures, de leurs Tẽples, de leurs superstitions, de leurs Druydes, de leurs Prestres, & de leurs ceremonies. Ce n'est pas, mon cher Alexis, pour te dóner vne loüange Pharisaique; mais tu n'es pas comme toute ceste bande d'Escriuains, puisque tu prends leur cõtrepied. On ne verra dans tes narratiõs aucunes impossibilitez, point de folastreries insolentes & odieuses, rien de desraisonnable, d'extrauagãt, & qui surmóte l'imagination, si ce n'est quãd tu produits des miracles authẽtiques. Or en ces operatiõs toute la raison de l'œuure cõsiste en la toute-puissãce de l'ouurier. Point de fables, point de railleries, si on ne veut appeller ainsi quelques ioyeusetez & quelques traicts gaillards, glissez expressément pour resueiller l'esprit de tō Lecteur. Ce qui se peut iustifier par plusieurs semblables recreations, & honnestes libertez des anciens Peres; tesmoin ce Charlatan deuinant les pensees, dont sainct Augustin raconte l'histoire assez amplement. Tu ne dis rien que de vray, ou de vraysemblable, selon la liberté que donnent les Paraboles; rien qui ne puisse arriuer, ou qui ne soit auenu. Les noms mesme de tes Personnages sont ou tirez du Martyrologe, ou renuersez par anagrammatismes, ou signifient quelque chose, bien que tirez des lāgues estrangeres. Ton dessein general est en toutes tes histoires de blasmer le vice, quelque part qu'il se treuue, fust-il sous vne Thiare, ou sous vn Diademe, & de releuer la Vertu iusques aux estoilles, fust-elle sous la casaque d'vn paysan. Ta Religion par tout est Chrestienne, autrement tu ne serois pas Pelerin: ta profession pieuse & deuote; bref tes deportemens & tes paroles ne respirent que deuotion, & ne peuuent donner que de l'edification à ceux qui prēdront la peine de te voir en ces fueilles, où l'image de ta vie est depeinte. Mais tādis que ie t'entretiés, ie ne m'auise pas de l'impatiēce de tō Lecteur, qui brusle du desir de mettre ses pas en tes voyes, & de se ietter à corps perdu en ta Seconde traitte. Dieu t'en face la course heu-

au Pelerin Alexis.

reuse, & luy en rende la lecture profitable. Tes enseignemens luy seruiront de correction s'il les veut appliquer à son vsage, de remonstrance encor qu'il ne le vueille pas. Cependant soumets-toy tousiours de tout tó cœur à la césure de la S. Eglise, puis qu'elle est la ferme colône & la reigle infaillible de ceste supreme Verité, qui dissipe les vanitez, les folies, & les mensonges, que la malice, l'erreur, & l'ignoráce enfantent tous les iours. Aussi bien sçay-je asseurément que c'est dans son sein que tu veux accomplir le cours de ton mortel Pelerinage.

TABLE DES SOMMAIRES DE LA seconde Partie d'Alexis.

Sommaire du premier Liure.

1. Complimens d'Alexis, de Menandre, de Serafic, & de Florimond. 2. Des Pelerins & des Chartreux. 3. Forme de la Chartreuse de Bonne-fontaine. 4. Passion de Meliton examinee. 5. De ceux qui se font Religieux par desespoir. 6. Dessein des Pelerinages d'Alexis. 7. De ceux qui sortent des Religions par infirmité auant la profession. 8. Retraitte d'Egide à Bonne-fontaine. 9. De la fuitte du Monde. 10. Histoire de Plombin. 11. Duel. 12. Son mariage. 13. Que la vie Religieuse n'empesche pas les reciproques denoirs des peres & des enfans.

Sommaire du second Liure.

1. Histoire de Chrysogone. 2. Fils endurant patiemment les outrages de son pere. 3. Chrysogone fuyant le mariage, se iette aux Chartreux. 4. En est retiré par force. 5. Harangues d'Artault & de Chrysogone au Parlement. 6. Retour de Chrysogone, aux Chartreux. 7. Il est desherité par son pere. 8. Mort de Basilee. 9. Changement & heureuse fin d'Artault.

Sommaire du troisiesme Liure.

1. De la Priere Nocturne. 2. Histoire de Paul Emile & de Gemard. 3. Que les occupations necessaires ne destournent point du seruice de Dieu. 4. Theophore & Basile visitez. 5. Histoire de Theophore. 6. Entremeslee de celle de Syluestre.

Sommaire du quatriesme Liure.

1. Histoire de Basile. 2. Celle de Polixene, d'Antere, & de Calixtin. 3. Amitié de Lindamee & de Polixene.

Sommaire du cinquiesme Liure.

1. Aboys d'vn Cerf. 2. Pourparlé de Speusippe & de frere Gilles. 3. Mort de Polixene. 4. Lindamee malade, & ses regrets. 5. Conuersion de Basile. 6. Son stratageme pour quitter le monde.

Sommaire du Sixiesme Liure.

1. Silence prodigieux d'vne femme. 2. Mort d'Antere. 3. Basile va aux Ordres à Paris, & ce qui luy auint. 4. Traicts de Basile rebuttant les mondains. 5. Brusque repartie d'vn Anachorete à son Frere. 6. Adieu au monde.

ALEXIS,

ALEXIS.
PARTIE SECONDE.
LIVRE PREMIER.

SOMMAIRE.

1. *Complimens d'Alexis, de Menandre, de Serafic, & de Florimond.* 2. *Des Pelerins & des Chartreux.* 3. *Forme de la Chartreuse de Bonne-fontaine.* 4. *Passion de Meliton examinee.* 5. *De ceux qui se font Religieux par desespoir.* 6. *Dessein des Pelerinages d'Alexis.* 7. *De ceux qui sortent des Religions par infirmité auant la profession.* 8. *Retraitte d'Egide à Bonne-fontaine.* 9. *De la fuitte du Monde.* 10. *Histoire de Plombin.* 11. *Duel.* 12. *Son mariage.* 13. *Que la vie Religieuse n'empesche pas les reciproques deuoirs des peres & des enfans.*

ALEXIS plein de gentillesse, & de courtoisie, prenant doucement Menandre par la main, l'inuita, auec beaucoup de ciuilité, de passer de l'Eglise dedans le petit Cloistre. Où il l'attiroit en partie, (tant il estoit conscientieux) pour ne prophaner la Maison de Dieu, de discours, sinon inutiles, au moins disconuenables à vn lieu destiné à la Priere, & à l'Adoration de la Maiesté Diuine; sçachant combien elle a desagreable de la voir remplie de negotiations, ou d'entretiens seculiers: En partie pour pouuoir plus à son ayse le tirer à part, & luy communicquer quelque chose de secret. L'ayant donc mené à l'escart, où il luy declara en peu de paroles la cause qui l'auoit fait retirer de Paris, & chercher ce lieu sequestré de la conuersation, & du commerce des hommes, & les desseins qu'il auoit de fuïr la Babylone du Monde, mere des desordres & des confusions, pour operer auec plus de douceur & de tranquillité le salut de son ame: Menandre fut tout estonné de voir en vne si grande ieunesse vne si forte resolution, & vn tel courage en si peu d'experience. Neantmoins considerant que l'esprit de Dieu fait aussi bien des merueilles dans les ieunes Daniels que dans les vieux Elies,

Prenant pour accomplir sa loüange eternelle
La bouche des enfans qui succent la mammelle,
Afin que ses hayneux combatans ses hauts
faicts

Soient confus & deffaicts.

Et remettant en sa memoire la magnanimité d'Isaac aussi éclatante que la longanimité d'Abraham, la generosité du fils en l'acte heroique de ce sacrifice n'estant pas inferieure à celle du pere: Il luy sembloit entendant parler ce ieune Gentilhomme, qu'il voyoit renouuellé en luy ce que Dieu dit iadis à ce fameux Patriarche le Pere des croyans, Sors de ton païs & de ta parenté, & va en la terre qui te sera monstrée. Mais qui fut le plus estonné des deux, ou d'Alexis voyant Menandre son singulier amy sous vn habit extraordinaire auec son nom commun, ou de Menandre voyant Alexis auec son habit commun couuert d'vn nom extraordinaire; il seroit malaisé de le deuiner: que si le desguisement du nom pleût à l'vn, celuy de l'habit ne despleût pas à l'autre, puisque l'vne & l'autre action ne visoit qu'à la plus grande gloire de Dieu. Alexis remit à vn autre heure de descouurir à Menandre plusieurs particularitez de sa retraitte d'vn lieu si plein d'escueils, & où il ne pouuoit attendre qu'vn infaillible naufrage de sa pieuse vocation. Et cependant il luy dict, Voyez vous, mon cher Menandre, ce ieune homme couuert d'vne grande soutane Ecclesiastique, c'est vn de mes parens que i'ay pris comme vn autre Raphael pour me conduire en Rages, c'est à dire aux voyages que ie medite; sa forme exterieure qui paroist extremement auantageuse, est soustenuë par vne ame des plus belles, & des plus vertueuses qui se puissent dire; quand vous sçaurez sa fortune, que le loisir ne me permet pas de vous raconter maintenant, vous admirerez la bonté de la Diuine Prouidence, qui semble m'auoir suscité cet Ange gardien en vn temps extremement opportun. Les deux autres que vous auez veus dans l'Eglise, & qui y sont demeurez en priere, sont deux seculiers, qui quittans les orages de la mer du monde, sont venus se retirer en ceste cale à l'abry des vents & des flots, & lesquels n'estans plus en aage de pouuoir prendre le ioug de la vie des Chartreux, le sont toutesfois de volonté ne pouuans l'estre en effect. Et ils iouyssent en ceste saincte Maison de ceste paix de Dieu qui passe tout sentiment, & que Dieu a preparee en terre aux hommes de bonne volonté. Menandre se retournant pour remarquer celuy dont luy parloit Alexis, il le vit abouché auec Florimond, & ils s'entretenoient amiablement apres s'estre saluez auec beaucoup d'humanité. Ce qui fit que quittans leur entretien particulier pour s'auancer vers leurs compagnons, Alexis dit à Menandre que le sien ne vouloit estre cogneu que sous le nom de Serafic, pour les raisons qu'il sçauroit vne autre fois. Et le mien, dict Menandre, s'appelle Florimond, & est de la race des Pyrees, si fameuse en la cité d'Orleans. Des Pyrees, reprit Alexis, ô! Dieu ie cognois ceste famille, & elle a quelque affinité auec celle de ma mere, dont les ancestres sont originaires de ceste fameuse ville, ioint qu'ayant fait mes estudes en Iurisprudence en l'Vniuersité de ceste belle ville, outre les alliances que i'y ay, ie m'y suis acquis plusieurs cognoissances & i'y ay contracté quelques habitudes, peut estre que ie le cognoistray. Ie ne le pése pas, dit Menādre, car il me semble qu'il estoit en l'Vniuersité de Paris encore tout ieune enfant lors que vous estiez à Orleans. Sur ces paroles ils se ioignirent, & Alexis saluant Florimond, en mesme temps que Menandre & Serafic s'entrefaisoient la reuerence. Seigneur Florimond, dict Alexis, encore que ie n'aye pas l'honneur de vous cognoistre ny d'estre cogneu de vous, si est-ce qu'à l'air de vostre visage, sçachant que vous estes de la famille des Pyrees, ie suis le plus trompé du monde si vous n'estes le fils de

Pontus, personnage plein d'honneur & de merite, qui est de mes meilleurs amis, & auquel ie suis fort redeuable. Monsieur, reprit Florimond, ie suis fils de ce Pontus, des amis duquel, ce que ie luy suis, m'oblige d'estre seruiteur, & en ceste qualité ie vous supplie de receuoir l'offre que ie vous fais de mon humble seruice. Ie vous asseure, reprit Alexis, que ie vous puis bien dire auec verité ce que Raguel dit autrefois au ieune Tobie, que vous estes fils d'vn des meilleurs hommes du monde, pour lequel & pour les siens ie ne sçay ce que ie ne ferois pas; Dieu soit beny de ceste heureuse rencontre qui m'a fait treuuer, auec Menandre, que i'honore parfaictement, le fils d'vn homme que ie cheris de tout mon cœur. Tandis que ces esprits se lient par ces bons accueils, Menandre & Serafic tous deux fort modestes & respectueux ne se font pas pire chere, mais elle s'accreut en vn moment quand le bandeau de la mescognoissance tombant de deuant les yeux de leur amitié, Alexis fit cognoistre Menandre à Serafic par sa dignité, & quand la naissance de Serafic fut recogneuë par Menandre, car il estoit d'vne race qui a autrefois produict des Chanceliers à la France. Apres ces accueils & ces complimens, Alexis faisant passer nos Pelerins dans le grand Cloistre, où sõt distinguees par vn bel ordre toutes les cellules des Religieux, il les mena à celle de Dom Prieur, auquel ayant fait cognoistre Menandre par sa qualité, toute autre que celle que portoit son habit, il fut receu par ce venerable Pere, & charitablemét comme Pelerin, & respectueusement comme Senateur.

Apres les prieres preambulaires faictes à l'Oratoire, (tribut que les Chartreux exigent de ceux qui les visitent en leurs solitudes) ils entrerent sur plusieurs bons propos de singuliere edification, entr'autres ils parlerent de la dissemblance des Pelerins & des Chartreux, où Menandre fit voir & la beauté de son esprit, & la bonté de son ame. Car apres auoir loüé la saincte Eglise, comme ceste Royne de la droicte de Dieu, parée des atours de mille belles varietez, il monstra comme par des inuentions toutes diuines elle acheminoit tous ses enfans de quelque condition qu'ils fussent au but de l'eternité. Et apres s'estre respandu sur la multiplicité des vacations tant seculieres que regulieres qui militent sous l'estendard de la Croix en l'armee des fideles, & fait voir l'excellence de la vie des Chartreux, à laquelle comme à vn centre toutes les autres Religions les

A iiij

plus austeres & reformees peuuent aboutir, n'estant pas loisible de la quitter pour aucune autre vie, à cause de ceste decision du grand Maistre, Marie a choisy la meilleure part qui ne luy sera point ostee, & à cause de ceste insigne fermeté qui a tousiours maintenu cet Ordre en son entier à trauers la corruption de tant de siecles. En fin, dit-il, les violens rauissent les cieux, tant ceux qui se contraignent à vne residence perpetuelle, & qui s'enferment en vne chartre ou prison continuelle, comme ceux, qui comme nous, supportent les fatigues inseparables des voyages & des courses que nous faisons sur la terre. C'est pour cela, repliqua Dom Prieur, que Dauid se compare en sa retraicte tantost au Hybou, tantost au Pelican, tantost au Passereau solitaire, & puis en ses courses aux Pelerins, aux Colombes & au decoulement des fleuues. Toutes choses ont deux visages, ce qui est vne Croix à l'vn, paroist vne douceur à l'autre: les choses se rangent à la mercy de nos opinions. A ceux qui sont engagez dans la multiplicité des actions humaines, la solitude seble vn Paradis; à ceux qui s'ennuyent dans la retraicte les occupations de Marthe semblent delicieuses: heureux qui est contét en sa codition, & qui se plaist en l'action quád il y est appellé, & à la contemplation quand Dieu l'y attire. Ordinairement nous sommes iuges incompetens du faict & de la vie d'autruy, & nous l'estimons heureux par cela mesme qu'il tient pour misere. Les grandes dignitez sont accompagnees de beaucoup d'affaires, & ces affaires trainent beaucoup de fatigues & d'embarassemens à leur suitte. Cependant on en admire les roses, & on n'en regarde pas les espines: plusieurs en voyent les onctions & les delices, qui n'en considerent pas les supplices & les Croix. D'autres qui pensent que la tranquillité d'esprit se treuue dãs la desoccupation des affaires, se trompent, parce que si les passions ne sont bien reiglees l'esprit desordonné se tourmente luy mesme: vne ame bien faitte se peut faire vn monastere dans le monde, & se composer vn desert & vn Hermitage parmy les compagnies; tout ainsi qu'vn mauuais esprit peut r'appeller par son imagination le monde dans vn Monastere, & sous vn habit de saincteté mener vne vie profane. On se peut sauuer par tout, on se peut perdre par tout. Plusieurs se sont sauuez dans la solitude, où Loth fit vn si estrange naufrage; & plusieurs se perdent dans le siecle, où ce personnage se maintient auec tant d'integrité parmy tant de deprauations qui l'enuironnoient. Israël qui fut si patient sous l'esclauage d'Egypte murmura dans la liberté du desert. Et S. Hierosme confesse que lors qu'il estoit dans les conuersations des compagnies Romaines, il estoit moins trauaillé de tétatiōs que depuis qu'il fut retiré en Orient dans vne vaste solitude, où le souuenir de ce qu'il auoit veu luy apportoit plus de trouble que la veuë des choses ne luy auoit causé d'inquietude auparauant. Tout ce que Dieu a faict est non seulement bon, mais comme dict l'Histoire de la Creation, est tres-bon : il en est des vacations tout de mesme, elles sont bonnes en soy, & toutes nous acheminent au Ciel, qui est nostre derniere fin, pourueu qu'elles soient exercees auec fidelité, & selon l'ordre de la saincte Charité : l'on va à la Beatitude & par la stabilité des Chartreux, & par l'instabilité des Pelerins, & souuent il arriue que l'esprit fait essor quand le corps est arresté en vn lieu, & au contraire que le corps cheminant l'ame est recueillie. Soyōs fideles iusques à la mort, & nous aurons la couronne de gloire. Ce discours satisfit beaucoup Menandre & le fortifia en son deuotieux dessein. Alexis qui luy auoit fait estat de l'esprit de Dom Prieur, le regardant fixemēt leut sa satisfaction dans son visage.

Mais pour ne faire icy vn trop long regiſtre de leurs deuis, ie me contenteray de r'apporter les heureuſes rencontres que firent nos Pelerins en cette ſaincte Maiſon. Dom Prieur voulant par bienſeance conduire ſes hoſtes en leurs chambres & les y receuoir ſelon leur merite & ſelon leur qualité, fut prié par Alexis de permettre qu'ils viſſent quelques Religieux qui eſtoient de leur cognoiſſance, & meſme de leur parenté. Mais comme le iour s'en alloit finir, il luy repreſenta que le temps ſeroit trop court pour les entretenir, à cauſe que les Religieux ſe leuans à minuict ſe retiroient pour cela de bōne heure, ioinct que ſelon la reigle apres Complie le ſilence eſtoit commandé. Menandre qui eſtoit fort ponctuel ayma mieux remettre ces veuës au lendemain, & ce pendant employer ce qui reſtoit de iour à voir auec Dom Prieur quelques ſingularitez de la Maiſon, qui eſt à la verité vne des belles de ce Sainct Ordre des Chartreux.

3. Sa ſituation eſt en vn doux terre-plain enfoncé dans le plus fort de cette belle foreſt de Villiers, enuironnée des plus beaux arbres que l'œil humain puiſſe conſiderer, les iſſuës comme les aduenuës en ſont admirables, les routes grandes, longues, & larges, le lieu aſſez releué pour eſtre bien

sain, & assez abaissé pour iouyr de la commodité des eaux, qui y est telle, que de là elle est appellee Bonnefontaine (car c'est ainsi qu'elle doit estre nommee, non pas Bourg-Fontaine selon le vulgaire) la quantité des eaux y est telle, que non seulement les canaux en distribuent en tous les endroits necessaires pour la communauté, mais il n'y a cellule de Religieux qui n'en soit arrosee: Ce qui rend leurs petits iardins agreables comme des Paradis. Les bastimens y sont magnifiques, les cloistres agreables, & le grand spacieux comme le petit specieux. Alexis pratic en cette Maison eust bien releué Dom Prieur de la peine de conduire Menandre par tous les lieux qu'il estimoit capables d'occuper sa veuë, mais ce bon Pere dict qu'il deuoit cela à la saincte & tant recommandee vertu d'hospitalité. Il fit donc voir à nos Pelerins le grand cloistre qui estoit lors en sa beauté: car la saison du Printemps faisoit voir vn esmail de diuerses fleurs dans la verdure du preau, planté outre cela d'vne grande multitude d'arbres nains & à noyau, qui se faisoient voir en leur plus riche appareil: de petits ruisseaux pour la descharge des fontaines couloient parmy ce tapis verdoyant, & mesloient la clairté de leur cristal parmy la diuersité de l'esmail qui nageoit dans leur onde. Vne grande & maistresse Fontaine se voyoit au milieu, qui se deschargeoit dans vn grand canal, qui seruant de reseruoir faisoit paroistre dans son sein la vie des Peres, i'entends vne grande quantité de poissons destinez à l'vsage de la Maison. Dans les diuers endroits de la communauté, côme dans le Refectoir, le Chapitre, la Sacristie, le lieu des Colloques & des Côferences, paroissent plusieurs beaux tableaux, enuironnez d'ouurages de bois où l'art deuance de bien loing la matiere. Mais l'Eglise y paroist sur tout, non tant en sa grandeur qu'en sa netteté, en sa politesse, en ses ornemens, & en la maiesté d'vn Autel, qui pour dire la verité en deuance beaucoup & en a peu qui luy ressemblent. Car outre les belles peintures, les moulures, & les dorures qui l'enuironnét, il est paré d'vn grand tabernacle d'Ebene enrichy de cizelures d'argent, & recouuert d'vn beau pauillon où reluit la magnificence d'vne excellente broderie. Le reste du Chœur, & de la Nef est accôpagné de tableaux, qui soustiennét l'esclat de ce frôtispice. Les Chappelles suyuent ce principal enrichissement auec proportion, estât si bien assorties, qu'elles inspirent vne sensible deuotion à ceux qui y abordent. Le Soleil proche de son couchant, commençoit à effacer les couleurs qui delectent la veuë, quand Dom Prieur sortant de l'Eglise auec nos Pelerins Alexis & Serafic pour les conduire au logement des hostes, rencontra Dom Procureur qui le venoit assister en cet office de charité, ayant appris la venuë de ces estrangers. Il salua Menandre sans le recognoistre, tant cet habit le metamorphosoit: mais auerty par Alexis quel il estoit, il luy fit vne nouuelle reuerence, asseurant Dom Prieur des obligations que la Maison auoit à ce pieux Senateur, qui estoit vn de leur Protecteur dans le Parlement, & en cela aussi bien qu'aux vertus & aux honneurs, vray successeur de Theodose. Il fit recit de quelques affaires dont il auoit esté rapporteur & qui auoient heureusement succedé, ce qui faschoit la modestie de Menandre qui n'estoit ennemy de la verité que quand elle estoit à son aduantage, tesmoignant en cela son humilité. Ce qui luy fit dire à Dõ Procureur, Mon Pere vous me prenez pour quelque autre, ce n'est pas le propre des pauures Pelerins de faire des actions si signalees; ou si ces choses ont passé par mes mains cet habit les a effacees de ma memoire. Monsieur, reprit Dom Procureur, vous me faites souuenir de ce que le Sauueur difoit aux deux Pelerins d'Emaus, qui luy parlans des tourmens qu'il auoit foufferts en Hierufalem, il leur refpondit, quels tourmens, comme fi l'excez de fa charité les euft defia leuez de fa fouuenance. L'oubly des graces faictes eft auffi feant qu'il eft meffeát des receuës; il eft bon de fe fouuenir des bien-faicts, nullement des iniures: quant à nous nous n'auons pas accouftumé de recognoiftre les affiftances qu'on nous faict par vn oubly. Les Preftres pour cela portent toufiours vne double memoire à l'Autel & pour les viuans & pour les decedez. Encores ne faut-il pas nier vos propres courtoyfies, ny detenir la verité prifonniere, ie ne dis pas de l'iniuftice, mais de la diftribution d'vne equitable Iuftice; peut eftre que vous craignez que mon recit ne vous en defrobe le merite, vous eftes bien efloigné de nous les reprocher, puis que vous en faictes l'ignorãt, eftant auffi tardif à reciter les biens que vous nous auez faicts, que vous auez efté prompt à les faire: mais le temps qui cõme la mer ne peut rien tenir dedans foy qu'il ne reiette dehors, a voulu mettre au iour par ma bouche ce que vous vouliez eftre fecret: or ce font les chofes mauuaifes qui fe doyuent cacher, les bonnes & les iuftes ayment la lumiere & l'euidence. Mon Pere, reprit Menandre, si c'est vne prudéce Chrestienne de tenir couuert ce peu que l'on faict de bien, il semble que vostre charité me vueille priuer de ce bon-heur, de vous auoir rendu quelque seruice en preschant sur les toicts ce qui ne merite pas vne ombre de recognoissance: mais vostre cœur ressemble à ce bon territoire de l'Euangile qui produit le centuple. Monsieur, reprit Dom Procureur, puis que Dieu à mis vne lampe sur le chandelier de la Iustice, il est raisonnable que sa lumiere luise deuant les hommes, à fin que le Pere celeste en soit loüé en vous; il ne faut pas que vous ressembliez aux Cerfs qui cachent leur bois quád ils le posent, comme ne voulant pas que ce qui est salutaire aux hommes vienne en leur puissance: au contraire il faut que la iustice des iustes soit cogneuë au siecle, & que leur corne, c'est à dire leur puissance & leur auctorité, soit exaltee en gloire.

Sur ces deuis amiables, ils arriuerent au logis destiné pour la reception des estrangers, où le repas fut incontinent apporté, durant lequel on parla de diuerses choses: & parce qu'en ces lieux solitaires quand il arriue quelque accident extraordinaire, le souuenir y demeure long temps, parce qu'il n'est pas effacé par d'autres nouueautez, le

passage

passage de Meliton, dont le desespoir auoit remply toute ceste Maison d'estonnement, n'y fut pas oublié. Alors Menandre pensant auoir trouué vne belle occasion pour apprendre de ses nouuelles, qu'il n'auoit peu par toutes ses industries tirer de sa bouche, & s'en retourner tout instruict de la qualité & de la passion de ce personnage en l'Hermitage de Syluan; ce qui fit que suppliant Dom Prieur de luy dire quelques particularitez de ce Gentil-homme, ce bon Pere luy demanda, Puis que vous le cognoissez, Seigneur Menandre, ce seroit à moy de vous en demander: car tout ainsi qu'il est malaysé de voir vn visage dans vne eau trouble, ainsi nous n'auons pas eu le moyen de le recognoistre dans la turbulente agitation de la passion qui le transporte. Peut estre, mon Pere, repliqua Menandre, que vous voulez arrester ma curiosité comme fit le Lacedemonien celle de celuy qui luy demandoit ce qu'il portoit de caché sous son manteau, en luy disant, Ne voyez vous pas que je le tiens ainsi couuert afin que vous ne le sçachiez pas? aussi c'est peut estre vostre discretion qui vous faict ietter le voyle du silence sur les extrauagances de cet esprit possedé de la plus furieuse manie qui se puisse imaginer, & qui se plaist tellement en

B

son mal, que ce qui tend à sa cõsolatiõ l'afflige, n'ayant en son estrange maladie rien en plus grande horreur que sa guerison. C'est la verité, repliqua Dom Prieur, que l'extremité de son mal consiste en cette maligne complaisance qu'il y prend & en cette fuitte des remedes: car tout de mesmes que le pire de tous les sourds, est celuy qui bouche ses oreilles comme vn Aspic, pour n'admettre point les ingrediens de la raison dãs les vlceres de son ame; ainsi le plus malade de tous les infirmes, est celuy qui ne veut pas guerir. Et ne faut pas que vous estimiez que ce soit aucune consideration de ce que ie doibs à la Modestie qui me retienne de vous dire ce que ie sçaurois de ce ieune homme: car bien que nous deuions ou nous taire des imperfections d'autruy, en les cachant sous le silence, comme nous voudrions que l'on voylast les nostres; si est-ce que demeurant dans les termes de la Charité, l'on en peut parler deuant des personnes discrettes, ou en esprit de compassion, ou à dessein d'y apporter quelque remede. L'on peut dire le mal d'autruy sans mesdisance: car ce qui faict la mesdisance n'est pas tant le recit des fautes du prochain que la malice qui accompagne ce rapport. Et tant s'en faut que ie puisse rien dire de cet honneste adolescent qui luy peust estre preiudiciable, qu'au contraire dans l'excez mesme de la passion qui le tourmente parmy les clairs interualles qu'elle luy donne, l'on voit reluire vn bon naturel, & vn courage genereux, digne d'vne meilleure fortune, & d'vne plus heureuse auanture. Ie vous asseure que i'ay prié pour luy de bon cœur, & eu soin de faire prier nos Religieux pour la consolation de son esprit, non simplement affligé, mais outré. Ie croy que s'il pouuoit seulement venir à la cognoissance du deplorable estat où il est reduit, par vne Amour desordonnee, qu'il viendroit aussi-tost à resipiscence: car à ce que i'ay peu apperceuoir, il a les principes de la Foy Chrestienne grauez puissamment dans le cœur; & s'il estoit dessaisy de cette humeur estrange qui le rend si farouche, ie croy que dans la douceur de son naturel, on treuueroit de la docilité. Certes si i'eusse rencontré quelque iointure pour m'introduire en cet esprit, & pour le ramener au train de la raison d'où il est entierement detraqué, i'eusse tenu à honneur de le receuoir en nostre Compagnie, selon qu'il sembloit le desirer: mais il demandoit nostre habit d'vne façon si des-

B ij

sesperee, que je iugeay que ce seroit le profaner que le mettre sur vn corps dont l'esprit estoit en si mauuaise disposition. Voyla tout ce que i'en sçay, & tout ce que i'en puis dire; mais si vous l'auez veu depuis qu'il est sorty de ceans & sorty d'vne façon toute transportee, vous nous obligerez de nous apprendre de ses nouuelles, lesquelles je desire meilleures que ie ne les augure. Alors Menandre raconta à la compagnie la rencontre inopinee que Florimond & luy auoient faicte du deplorable Meliton, dont la vie eust esté esteinte comme celle d'vn autre Narcisse si la diuine Prouidence soigneuse de son salut, ne les eust faict égarer dans le boys pour le secours de cet esprit égaré. Et apres auoir succinctement rapporté ce qui s'estoit passé en l'Hermitage, selon qu'il a esté representé en la premiere partie de cette Histoire, il consola fort les Peres Dom Prieur & Dom Procureur quand il les asseura de la saincte disposition en laquelle ils l'auoient laissé auec le Pere Syluan. Nous auions bien sceu, dict Dom Procureur, qu'il auoit esté en l'Hermitage de Sainct Anthoine, mais nous en sceusmes aussi-tost la sortie que l'arriuee, par le Frere Palemon, qui apres l'auoir bien cherché par la Forest vint en cette Maison le recommander aux prieres de la communauté. Mais Monsieur, adiousta-t'il, ne nous sçauriez-vous apprendre de quelle maison il est, car il nous semble estre de Paris, & nous ne sommes point tant ignorans des familles de ce grand Monde, que nous n'eussions quelque cognoissance de sa race. Et c'est là, reprit Menandre, la mesme peine où je suis, car je n'ay pû encores sçauoir sa naissance ny sa parenté, quelques interrogatoires que je luy aye pû faire, tant il a sceu dextrement parer ces coups-là; seulement selon que i'ay pû coniecturer, c'est vn ieune Gentilhomme à qui la passion fiebureuse, que l'on appelle Aymer, & qui faict dire tant de resueries, a faict quitter le lieu de sa demeure, pour n'estre affligé de la veuë de celle qui s'est mariee à vn autre, apres luy auoir iuré plusieurs fois de ne se rendre iamais susceptible d'autre flamme que de la sienne.

Et voyla aussi, dit Dom Prieur, tout ce que i'en ay pû tirer : or iugez si c'est à nous de receuoir au seruice des Autels ces Amoureux transis, qui ne se dónent à Dieu qu'apres estre cassez aux gages & à la solde du monde, cela ne seroit-ce pas sacrifier au Seigneur les abominations des Egyptiens?

B iij

Mais, mon Pere, repliqua Menandre, ne sçauez vous pas que Dieu se sert de toutes sortes de chaisnons, soit de prosperité, soit d'aduersité pour nous attirer à soy? quand il affligeoit Israël c'estoit lors qu'il retournoit à luy: n'est-ce pas ce bon Dieu qui appelle nos ames à reconciliation, encores qu'elles ayent commis des desloyautez auec plusieurs adulteres? souuent ce qui est vicieux au principe se rend iuste par la rectitude de la fin. Ceux à qui le monde est crucifié, & qui sont crucifiez au monde, sont-ce pas les plus propres pour le seruice de celuy qui veut que ses suyuans chargent leurs Croix pour aller apres ses vestiges? Ce desgoust des choses de la terre est vn auant-goust de celles du Ciel; le rebut des oignons de l'Egypte fait treuuer la Manne plus sauoureuse. L'Apostre se disant le rebut & la balieure du monde, ne s'estimoit pas moins Apostre pour cela: & le Sauueur s'appellant vn ver de terre, & l'opprobre des hommes, & l'abiection du peuple, ne laisse de consoler ses Disciples de ce que le monde les hait, parce qu'il en a esté hay le premier. L'enfant qui a senty le succeron de la mamelle de sa Nourrice frotté de chicotin, ne voulant plus la tetter, se seure facilemét; ainsi ceux qui ont esté mal traittez dans le monde, & qui en sortent auec vne grande cognoissance de ses persidies, sont ordinairement les plus fermes Religieux. Tout ce que vous dittes est vray, repliqua Dõ Prieur, si vous y adiou-stez vne clause, qui est de sortir du monde sans regarder en arriere: mais tout ainsi que tous les Israëlites sortirent bien d'Egypte quant au corps, mais non pas quãt au cœur; car plusieurs regretterent les cyboules des marmittes de cette Region d'esclauage, d'où vint que ceux-là moururent dans le desert sans voir la terre de promesse ; ainsi ceux qui mettent la main au soc de la char-ruë Religieuse, & qui tournét le visage derriere leurs espaules sont indignes du Royaume de Dieu, & souuent se trouuent semblables à la femme de Loth changée en statuë : car on les prend pour Religieux à l'apparence de leur habit, mais ils ne le sont pas d'œuure, & de verité. Idoles seulement & simulachres de Religion, & qui n'ont, comme dict l'Escriture, qu'vne vaine apparence de Pieté, non la solide substance, l'escorce, non la moelle, non l'estre, mais le sébler. Et certes il est bien mal-aysé que l'arbre produise de bons fruicts dont la racine est pourrie, que les ruisseaux soient clairs dont la source est bourbeuse, & que les esfects soient bons dont la cause est mauuaise. Les Corbeaux noirs n'engendrent pas des Colombes blanches, ny les desseins desesperez des productions deuoticuses: Si Dieu par vn miracle special, ne tire la lumiere des tenebres, le feu de la bouë, & le bié du mal, mais c'est par vn secret qui n'est cognu que de luy seul, & dont il ne faict voir des exéples que raremét; & nous ne parlons que de ce qui arriue plus ordinairement. Or l'experience nous enseigne que ce Dieu qui entend le desir des pauures, & la preparation de leurs cœurs, n'agit par sa grace qu'en des sujets disposez; & quelle disposition à son seruice est ce que le desespoir? Les Vaches qui entendent mugir leurs veaux ne sont pas bonnes pour traisner l'Arche: qui regarde en arriere l'embrasement de Sodome, ne se sauuera iamais dans le desert de Segor. Ie veux bien que quelquefois Dieu se serue des desastres, & mesme des desespoirs, pour en attirer quelques vns à son seruice: mais il faut auparauant qu'ils soient ses ministres idoines selon l'esprit, comme dict le grand Apostre, qu'ils redressent leurs intentions dans le feu d'vne charité non feinte, que leurs cœurs soient purifiez, leurs consciences nettoyees, leurs esprits lauez de toute malice : car tout ainsi que pour marier l'Esclaue au soldat Israëlite, il falloit la despoüiller & luy couper les cheueux & les ongles ; ainsi ces desseins de terre suggerez par la chair & le sang, peuuent reüssir à bien quand on les dresse à vne fin plus esleuee : tout de mesmes que les vaisseaux des Egyptiens furent dediez à l'vsage du Tabernacle. Ie sçay bien qu'il est commandé à S. Pierre de tuer & de manger indistinctement les animaux mundes & immundes, & à Noé de les receuoir en son Arche ; mais aussi comme ceux que l'Apostre deuoit deuorer auoient esté sanctifiez par la benediction de Dieu, ceux qui deuoient estre admis par le Patriarche auoient deposé toute ferocité. Si Meliton eust esté de ceste sorte, & que sans regarder en arriere il se fust porté franchement à desirer le Sang suaue de nostre Seigneur, il eust treuué qui luy eust ouuert les bras ; mais la dureté de son cœur, plus touché de l'amertume de son desastre, que de celle d'vne vraye Penitence, nous a empesché de le ietter en moule, & de l'admettre en la part du sort des saincts, c'est à dire en nostre Religieuse societé. Mon Pere, reprit Menandre, s'il eut raison de desirer ce bien, ie croy que vous l'aurez eu encores meilleure de le luy refuser, car vous estes si despouillé des passions qui le tourmentent, & iuge si equitable de sa disposition ou de son indisposition, que ce que i'en ay auancé n'a pas esté pour controoller son renuoy, que ie pense auoir esté iuste, & selon l'esprit de Dieu, qui veut tout le cœur, non vn cœur partagé entre luy & vne vile creature, il le veut tout entier, ou il le reiette tout à faict: le lict est trop estroict, & la couuerture trop courte, pour se pouuoir estendre au mary & à l'adultere. Mais ie vous diray que si le temps de sa visitation n'estoit pas encores venu, comme il y a douze heures au iour, ie pense que maintenant il a treuué ce bon moment qui operera en luy le poids eternel de la Gloire. Car nous l'auons laissé entre les mains du Pere Syluan, en volonté de reconquerir la grace de Dieu par vne salutaire Penitence, & d'amender en mieux ce que l'aueuglement de sa fureur luy a faict commettre par vn excez d'ignorance, & par vn extreme defaut de bonne conduitte. Dieu soit beny, reprit Dom Prieur, qui a magnifié sur luy sa Misericorde, & qui l'a retiré de cet horrible abysme qui le menaçoit de l'vne & de l'autre mort premiere & seconde. Il se plaist ainsi à esleuer le trosne de sa Gloire sur le theatre de nostre infirmiré: infirmité qui ne sera point mortelle en Meliton, s'il est en la disposition que vous me dictes. S'il luy eust pleu de nous ouurir son cœur, nous eussions essayé d'y couler les remedes que nous eussions iugé conuenables, & ie croy qu'il eust esté consolé en sa demande: mais la Religion, comme la Mer vomit ce qui n'a point de vie: & que sçauõs nous si la celeste Prouidence l'a ainsi permis, comme le destinant à quelque autre vie plus conforme à son humeur, qui me semble plus actiue que contemplatiue? Sur ces discours, Dom Prieur, & Dom Procureur prirent congé de leurs hostes pour se retirer en leurs cellules, & pour se treuuer aux Matines qui se disent au milieu de la nuict, ausquelles nos Pelerins desiroient assister, prians que celuy qui auoit la charge de resueiller les Religieux, prist la peine de les aduertir. Cependant tous ces propos auoient esté autant d'Enigmes à Alexis, & à Serafic, ce qui fit qu'Alexis demandant à Menandre qui estoit ce Meliton, des desespoirs duquel il auoit entendu parler à quelques Religieux de Bonne-fontaine: Mon cher amy, dit Menandre, ie n'en sçay pas plus que ce que i'en ay dit à Dom Prieur, mais ie suis bien ayse d'auoir fait ceste heureuse rencõtre d'vn si braue Gétil-hõme, de la conuersion duquel ie pense que les Anges demeinent grande ioye dans le Ciel, & qui plus est de l'auoir pour adioint en mon Pelerinage, car non seulement il nous a promis d'estre de ceste partie, mais il nous a instamment priez de l'admettre en nostre cõpagnie. Apres cela il se mit à faire vne si particuliere description de sa forme, qu'Alexis commença à dire, Si l'vn de mes meilleurs amis & aucunement mon allié par les communs parens que nous auons à Paris, n'estoit en Italie, ie dirois que ce seroit celuy que vous me depeignez; il est vray que ie l'ay tousiours cogneu si modeste, encores qu'il fust de complexion vn peu amoureuse, que ie ne puis croire que les excez d'vn furieux desespoir peussent auoir accez en vn esprit si bien fait : neantmoins quand ie considere que l'Amour fait quelquesfois tourner les ceruelles les mieux timbrees, & qu'il n'y a sorte de folie à laquelle ne porte ceste extrauagante emotion, ie ne sçay ce que i'en dois peser. A cela Florimond, Certes, Monsieur, vous aurez peut estre mieux coniecturé que vous ne pensiez, car il me souuient qu'en nous entretenant de ses desastres à bastons rompus, il se plaint de l'infidelité d'vne Lucie, qui contre la foy qu'elle luy auoit iurée, a pris party durant qu'il estoit en Italie, d'où il n'a peu reuenir si tost qu'il n'ait treuué ce mariage consommé, ce qui l'a mis en vne rage desesperee, & en vne tristesse inconsolable. Sans doubte, dit Alexis, ce sera le fils de Sauinian, Seigneur principal de l'Isle de France, demeurant tantost à Paris, tantost à sa maison des chaps qui n'en est pas esloignee: mais ie ne puis comprendre comme il est passionné pour ceste Lucie, que i'ay veu quelquesfois auec ses sœurs dans la maison de son pere, car elle estoit sa parente; mais il y a plusieurs Lucies au monde, c'est peut estre de quelque autre; & ie ne l'ay iamais cogneu auec tant de familiarité, que i'aye peu penetrer bien auant dans le secret de ses affections. Vous verrez, dit Menandre, que ce sera celle là mesme, car il se plaint de la ruse de ses parens à l'enuoyer en Italie, & de leur rigueur à la marier contre son gré. Mais ie vous diray, pour le seruice, & le soulagement d'vn amy, vous feriez bien plus de chemin, il n'y a qu'vne promenade d'icy en l'Hermitage de Syluan, vous pouuez y venir auec nous & vous esclaircir de ceste doubte, peut estre que les remedes des consolations auroient plus d'efficace sur son esprit, prouenans d'vne main amie, vous feriez vne œuure de grande charité.

6   O Menandre, dit Alexis, il ne faut point d'autre aymât que vous pour m'attirer vers tel Nort, & à tel port, & en telle part qu'il vous plaira, le parfum de vos vertus eſt capable de me faire courir pour vous treuuer, iuſques au bout du monde. Maintenant que ie vous tiens ie ne vous laſcheray pas, & vous aurez plus de peine à me ſeparer de vous, que vous n'en auez eu à tirer Meliton à voſtre ſuitte. Quoy, ignorez vous ce que ie vous ay autrefois dit de la cõdition de ceux qui vnis à la Charité de IESVS-CHRIST, ſuiuent cet Agneau, & qui viſitent le monde en Pelerins Chreſtiens, ayans pour viſee de leurs voyages les lieux de deuotion? Certes ie puis dire aſſeurément, que ie ſuis plus ancien que vous en ce deſſein, que vous auez autrefois loüé, mais que vous ne pouuiez embraſſer à cauſe des liens qui vous enuirõnoient par les obligations de voſtre charge, & de voſtre meſnage; mais maintenant les derniers ſe treuuẽt les premiers, car auſſi toſt que la mort a eu tranché le nœud, autremẽt indiſſoluble, de voſtre mariage, vous vous eſtes mis en vn habit digne de voſtre pieté, & de voſtre humilité, & que mon imperfection marchandoit à prendre. Maintenant voſtre ſeule veuë me reſoult, voſtre preſence me determine, & ſi vous l'auez chargé de

uant moy, i'espere que ie le quitteray apres vous. Quoy, Alexis, dit Menadre, vous voulez donc auec nous estre Pelerin de Liesse, ô l'heureux voyage de Bonne-fontaine, ô trop heureux égarement, où en me perdant ie me retreuue au milieu de mes plus chers amis ; c'est à present que ie recognois par auant-goust la verité de ce mot de l'Euangile, qui promet du gain à ceux qui perdront quelque chose pour l'amour de Dieu. Non seulement à Liesse, reprit Alexis, mais par tout l'vniuers ie vous voudrois suiure, car mon dessein est de voir premierement, pour m'essayer, les lieux plus celebres en deuotiõ de nostre France, & apres aussi les plus saints de la Chrestienté : & c'est ce qui m'a fait prédre ce beau nom d'Alexis, pour quelque cõformité de ma fortune, que vous sçauez, auec ce pieux Gentil-hõme Romain. Quãt à mon cõpagnon, vous sçaurez vn iour quãd il vous dira la siéne, ce qui luy a fait non tant changer que retenir celuy de Serafic, bien que celuy de Marcel ce sainct Euesque Patron de Paris ait honoré sa naissance : Et il est impossible que vous ne cognoissiez sõ pere, qui tient vne honorable Magistrature dans Paris, & qui s'appelle Nicostrat, de la famille des Periandres. Ie le cognois fort bien, dit Menandre, il me semble qu'il a vn fils qui se rendit Capucin, dont il fit tant de bruit: C'est celuy là mesme, dit Alexis, Et voicy ce Ionas, poursuiuit-il, monstrant Serafic, cause de toute la tempeste, il estoit receu en la suruiuance de l'office de son pere quand il donna du pied au monde, maintenant la Baleine du Cloistre l'a reuomy sur le grauier du Siecle, pour y prescher les Iustices ou les Misericordes diuines, non selon sa volōté, mais selon celle de Dieu. A ce discours de grosses larmes couloient sur le visage de Serafic, qui se tenoit dans le silence; mais ce langage distilant estoit plus disert pour exprimer ses pensees, que celuy de tous les Orateurs de l'Vniuers: ce qui fit que Menandre luy addressant sa parole: Monsieur, dit-il, ces pleurs sont des tesmoins irreprochables du regret que vous auez, non d'estre entré en vn si sainct Ordre, mais d'en estre sorty. Il en est au rebours de ce que dit vn iour vn Philosophe ancien à vn ieune homme qu'il vit sortir d'vne tauerne la rose sur le front, Mon amy il n'y a point de honte d'en sortir, mais d'y entrer: car comme c'est vne grande gloire de s'enrooller sous les estendars de la Croix en vn Ordre Religieux, c'est vne vergongne de quitter son rang, si quelque force, que nos Iurisconsultes appellent Superieure, ne

nous

nous y contraint. Aussi est-ce, reprit Alexis, ceste mesme force qui l'en a tiré, apres auoir esté, des dix mois de Nouitiat qu'il y a faict, les sept sur la couche d'vne infirmerie : & son grand courage, sa rare vertu, & son bel esprit n'a pas donné moins de regret aux Peres Capucins de ne le pouuoir admettre, à cause de ses infirmitez, en leur saincte Congregation, qu'à luy de n'y pouuoir faire la profession qu'il desiroit auec tant d'ardeur, que son zele à la poursuitte de ceste entreprise luy acquit dés l'entree le nom de Serafic, sous lequel en Pelerin Chrestien il desire voir le Monde, pour tesmoignage qu'il est tousiours d'affection où il n'a peu estre en effect. Ie loüe beaucoup son dessein & le vostre, reprit Menandre, mais ie ne sçay pas si ie pourray estre vostre compagnon perpetuel, & si l'appetit me viendra en mangeant, c'est à dire le desir de voyager en voyageant : car ie tiens encores dans le Monde par la fonction de ma charge, de laquelle ie ne suis pas encore deffaisy; c'est vne Remore qui me retient, encore que les voiles de mes affections cinglent de bon cœur vers ceste pensee : peut estre qu'en visitant la bonne Dame de Liesse, nous y prendrons quelque plus forte resolution : vostre courage n'aura pas peu

C

de pouuoir pour animer le mien, & vos prieres me pourront beaucoup seruir pour me faire cognoistre ce que Dieu veut de moy pour sa plus grande Gloire. Ie le loüe de ce que n'ayant donné qu'vn Ange au ieune Tobie pour sa conduitte, il m'en baille tant pour mon escorte, que ie ne puis esperer que toute felicité, estant parmy tant de gens de bien. C'est à nous, dit icy Alexis, que ce bon-heur arriue; car vous serez le Moderateur de la troupe: & Dieu vueille que nous puissions aussi bien suiure vos Vertus, que vostre corps à la trace. Que si les pieds de l'ame, comme dit vn Pere de l'Eglise, sont les affections, ie croy que nul de mes compagnons me deuancera en bienueillance enuers vous, que i'ay tousiours regardé non seulement comme amy, mais comme vn homme de Pieté & de Probité exemplaires: Ce que ie dy pour loüer Dieu qui a faict ces graces à vostre ame, & pour loüer vostre ame en ce Dieu par lequel elle est ce qu'elle est, & pour vous estimer en ce que ses faueurs ne sont point inutiles en vous. Cependant ceste heureuse rencontre de corps & ceste deuotieuse cōcurrence de volontez, faicte en ceste Maison de nostre Dame de Bonne-fontaine, me fait souuenir de ces fontaines, ou de ces lacs d'Affrique, bû ne s'attroupēt pour s'y abreuuer que des animaux de semblable espece. Quand ie vous ay veu dans l'Eglise de ce Monastere, il m'est tōbé au cœur) où ie ruminois lors des Pelerinages, que nostre Seigneur vous auoit amenez deuant mes yeux pour me seruir, comme à Moyse, du modele de la Montaigne, afin d'edifier en moy vn Tabernacle viuant & mobile à la Diuine Maiesté: & il m'est souuenu de Rebecca & de Rachel, treuuées auprés des fontaines par Eliezer & par Iacob, & de la Samaritaine rencontrée par le Sauueur auprés d'vn puits. Mon dessein estoit cōme languissant & paralitique; mais vous estes l'homme dont l'exemple me iette dās la probatique piscine, dressant mes pas, & addressant mes vœux vers la grande Dame de Liesse. De moy, i'auois quelque pensée de visiter premieremēt ceste celeste Princesse dans la premiere Eglise du Monde, erigée à son honneur, qui est celle de nostre Beausse, bastie par les Druydes, anciens Prestres des Gaules, & dediée A LA VIERGE QVI ENFANTEROIT. Mais fuyant, comme ie fay, la face de ceux qui preparent des lacs à mes pieds, il me sembloit que c'estoit me rélancer entre leurs mains, plustost que de m'en désprendre. Et i'espere que le voyage de Liesse aurant in-

C ij

opiné pour moy, que peu conjecturable pour eux, le me fera mieux perdre ma trace: & voyez comme la Diuine Prouidence m'a amené en ce desert, esloigné du chemin des Carnutes, & sur celuy de vostre Pelerinage, comme me disposant par là suauement à ceste fin. Ie ne l'auois choisi que comme vne retraitte de quelques iours, durant lesquels ie ruminois de quel costé ie prendrois mon vol, & ferois mon essor, & à dessein de faire comme le Cerf, qui bondit par ruse, pour faire perdre son sentiment à la meutte qui le poursuit, & la faire tomber en defaut: Pour cela m'estois-ie venu cacher dans ceste cachette du visage de Dieu, loin du trouble des hommes, afin d'escouter en ceste solitude ce que Dieu diroit à mon cœur. Et par quel plus disert langage me peut-il attirer à la visite de la maison de Liesse, que par vostre imitation, & par vostre imitation, ce sera donc de vous comme vne autre Rebecca, que ie prendray les pendans d'oreilles des salutaires enseignemens, & les bracelets des bonnes operations necessaires pour vne telle entreprise. Tandis que Menandre, & Alexis s'alloient ainsi entretenans, Florimond & Serafic fortement attachez à Menandre, & à Alexis, consentans à ceste association, s'entreregadoinet comme des personnes qui s'estoient veuës, mais qui auoient de la peine à se récognoistre: En fin Serafic sçachant que Florimond estoit de la famille des Pyrees, se souuint de l'auoir veu encores tout petit à Orleans en la maison de son pere Pontus, lors qu'il estudioit en Iurisprudence, mais Florimond estoit trop ieune, pour se souuenir d'y auoir veu Serafic: il fut neantmoins fort ayse d'auoir fait rencontre de personnes qui sceussent sa naissance, & la qualité de ses parens.

Et cognoissant la Pieté de Serafic par ce qui en auoit esté aduancé par Alexis, il fit tout autre estat de ce personnage que le monde maling n'a de coustume de faire de ceux qui sortent ainsi des maisons Religieuses, sans distinguer si c'est par leur infirmité, ou pour leur mauuaistié; car comme ceux là sont blasmables qui en sont renuoyez pour leur malice, ceux-là sont loüables qui ont au moins presenté à Dieu les essais d'vne vie, dont la rigueur surmonte la portee de leurs forces.

Si le pouuoir defaut, encor faut-il loüer
La volonté, qui a tenté d'effectuer
Le genereux dessein d'vne belle entreprise.
Dieu veut, faute d'effect, que le vouloir on
  prise.

C iij

Mais il ne se faut pas estonner si le Monde s'essaye en toutes façons, de descrier ceux qui ont tasché de luy faire vn faux bond, enuelopant les innocens parmy les coulpables, & chargeant les infirmes du reproche qui se faict iustement aux mauuais, qui comme des enfans de Belial, secoüent par leurs mœurs desreiglees le ioug du Seigneur. Aussi les esprits de Menandre & de Florimond estoient ils trop iustes, pour donner place à l'inegalité de ces opinions, lesquelles (bien qu'erronees) estouffent dans le siecle mille Vocations Religieuses; plusieurs n'osans faire l'essay de ceste vie, de peur d'en sortir auant la profession: comme si c'estoit vne chose messeante d'auoir tenté vn si genereux dessein. Ceste pensee fit estimer à Menandre, que ces seculiers qu'il auoit veus en l'Eglise, estoiēt quelques personnes qui essayoient si leurs forces pourroient porter l'austerité de la vie des Chartreux auant que s'y engager, & se charger de l'habit. Ce qui luy fit demander à Alexis, pourquoy ces autres hostes n'auoient pas esté appellez au repas en leur compagnie. A quoy Alexis respondit, que c'estoient bien à la verité des hostes, mais nō passagers, ains perpetuels: Ie m'en doutois bien, repliqua Menandre, & que c'estoiēt quelques poursuiuans qui se vouloient rendre Chartreux. Nullement, reprit Alexis, mais ce sont deux hônestes hommes qui se sont comme donnez à ceste Maison pour le reste de leurs iours, leur aage & leurs infirmitez ne leur permettât pas de soustenir la seuerité de ceste reigle. Les cognoissez vous, dit Menâdre? Aucunement, respondit Alexis, mais ie suis bien ayse qu'ils ne me recognoissent pas; car celuy qui est de robe courte est des amis de mon pere, & qui a eu autrefois auec luy de longues habitudes à la Cour, & s'il sçauoit la cause de ma retraitte, il luy en pourroit donner aduis, & trauerser mon dessein.

Quant à l'Ecclesiastique, c'est vn Venerable Docteur en Theologie de la Faculté de Paris, qui s'appelle Egide, lequel apres auoir consommé toute la force de ses ans au seruice de Dieu, en la premiere dignité d'vne des plus celebres Eglises de ceste grande ville, & annoncé l'Euangile par l'espace de trente ans; s'est enfin escarté de ceste haute Mer, pour venir encrer à ceste rade, pratiquant ce mot de Iob à la lettre: Ie mourray en mon nid, & comme la palme ie multiplieray mes iours: Et cet autre de Dauid; Voyla ie me suis esloigné en fuyant, ie me suis rangé en la solitude, demeurant solitaire iusques à mon

C iiij

passage. Ce bon personnage, fidele seruiteur de Dieu, est vn signalé bien-faicteur de ceste maison, qu'il a meublee d'vne tres-belle Librairie, & où il a faict bastir vne des plus agreables cellules du grand Cloistre, & faict vne fondation notable pour la place d'vn Religieux à perpetuité. Voila vne heureuse & iudicieuse retraicte, dit Menandre: Aussi, reprit Alexis, estoit-il raisonnable qu'vne bonne vie fust couronnee d'vne si belle fin, car sa memoire est en benediction parmy ceux qui ont veu sa conuersation dans le siecle, où il a laissé pour successeur en sa charge vn Prelat de ma cognoissance, par vne election conforme à sa pieté; faisant voir que l'interest de IESVS-CHRIST le pressoit autant & plus que le sien propre. Aussi est-ce le propre des sages Capitaines, non seulement de se porter valeureusement au combat, mais de pouruoir prudemment à la retraicte, afin que si l'issuë de la meslee est incertaine, il y ait de la certitude en la seureté du retour.

Heureux qui peut dire en ce monde,
I'ay parfaict le tour de ma ronde,
I'ay bien vescu selon mon sort,
Et ie n'attends plus que la mort,
Et apres la iuste couronne

Livre premier.

*Que la bonté du Seigneur donne
A qui a tousiours combattu
Sous l'enseigne de la Vertu.*

Ce bon homme n'attendant que le coup de la mort chante comme vn Cygne ses funerailles, & tout ainsi que le Phœnix il va tous les iours faisant amas de boys aromatiques, c'est à dire de bonnes œuures, pour reprendre dans ses cendres vne nouuelle vie. Il attend de iour à autre le salutaire de Dieu : Ses discours ordinaires ne sont que de cela, parce que c'est toute son attention, n'estant, dit-il, venu icy pour autre chose, que pour se disposer à bien mourir : & tout ainsi que l'on dict des Cicognes du Nil que leur haleine deuient odorante quand elles sont vieilles, parce qu'elles ne viuēt que des fleurs qui croissēt sur le riuage de ce fleuue; ainsi ce seruiteur de Dieu ne va exhalant de sa bouche que de deuotieuses paroles, parce que son cœur ne se nourrit que de pieuses pensees ; & vous sçauez que la bouche ne parle que de ce qui abonde au cœur. Ainsi vit, ainsi meurt ce fidele & prudent esclaue de nostre Seigneur, receuant tous les iours au Sainct Autel entre ses bras, & sur sa poictrine, celuy qui faisoit dire à l'Ancien Simeon ces paroles extatiques.

Laisse donc, Seigneur desormais
Aller ton seruiteur en paix.
Ou bien il chante auec Dauid,
Ie dormiray, ie prendray seurement
Vn repos de duree:
D'autãt, Seigneur, que tu rends puissammẽt,
En tout espoir, ma personne asseuree.

9 Certes, dict Menandre, ceux là sont heureux, qui ne pouuans ou pour leur aage, ou pour quelques autres considerations estre Religieux (car Dieu ne faict pas cette misericorde à toute personne) peuuent faire de si sainctes retraittes & quitter le siecle, vraye Egypte, terre de seruitude, & maison d'esclauage, pour venir sauourer la Manne du desert en attendant l'entree de la Terre de promesse, Terre des viuans, la bien-heureuse Eternité. O qui me fera la grace que ie puisse vn iour desalterer ma soif de l'eau de ceste cisterne de Bethlehem, & mesler mes chants auec ceux des Oyseaux & des Anges. Ce sera quand Dieu aura brisé mes liens que ie luy sacrifieray ceste Hostie de louange. Mais las! ie ressemble à l'Oyseau qui couue; car bien qu'il iouysse de la liberté de l'air, il est neantmoins comme prisonnier dans son nid, iusques à ce que ses petits estans esclos, & ayans quitté le

duuet, puissent se pouruoir de pasture: Car ie suis obligé de vacquer à l'esleuement de mes Enfans, dont la solicitude m'enleue la iouyssance d'vne douce solitude. Helas! ie pensois que le mal d'enfant ne fust propre qu'à la femme, comme estant sa particuliere malediction: mais mon Espouse mourant de ce mal, semble me l'auoir trásmis; car les mesmes tranchees que les Meres ont au corps pour mettre leur fruict au iour, les mesmes conuulsions sentent les Peres en l'esprit, pour auancer leurs enfans dans le monde, soit en des mariages, soit en des Offices auantageux. Mais si ie les pouuois voir vn iour en termes de se pouuoir passer de mon assistance, ie courrois plus impetueusement à la retraitte du monde, que les fleuues ne coulent en la mer, & plus rapidement au repos, que ne descend la pierre quand elle auoisine son centre; car pour dire la verité il n'y a rien de si aymable que les Tabernacles, & les paruis du Dieu des Vertus: mon Ame se pasme en la consideration de la douceur de ces lieux, où l'on n'entend parler que d'aymer & de seruir Dieu; car, hors cela, par tout, ce n'est qu'vne vanité vniuerselle. Pour moy ie n'estime aucune felicité égale à celle de celuy,

Qui retirant son corps du milieu de la pompe,
Des sottes vanitez, dont le lustre nous trompe,
En va encores plus son esprit esloignant,
Et qui foulant aux pieds les richesses du monde,
Y a toutes les grandeurs dont la Fortune abonde
D'vn courage indompté fortement dédaignant.
 Cet homme là ressemble à ces belles Oliues
Qui du fameux Iourdain bordent les vertes riues,
Et de qui nul hyuer la beauté ne destruit:
Les ruisselets d'eau viue autour d'elles gazoüillent,
Iamais leurs rameaux verds leur Printemps ne dépouillent,
Et tousiours il s'y treuue ou des fleurs ou du fruict.
 Nul effroy, nulle peur en sursaut ne l'éueille,
Endormy Dieu le garde, éueillé le conseille,
Conduit tous ses desseins au port de son desir:
Puis faict qu'en terminant son heureuse vieillesse,
Ce qu'il semoit en terre auec peine & tristesse
Il le recueille au Ciel en repos & plaisir.

Or pour cette retraitte solitaire ie n'entends pas seulement ceste vie champestre & Rustique, que tant de gens ont à la fin preferee à la magnificence des Cours, & pour laquelle ce Dictateur Romain quitta les Armees & les Triomphes, & Diocletian la gloire de l'Empire ; mais esleuant mon esprit à vne pensee plus eminente, ie me figure vne solitude tout à faict appliquee à la contemplation des choses diuines ; car tout ainsi que l'vne, si elle n'a que la terre pour obiect, approche comme de l'innocence aussi de la stupidité des bestes ; aussi l'autre nous faisant conuerser dans le Ciel, & portant nostre front dans les estoilles, nous réd dés cette vie compagnons des Anges. Ce qui a faict dire à vn ancien Pere, que l'Anachorette est ou Ange ou Animal ; Ange, s'il a le Ciel, Animal, s'il a la terre pour obiect ; car nous deuenons tels que ce à quoy nous nous appliquons : si nous aymons la terre nous deuenons terrestres, si le Ciel, celestes ; ie dis plus auec S. Augustin, nous deuenons diuins si nous aymons Dieu. Icy Sorafic declara à Menandre que c'estoit bien son dessein à la sortie du Monastere de se iotter en quelque solitude, où ne prenant d'austerité que ce que son imbecillité en pourroit porter, il peust vacquer à Dieu seul le reste de ses iours : mais que l'amitié qu'il auoit de longue main iurée à Alexis, l'auoit entrainé comme vn premier mobile, bien que contre son mouuemét particulier, tant a de pouuoir vne forte bien-veillance, pour nous faire vaincre nos propres inclinatiós

Car, disoit-il, il m'a sceu si bien persuader, que ce dessein de voyager ne seroit point contraire à cette pensée; ains qu'il l'affineroit & la perfectionneroit, faisant trouuer la closture d'vn Hermitage plus suaue, apres beaucoup de tournoyemens: tout ainsi que la soif changea en huille & en miel aux Israëlites l'eau simple que Moyse leur tira miraculeusement du Rocher; & comme la terre de Chanaam parut plus agreable au Peuple, apres auoir long temps cheminé par les Deserts. Ioint que les exercices des vrays Pelerins sont tous Religieux; leur vie estant plus retiree, que sociale; me faisant esperer que par la veuë de diuers lieux, ie me pourrois diuertir de la melancholie qui me trauailloit depuis ma sortie de l'Ordre du Seraphique S. François, & me prester le moyen de choisir le lieu que ie iugerois le plus conuenable pour y terminer le reste de mes iours: & certes en cela ie croy qu'il a raison, & que comme les paux & les arbres s'affermissent, s'enracinent & s'enfoncent par les secousses, & par les vents; ainsi les agitations du Pelerinage me rendront plus fort en l'execution de mon desir: tousiours ne pers-je rien pour differer, & si ie meurs par les chemins, i'auray tousiours atteint mon but, qui est de viure au seruice de Dieu, & mourir pour sa gloire. Genereuse entreprise, dict Menandre, & qui ne peut aboutir qu'à bonne fin, puis qu'elle a Dieu pour visee, auquel seruir, c'est regner. Aussi bien quelque stabilité que nous imaginions en nos conditions, nous sommes tousiours Pelerins sur la terre. Et ceux-là mesme qui font vœu de stabilité, comme tous ceux qui militent sous l'estendard de S. Benoist, ne peuuent euiter les changemens enclauez, comme dit Iob, en la nature de l'homme. Ie ne dis pas que le vœu, & principalement le vœu de Religion, ne soit vn lest puissāt, & vn côtrepoids solide pour balancer auec plus de iustesse & de fermeté la nef de nostre cœur, sur les ondes inegales des accidens de ceste vie; & qu'il ne nous serue comme la pierrette à l'Abeille, pour ne nous laisser pas si tost emporter aux vents des tentations qui trauersent nostre Constance: mais de dire que toute la perfection consiste à vouër, ie le nie, ouy bien à executer: au fonds qui perseuerera au bien iusques à la mort sera sauué. De moy, i'approuue grandement le conseil qu'Alexis vous a donné; car comme le desir de voir est fort naturel à tout hôme de bō esprit, la plus furieuse agitation d'vn reclus estant de ce costé-là, c'est l'estouffer auant sa puissāce, que de repaistre vos yeux de la veuë de beaucoup de choses, pour porter la cognee à la racine de toute conuoitise. Et bien qu'il ne faille point sortir de Paris pour voir tout ce qu'il y a de beau & de rare dans le monde; si est-ce qu'il faict bon s'en escarter pour quelque temps, afin d'y rapporter par experience cette verité, que tout le reste du mõde n'est point Paris, en quoy se manifeste la simplicité de ces bonnes gens qui n'en ont iamais sorty, & qui s'imaginent que tout l'Vniuers est faict comme cette grande Ville, l'vnique merueille de la Terre, & la ialousie du Ciel. De moy ie n'y retourne iamais, apres auoir seiourné quelque temps à la campagne, que ie n'y treuue comme en vne espece de Manie de nouueaux gousts, & comme si elle auoit quelque sorte d'infinité, plus on la considere, moins la peut-on comprendre. Neantmoins tout ce grand Cahos sans Dieu n'est rien, & à qui a Dieu, il est moins que rien : car comme rien ne peut suffire à celuy à qui Dieu ne suffit pas, ainsi à qui Dieu suffit, toutes les creatures sont bouë & ordure, comme à ce grand Apostre, qui reuenu du troisiesme Ciel, estoit tellement esblouy, que les yeux ouuerts il ne voyoit rien en la Terre. Que plust à Dieu que ie pusse mener vne telle vie, &

anticiper

anticiper dés ce mortel sejour, le bon-heur de l'immortalité : mais ie vous ay dict mes chaisnes, qu'vn grand Seruiteur de Dieu m'a dit estre telles, que ie ne pouuois manquer à l'education & à l'institution de mes Enfans, sans faire naufrage de mon salut : la volonté diuine requerant cet office de moy auant que penser à aucune retraitte, soit simplement solitaire, soit tout à faict Religieuse. Prenez bon courage, Menandre, dict Alexis; ceux qui cherchent Dieu ne manqueront d'aucun bien, ny d'aucun contentement. Cela c'est quitter Dieu pour Dieu, si c'est quitter Dieu que de le seruir d'vne façon au lieu d'vne autre façon, qui luy est d'autant plus recommendable, qu'elle vous est moins agreable. Il ne faut pas pourtant que vous perdiez l'affection de cette retraitte, mais que vous en differiez prudemment l'execution, de mesmes que ie l'ay conseillé à mon cher Serafic, ioyeux qu'en cela vostre aduis concoure auec le mien; car vostre iugement m'est en la consideration que Dieu sçait. Ceste saincte pensee preseruera vostre cœur de la contagion des vanitez : car mal-aysément s'attache-t'il aux choses qu'il est resolu de laisser vn iour. De cette sor-

D

te vous imiterez l'Alcyon, faisant vostre nid auec asseurance sur les ondes perfides du siecle peruers & maling; vous esuiterez ses escueils, & vous passerez à pied sec la mer & le Iourdain du monde: & comme les trois Enfans, vous ferez dans la fournaise des conuoitises de cette Babylone sans estre offencé des flammes de ses desirs. Que s'il m'est permis de refouler les vestiges de ceste belle Poësie dont vous auez contenté nostre oreille, ie diray que vous ressemblez à celuy,

Qui ne pouuant de corps s'esloigner de la pompe
Des folles vanitez dont le faux or nous trompe,
S'en va de la pensee, & du cœur esloignant.
Si bien qu'au mode mesme il est absent du mode,
Et n'a rien des grãdeurs dont la fortune abonde,
De si grand qu'vn grand cœur, sans fard, les dédaignant.

Qu'heureux est celuy-là qui parmy les delices
Dont le monde a sucré la poison de ses vices,
Et parmy tant d'appas à mal-faire alechans,
Regit si prudemment les desirs de son ame,
Que nul secret remors son courage n'entame
Pour auoir augmenté le nombre des méchans.

Qui n'admire en son cœur rien qui soit sous la Lune,

Qui ne faict point d'hommage au Sceptre de fortune,
Qui ne luy laisse auoir nul empire sur soy:
Qui vrayment, & d'effect, est ce qu'il veut parestre,
Qui de nul maistrisé, de soy mesme est le maistre,
Regnant sur ses desirs, & leur donnant la loy.

Voyla ce que vous pouuez pratiquer, mesmes dans l'exercice de vostre charge & dans le maniment des affaires publiques. Mais si vn iour Dieu vous fauorise d'vne plus ample liberté, alors vous pourrez prendre des aisles de Colombe, & voler en vn profond repos, vous mettant à l'abry dans les trous de la pierre, & dans la cauerne de la masure, selon que l'inspiration vous dictera. Et comme n'espererez vous cette grace, puis que cet autre Gentil-homme que vous auez veu ceans compagnon d'Egide, en son honorable retraitte est venu à ce Port si doux, à trauers des difficultez qui sembloient beaucoup moins surmontables. I'ay tant ouy parler de sa vie, & de sa ieunesse à mon Pere, que ie tiens à vne espece de miracle, de le voir reduit au poinct où il est: car de quelles agitations n'a-t'il esté trauaillé dans le monde, & quels hazards,

& temporels & eternels, & corporels, & spirituels n'a-t'il courus. Ie sçaurois volontiers, dit Menãdre, & sõ nõ, & sa fortune, s'il vous plaisoit de m'en faire sçauãt. Il faudroit plus de tẽps, reprit Alexis, que ne nous en donne cette soiree desia bien auãcee pour des gens qui veulẽt aller aux Matines de la minuict: Florimond & Serafic qui n'estoient pas moins desireux de sçauoir des nouuelles de Plombin (ainsi appellerons nous ce Gentil-homme) adiousterent leurs prieres à celles de Menandre pour conuier Alexis à leur en faire le recit, disant que ce n'estoit pas leur coustume de dormir de si bonne heure, & qu'ils se vengeroient plustost sur le matin du iour suyuant, du repos qu'ils perdroient deuant l'Office. Alors le gentil Alexis, sans se faire presser dauantage, leur parla de cette façon.

10. Ce Plombin duquel il vous plaist que ie vous die ce que i'en sçay, a esté en sa ieunesse vn des determinez Gentils-hommes de nostre France. Ayant esté nourry Page de Monsieur pour lors, qui fut depuis esleu Roy de Poloigne, & que la successiõ appella au throsne de la France, apres la mort de son frere Charles IX. Il se signala à sa sortie de Page au Siege de la Rochelle; & comme son maistre, qui fut Henry III. eust reco-

gnu sa gētillesse, & sa valeur, il en fit beaucoup d'estime, & luy donna charge en ses Gardes. Il fut de ceux qui le suiuirent en Poloigne, voyage qui luy fit cognoistre ses plus affidez seruiteurs : car quand l'affection enuers vn Maistre faict quitter le pays & la parenté, & vne France pour habiter parmy des Sarmates, il faut bien dire qu'il y a bien de l'amour dans le cœur, & que le seruice d'vn tel Maistre est passionnément affectionné : c'est ce qui fit que Dieu demanda cet essay à Abraham, qu'il quittast sa patrie, pour espreuuer son obeissance & sa fidelité. Il fut encores de ceux qui ne le perdirent point de veuë à son retour, où les dangers ne furent pas moindres pour les suyuans, que pour le Maistre. Reuenus en France, il fut de ces gentils, & de ces Galands qui rendoyent en ce temps là si brillante & si agreable la Cour de ce Prince, l'vn des magnifiques Roys qui mania iamais le Sceptre des Gaules. Ceux qui ont veu ces lustres là, & qui voyent les nostres, soit par affection qu'ils portent au passé, ou par le desgoust qu'ils ont du present, disent d'vne commune voix, que toute la Pompe de nos iours n'arriue point à l'esclat qui reluysoit lors autour de ce Monarque : &

certes il pourroit bien estre que comme le monde va en declinant, l'infelicité s'augmente. Mon Pere Theocharez qui estoit de la volee de Plombin, & de ces lestes qui enuironnoient le Roy, tout ainsi que ces soixante Palladins, Gentilshommes ordinaires de la Chambre de Salomon, m'a dict que Plombin estoit tousiours des mieux vestus, & des plus resueillez.

11. C'est vne fausse & miserable loüange, que celle qui se tire de cette fureur des duels que nostre Noblesse aueuglee honore du nom de valeur; si est-ce que dans cette brutalité, Plombin a faict paroistre quelque image de raison, ne s'y presentant iamais qu'estant appellé par des insolens, qui s'imaginoient que la politesse de sa façon s'accordast mal auec son courage : il a tousiours donné la vie à ceux-là mesme qui la mesprisoient par opiniastreté : ne voulant pas se seruir de l'auantage que les Armes luy offroient pour punir leur outrecuidance, & la iustice de sa defence combattant pour luy, auec sa propre valeur, ne l'a iamais mis en termes de la demander. Sa galanterie estoit modeste : aussi l'insolence est-elle le partage des es-

prits de bas alloy, qui ne pouuans se signaler par leur retenuë, se veulent rendre cognus par l'extrauagance de leurs deportemens. Mon Pere nous a autrefois raconté vne action genereuse de ce Plombin; vn iour se battant contre vn autre Gentil-homme appellé Maxime, apres l'auoir percé en diuerses parts, il arriua que l'espee de son aduersaire se rompit à vn pied de la garde, alors il le conuia de luy demander la vie; l'autre fier comme vn Lyon qui se laisse pluftost deschirer que de fuir, Si tu me la donnes, dict-il, ie la deuray à ta courtoisie, mais iamais à la demande que i'en feray; ie puis bien manquer d'armes pour me defendre, mais non pas de courage pour me dire vaincu: tu peux bien me tuer, iamais me vaincre; i'ayme autant mourir glorieusement, que de traisner honteusement vne vie empruntee. Demeurez donc en vie & inuincible, repliqua Plombin, ie ne souffriray iamais qu'il soit dict, que i'oste du nombre des viuants vn si grand cœur ineffroyable en vn peril si euident, & si manifeste; ie ne veux pas que le hazard triomphe de tant de Valeur. Ha! dict alors Maxime, c'est maintenant que ie me confesse vaincu, & que la courtoisie, & non la force, m'arrache cette verité de la bouche. Ie ne veux plus auoir de vie que pour la sacrifier au seruice de celuy qui me l'a donnee si courageusement, & qui me la conserue, la pouuant si facilement perdre. Plombin ne repliqua point à ce discours, sinon en iettant bien loin son espee, & courant à bras ouuerts à Maxime, qui se deffit aussi-tost du tronçon qui luy restoit en la main, pour embrasser Plombin auec vne ioye si tendre, que les larmes luy en vindrent aux yeux : cependant il perdoit beaucoup de sang, si bien que sans l'assistance de Plombin qui luy banda promptement ses playes, il alloit tomber en defaillance : il le mena luy mesme chez le Chirurgien, maudissant ses armes innocentes, & l'autre sa folie, & sa temerité : depuis Plombin n'eut pas vn meilleur amy à la Cour, ny vne plus haute trompette de sa valeur, & de sa courtoisie; car par tout ce Maxime le publioit pour vn homme de qui il tenoit la vie. Ils furent ensemble à cette fameuse iournee de Coutras, où Maxime fut tué, & Plombin demeura blessé à vn bras, & son Cheual tué le froissa tellemét par sa cheute, qu'il demeura vn long temps entre les morts, ce fut lors qu'il ressentit l'assistance manifeste du Ciel, en suitte de quelque vœu qu'il fit à la Mere du Redempteur. Ie vous veux encores dire vn traict de sa magnanimité, qui m'a esté dict par mon pere.

Le Roy son Maistre le voyant de retour de ceste bataille, d'où il rapportoit des marques de sa fidelité & de sa valeur, (bataille où ce grand Prince perdit des Seigneurs dont il cherissoit vniquement la vertu & le merite, & dont les regrets funebres furent chantez par les plus fameux Prelats qui fussent lors, sous les noms de Daphnis & de Lysis) apres auoir estimé son courage, qui estoit la plus grande recompense qu'il eust peu desirer, de se voir recogneu & loüé par vne bouche qui le pouuoit blasmer: enfin comme par vne particuliere gratification, le Roy luy faisant parler de luy donner pour espouse, auec vn doüaire fort auantageux, vne Damoiselle que ce Prince auoit possedee; Plombin prenant pour affront ce que on pensoit luy presenter pour salaire, protesta qu'il aimoit mieux estre pauure Gentil-homme, que riche vilain, & sans fame, qu'infame toute sa vie; ne voulant pas engager vn poinct de son honneur pour tous les Roys ny pour toutes les richesses de la terre. Ce Prince fut si bon qu'il estima ce rebut, & fit estat de ce grand cœur plus qu'il n'auoit fait auparauant, luy faisant rehausser ses appointemens, & luy promettāt vne meilleure fortune. Les Roys sont par dessus les loix, c'est à dire que ne releuans que de Dieu, non des ordonnances des hommes, ils ne peuuent attendre autre chastimēt que du Ciel; si est-ce que cōme hommes, & cōme pecheurs, ils sont tellement suiets à la Raison, qui est l'ame des Loix, que quoy qu'ils facent, ils ne peuuent ny leuer l'honneur à la vertu, ny oster l'infamie au vice. Comme leurs perfections s'aggrandissent par l'eminence de leur dignité, aussi leurs defauts s'estendent & se monstrent d'autant plus qu'ils sont esclairez des yeux de tout le monde, & quoy que tres-grands en auctorité, ils le sont encores plus en exemple. Vne autrefois on voulut embarquer Plombin au mariage d'vne fille de Cour, de laquelle il faisoit vn peu l'empressé, mais il respondit que ce n'estoit pas là qu'il vouloit prendre femme, de peur qu'vne femme ne le prist, estimant la Cour comme ceste ville de Grece, où cet ancien disoit qu'il faisoit bon passer, non pas y demeurer. Car biē que d'vne escole si libre que celle de nostre

Cour, il en sorte des femmes fort entieres & vertueuses, peut estre autant & plus qu'en ces Cours estrangeres, où elles semblét plus retirees & retenuës; si est-ce que la trop ordinaire frequentation frelate & embarrasse tellement les cœurs, qu'il est bien mal-aisé que l'integrité de l'esprit accompagne celle du corps. Entre Courtisane & Dame de Cour, il y a des gens si fascheux qu'ils y treuuent peu de distance. Et puis nostre Plombin qui y auoit esté nourry dés son enfance, en sçauoit tellement les ressorts & les ruses, qu'il luy eust esté mal-aisé de faire naufrage où il auoit veu arriuer tant de desbris: les filles mesmes des villes luy sembloiét trop affetees & trop rusees, il se voulut pouruoir aux champs, où il esleut pour espouse Mauricette, fille d'vn ancien Cheualier, dont la maison est assez cogneuë en la Brie, de laquelle il n'eut que deux enfans, l'vn masle & l'autre femelle: & bien que le Roy son Maistre luy eust donné vne charge assez honorable en sa maison, si ne voulut-il iamais que sa femme vist la Cour, estimant qu'elle n'apprendroit pas beaucoup de bien où il ne voyoit que du mal. Il fit vne action de grãde Prudence, se dégageant subtilement d'estre employé en la Tragedie de Blois, sans se mettre au hazard de la disgrace de son Maistre, duquel ayant veu le tragicque trespas à S. Clou; s'il eust esté libre, il eust volontiers donné du pied au monde : mais tout ainsi que quand vn vaisseau est battu d'vn Fortunal en pleine Mer, il n'est pas temps de souhaitter la terre, ouy bien de s'employer de toute sa force & de toute son industrie, à tirer la barque du nauffrage : ainsi cet Estat flottant dedans ses propres ruines, il eust esté difficile d'y chercher de la tranquillité, puisque tout y estant en trouble, il en eust fallu sortir pour treuuer la paix. C'est ce qui luy fit suiure la fortune du grand HENRY, qui le continua en sa charge, & auquel en la iournee d'Iury, & en celle d'Arques, il fit cognoistre que s'il hayssoit la Religion de ce Prince, il en aymoit la personne & la qualité, marquant en ses blesseures les euidentes preuues de sa fidélité & de son courage. Depuis sa femme estant morte, sa fille pourueuë, & son fils en possession & en l'exercice de sa charge, il alloit peu à peu se décolant du Monde, quãd arriua le deplorable accident de la perte du grand HENRY, qui comme vn couteau d'Alexandre, trancha tout d'vn coup toutes les difficultez que l'humaine Prudence opposoit à sa retraitte. Car ne pouuant digeter ce rauissement (ainsi faut-il appeller vn despart si precipité) à la veille de la conqueste de tout le Monde : vous eussiez dit qu'atterré d'vn grand coup de massuë, ou d'vne pointe de foudre, il auoit perdu tout iugement, quãd il reuint à soy de cet estourdissement general qui le saisit auec toute la France : ces mots de Dauid luy tomberent en la pensee, & il les rumina serieusement.

Lors que le Souuerain qui regne dans les Cieux,
    Sur ce sien fauory alloit tournant ses yeux
    En luy disant, tu es ma chere geniture,
    Tu es mon oingt sacré, requiers moy seulement,
    Ie te donne les Gens sous ton commandement,
    Ce sera ton domaine, & ta pleine droiture.
Tu tiendras sous ta main comme t'appartenant,
    Ce que les bouts du monde en soy vont contenant,
    Et l'vniuers entier sera ton heritage;
    D'vne verge de fer ta main les regira,
    Et les pourras briser ainsi qu'il te plaira,
    De mesme qu'vn Potier peut casser son ouurage.
Pourtant, Princes & Roys, maintenant entendez,
    Vous qui iugez la terre & qui luy commandez,
    Prenez instruction de ce qu'il vous faut faire:

En crainte & en tremeur seruez le Tout-
   puissant,
  Egayez vous en luy, mais vous éiouyssant,
  Que vostre ame soumise en trēblāt le reuere.
Venez baiser le fils, & ses loix embrassez,
  Qu'il n'allume son ire, & que tous renuersez,
  Perissiez au chemin qui mene à la folie:
  Car en bref ses fureurs ardāment paroistront,
  O lors heureux tous ceux qui le recognoistrōt,
  Et qui auront sur luy leur fiance establie.

L'attentiue consideration de ces paroles sacrées luy donna ce salutaire estonnement, qui faict conceuoir, comme dit vn Prophete, l'Esprit de Dieu. Les desordres qui menaçoient les affaires publiques, si le bras de la genereuse MARIE, femme de l'incomparable HENRY, n'eust comme celuy d'vn autre Hercule, soustenu le faix de nostre ieune ATLAS, firent penser à Plombin aux siennes particulieres, & encores non tant aux temporelles, qu'il ne pouuoit retirer du bransle du grand vaisseau, cōme aux spirituelles, lesquelles bien ordōnees nous dōnent le calme mesme parmy les orages, & nous rendent fermes cōme des rochers au milieu des vagues. Repassant donc par sa Memoire tant de perils qu'il auoit euitez par la pure grace du Dieu des Misericordes, tant du costé des prosperitez que des trauerses, tant de la part des molles voluptez, que des hazards des armes; il ressembla à ces Mariniers, qui las de se commettre à la perfidie des ondes, & de seruir de iouët aux vents, ayment mieux à la fin deposer leurs cendres en terre ferme, que de seruir de pasture aux poissons. C'est ce qui le fit resoudre à donner au moins la lie de ses ans à la consideration des choses eternelles, puisque l'attention aux transitoires en auoit occupé la plus belle fleur. La Penitence est tousiours de saison, il vaut mieux estre sage tard que iamais; Dieu est si bon qu'il se paye de tout, & prenant les affections pour les effects, il met les desirs en ligne de compte, excusant les impuissances de l'arriere saison. O qui pourroit dire auec quel sentiment ce bon personnage repense à ses annees passees, puisque ses discours beaucoup moindres que ses pensees, emplissent d'edification tous les Religieux auec lesquels il confere quelquefois. O que fort & puissant est le mespris qu'il a du Monde, dans le sein mesme duquel il puise tous les antidottes de ses poisons. Quels regrets a-t'il conformes à ceux de Sainct Augustin, d'auoir si tard recogneu la beauté & la bonté de Dieu, & combien vn iour en la maison du Seigneur luy seble-t'il plus heureux

que mille aux Palais dorez des Roys; qui comme les Theatres ne sont bons qu'à representer des actions tragiques. C'est vne grande maistresse que l'Experience, & cõme dit vn ancien, le plus court chemin pour paruenir à la Sagesse: Sagesse dont l'vsage est le pere, & la Memoire la mere. Or cet homme a beaucoup veu & beaucoup retenu, c'est ce qui le rend fort aduisé, & plein d'vne prudence qui n'est pas commune. Peut estre que vous vous estonnerez, n'estant pas cogneu de luy, comme ie le puis tant cognoistre, & sçauoir tant de particularitez de sa vie & de son esprit: mais outre que ie vous ay dit, que i'ay appris quelques actions de sa vertu de mon pere, qui a traisné auec luy par l'espace de plusieurs annees, le ioug doré de la Cour, & le ferré de la guerre; ie cognois vn Religieux de ceans, qui l'a autrefois veu à la Cour, & auec lequel il a vne particuliere familiarité, qui m'a appris beaucoup de choses de sa vertu, & comme sous vn habit seculier il cache plusieurs perfections qui manquẽt à beaucoup de Religieux; conseruant par vne merueille de la grace toute singuliere, beaucoup de charbons d'vne ieune feruer, sous la cendre de son aage aduancé; ce bois sec faisant honte à la verdeur d'vne ieunesse moins ardante

dante au seruice de Dieu. Peut estre que l'on estimeroit, que plus il se sent voisin du tombeau, il vueille rachepter le temps perdu, se pressant d'effacer par la Penitence les erreurs de sa vie passee ; pressé de l'apprehension de sa fin, & enuironné des terreurs de la Iustice Diuine : mais les vieillards, de qui le sang est refroidy par la suitte des ans, sçauent bien que ces bouillons sont rares sur le declin des iours, quelque voisinage de la mort qu'ils pressentent : c'est ce qui faisoit dire à Dauid :

Seigneur ne m'abandonnez pas,
Aux iours de ma froide vieillesse,
En ce temps voisin du trespas
Auquel toute vigueur nous laisse.

Or voila ce que ie sçay de ce bon personnage, qui vit icy en apparence parmy les obscuritez entre les morts du siecle, mais pour reluire vn iour comme vne belle Estoile au firmament de l'Eternité. Il semble mort, & neantmoins il est viuant, parce que sa vie est cachee en IESVS-CHRIST, en Dieu. Heureux qui meurt au monde, pour mener vne vie si contente, plus heureuse ceste vie retiree qui meine à vne si douce & paisible mort, & tres-heureuse la mort des Iustes si precieuse deuant Dieu, & qui les met dans le port de l'eternelle

E

vie: car les ames des iustes sont en la main de Dieu, le tourment de la mort seconde ne les touchera pas: bien qu'ils semblent aux folastres mondains morts aux delices du siecle, ils sont neantmoins en vne paix qui vaut mieux que tous les plaisirs de la terre, pour excessifs qu'ils puissent estre: en fin les iustes viuront eternellement, & leur salaire est en la main de Dieu; que dis-ie en la main, mais en Dieu mesme, qui est leur recompense trop plus grande. Icy Alexis mit fin au recit de son Histoire, dont Menandre tira d'autãt plus de satisfaction que les autres, de ce que cet homme apres auoir esté marié comme luy, & pourueu ses enfans, auoit en fin mis son ame à l'abry sous les aisles de Dieu, comme sous vn bouclier tres-asseuré & impenetrable aux fleches volantes de iour, & aux traicts lancez dans les tenebres: de sorte qu'on pouuoit dire de luy ce mot du diuin Chantre,

En la terre où ie l'ay logé,
Ie rendray son iour alongé,
Son bien, sa race, & sa memoire,
Et quand on l'en verra sortir,
Ie luy feray voir & sentir
L'eternel plaisir de ma gloire.

Ce qui le pressa de s'escrier, Ne verray

je jamais ce temps-là heureux, auquel libre de toute autre subjection que de celle du service de celuy qu'il vaut mieux servir que regner, & qui bien mieux que Salomon rend bien-heureux ceux qui le servent, je pourray me consacrer à luy en saincteté & en justice tous les jours de ma vie.

Alors Alexis, Si vous le voulez bien, veritablement il me semble que vous le pouvez fort efficacement, car pourquoy des enfans auront-ils le pouvoir de retenir des peres au monde, puisque les peres n'ont pas la puissance d'empescher leurs enfans d'en sortir? N'est-il pas escrit qu'il faut laisser les morts enseuelir les morts, & qu'il faut fuir de Babylone, & sauuer son ame comme l'on pourra? C'est bien, reprit Menandre, ce que j'ay autresfois debatu auec vn grand & deuot Religieux, qui m'a non seulement conseillé, mais ordonné de demeurer au siecle pour esleuer mes enfans: mais en fin il l'a emporté sur mon desir par la force de la verité; car la reigle que vous estimez manquer d'vn costé est reciproque, d'autant que si le pere a besoin manifeste de l'assistance de son enfant, l'enfant est obligé de subuenir aux necessitez de son pere, & de surseoir son dessein Religieux s'il ne l'a pas encores embrassé, & mesme

E ij

s'il y est engagé de laisser, non l'habit, mais les exercices de la vie Reguliere, pour soulager par son secours la necessité de ses parens: mais quand ce n'est que par vn attachement de la chair & du sang, que les peres s'opposent à l'entreprise de la vie Religieuse que font leurs enfans; alors il ne faut pas acquiescer à la chair & au sang, mais mettre en pratique ces genereux conseils, de passer à l'estendard de la Croix, nonobstant les oppositions de pere & de mere, estant vne espece de Pieté d'estre cruel en ce poinct là. Mais, reprit Alexis, vous estes bien esloigné du terme de laisser vos enfans en necessité: Non pas certes de biens, repliqua Menandre, mais de conduite: & que font les biens sans conduite, sinon des richesses mises, comme dit le sainct Euangile, en vn sac percé? Et ne les sçauriez vous faire conduire & esleuer par vn autre, dit Alexis? Ouy certes, repartit Menandre, & qui les conduiroit auec plus de Prudéce, mais non pas auec tant d'affection; car en fin, mon cher Alexis, si vous sçauiez ce que c'est d'estre pere, cet abandonnement ne vous sembleroit pas si aysé; c'est vn doux mal qui ne peut estre cogneu que par ceux qui en sont atteints, & qui iette de si fortes racines en nos âmes, qu'elles ne peuuent estre arrachees, non pas mesme exprimees par aucun discours. Alleguez donc, dit Alexis, plustost vostre propre inclination, que la defence de ce bon Religieux, de laquelle vous vous parez. Certes, repliqua Menandre, encores que son conseil se soit treuué conforme à mon inclination sensible, si est-ce qu'il estoit contraire à mon desir raisonnable, desir qui eust surmonté l'opposition de mon sentiment, s'il ne m'eust absolument asseuré que Dieu demandoit de moy ceste education, comme l'œuure de la plus grande Charité que ie peusse faire, & l'holocauste le plus agreable à Dieu que ie luy peusse offrir. De moy, reprit Alexis, ie ne puis cōprendre ceste Theologie, qui prefere le seruice des Creatures à celuy de Dieu, ny ce sacrifice charitable qui nous empesche de nous cōsacrer nous mesmes à sa Bonté, cōme des hosties viues, plaisātes, rečeuables par vn seruice si raisonnable & si iuste que celuy du ioug Religieux. Ce n'est pas, repliqua Menādre, quitter le seruice de Dieu pour celuy des Creatures, que de les seruir en Dieu; ains c'est seruir doublement Dieu, que de quiter son simple seruice pour faire son cōmandement en la personne du prochain; c'est laisser Dieu pour Dieu auantageusement, & comme reculer pour mieux sauter. Ainsi veut-il que nous allions premieremét nous reconcilier auec nostre frere, auant qu'offrir nostre present à son Autel: & qui ne voit que le Samaritain est preferé au Prestre en l'Euangile, pour auoir eu soin du pauure blessé, lequel sans son secours s'en alloit mourir? Or ie vous asseure, mon cher Alexis, que si cela estoit indifferét comme vous me le dittes, i'aurois bien tost secoüé le ioug du monde, qui maintenát m'est vn fardeau insupportable, y ayant perdu toute ma douceur; mais vous verrez que si nous en conferons demain auec Dom Prieur, ou auec Dom Procureur, ou auec quelque autre sçauant Religieux de ceans, il sera de l'aduis que m'a donné le Pere Euariste, que ie vous nomme, parce que ie sçay que vous le cognoissez. Certes, dit Alexis, si vous prenez Dom Procureur de ceans pour iuge, ie croy que vous le perdrez; car il est de ceux qui ont volé à l'estendard de la Croix sur la poitrine de pere & de mere, & dont la Vocatió Religieuse n'a pas fait moins de rumeur que celle de Serafic. Il n'y a rien, dit Menandre, qui me delecte tant que d'entendre les traicts de Dieu, ou plustost ses attraicts à vne si saincte vie: c'est pourquoy si ie ne vous estois point ennuyeux, ie sçaurois volótiers comme s'est terminé ce grand effort : ie co-

gnoy ce bon Pere pour vn homme de bon
esprit, & pour seruiteur de Dieu, fidele &
accort; mais vous sçauez que l'humilité des
Religieux leur oste de la bouche le discours
de leur naissance, & tout autre propos qui
pourroit tourner à leur auantage; c'est pourquoy ce n'est pas de luy que ie dois esperer
d'apprendre quel il est. Mais il se fait tard,
dit Alexis, & peut estre desireriez vous de
reposer deuant Matines: Quand ie le voudrois ie ne pourrois pas, repliqua Menandre,
car auant que ie feusse en termes de dormir
il se faudroit leuer pour y aller ; ce sera bien
assez que nous nous iettions sur le lict en
attendant l'heure, & au retour nous som-
meillerons à loisir. Florimond & Serafic
appreuuerét ce dessein, & conuierent Alexis de leur dire ce qu'il sçauoit de la sortie
du monde de Dom Chrysogone, ainsi nom-
merons nous le Pere Procureur. Ce qu'il fit
en ceste maniere.

Fin du premier Liure.

E iiij

ALEXIS.

PARTIE SECONDE.

LIVRE SECOND.

SOMMAIRE.

1. Histoire de Chrysogone. 2. Fils endurant patiemment les outrages de son pere. 3. Chrysogone fuyant le mariage, se iette aux Chartreux. 4. En est retiré par force. 5. Harangues d'Artault & de Chrysogone au Parlement. 6. Retour de Chrysogone aux Chartreux. 7. Il est des-herité par son pere. 8. Mort de Basilee. 9. Changement & heureuse fin d'Artault.

Vous auez tous cogneu vn venerable vieillard appellé Artault, qui auoit exercé vne charge principale aux Finances du regne de HENRY III. Il y a si peu de temps qu'il est mort, que sa memoire ne peut estre que de fraische datte en vostre souuenance; & vous sçauez encores comme emporté du zele de sa Religion, pour la defence de laquelle il a exposé sa vie en plusieurs hazards ; il quitta le seruice de ce Prince, pour se porter dans vn party, qui sous le manteau de la manutention des Autels, a pensé porter cette Couronne en vne main estrangere. Tant y a que si le party vainqueur a pleu au Ciel, le vaincu plus iusques à la fin à ce bon Caton, aymant mieux perdre ses estats, & voir rauager vne partie de ses biens, que de demordre vn seul brin d'vne cause qu'il pensoit estre obligé de soustenir, pour faire le salut de son Ame. La Paix reuint à la France, par laquelle il se vit restably en ses biens, non pas en ses honneurs, menant assez d'annees deuant sa mort vne vie priuee, sans aucune entremise des affaires publiques : Ce bon Israëlite se voit Pere de deux filles & d'vn seul fils, qui estoit ce Dõ Chrysogone, apres auoir marié ses filles à des partis fort auantageux, & vne particulierement en vne maison fort signalee d'vn Seigneur, principal voisin de ce Monastere, il n'auoit des yeux que pour ce fils, qu'il proiettoit d'esleuer à quelque eminente charge ; puis que la venalité les rendant accessibles, il ne manquoit pas du Pont-d'or qui y donnoit l'entree. Mais tandis que l'homme propose, Dieu a bien d'autres dispositions sur le cœur de ce ieune homme, lequel il charge d'vne si forte gresle d'inspirations deuotieuses, que toutes les fleurs des esperances mondaines disparurent en la terre de son esprit. Cette voix de Tourterelle gemissante entenduë par sa volonté, le téps de retrancher arriua, les fleurs des desirs Religieux s'espanouïrent en sa pensee, le monde commença à luy desplaire, & apres cette Manne goustee, les aulx d'Egypte luy furent à contre-cœur. Cependant le monde, le sang, & l'Enfer, les trois capitaux ennemis de nostre salut, luy donnent de furieuses charges: le Pere est auerty des deuotions desrobees de son fils, lequel estant plus en peine de sa Pieté, que de ses desbauches, le faict espier quád il va aux Monasteres, comme l'on fait guetter les autres quád ils vont aux lieux de dissolution; qui plus est il l'en reprend & l'en tanse, comme si seruir Dieu & chercher des conseils & des entretiens des pieté, eussent esté de griefues fautes. Voyla comme le móde est faict, ne iugeant des choses qu'à trauers la couleur de sa passion, & appellant le mal bien, & le bien mal, & mettant la lumiere pour les tenebres, & les tenebres pour la lumiere. Souuent pour bien faire l'on est repris, & au contraire, le pecheur est loué aux iniustes desirs de son Ame, & on applaudit à ses iniquitez. Or defendre à ce ieune homme la frequentation des Monasteres, & l'vsage des Sacremens, c'estoit en irriter son desir. Car comme il n'y a rien qui se face plus mal volontiers par deuoir, que de se mettre dans les compagnies, la couersation estant fascheuse si elle n'est libre, & le ieu ennuyeux s'il est contrainct; plus on vouloit qu'il s'aggreast dans le morde, plus le monde luy desplaisoit: on vouloit qu'il y cherchast party, & il ne cherchoit que le moyen d'en partir. En fin c'estoit aiguiser son appetit des choses sainctes, que luy en retrancher la commodité de l'vsage, & augmenter son degoust du siecle, que de gesner sa liberté. Sa deuotion se rend d'autāt plus forte, qu'il est contrainct de la tenir secrette: tout de mesme que la flamme d'vne fournaise est d'autant plus ardante, qu'elle est resserree. L'amour comme le vin, perd sa force par l'éuent. En vn mot rien ne picque tant le desir que la contrarieté, principalement le desir de quitter le monde: car quand il nous dit comme cette infame femme de Putifar, Dors auec moy: c'est vn plaisir meruerilleux que de luy laisser la cappe entre les mains pour se sauuer à la fuite. Quand Pharaon coniuroit Israël de demeurer, luy promettant de le traitter plus humainement; c'est lors qu'il preſſoit d'auantage pour s'en aller au deſert. Le fer, le feu, la mort, & la mer, ne furent point d'aſſez puiſſans obſtacles, pour retarder ceſte fuitte ſi deſiree. Car quand vne bonne fois ſonne aux oreilles de noſtre cœur cette voix du bien aymé, Suy moy, il n'y a ny rets, ny filets, ny maiſon, ny pays, ny parens, ny amis qui nous puiſſent retenir. C'eſt vn parfum dont l'odeur non ſeulemét nous attire, mais nous entraine d'vne puiſſance, neantmoins ſi volontaire & ſi ſuaue, que comme il n'y a rien de ſi doux que cet attrait, il n'y a rien de ſi attrayant que cette douceur. Ie ſerois trop long ſi ie voulois vous rapporter les diuers artifices, tantoſt rigoureux, tantoſt pitoyables, dont ſe ſeruirent Artault & Baſilee, Pere & Mere de Chryſogone, pour eſtouffer en ſon Ame ſon Religieux deſſein; en cela bien contraires à ce diuin Apoſtre, qui ſe diſoit endurer les douleurs d'vne femme qui enfante, iuſques à ce que le Sauueur fuſt engendré par la Foy dans les cœurs de ſes chers Diſciples. Car bien que ſon aage, qui eſtoit alors de vingt & deux ans, luy donnaſt la liberté d'aller & de venir par le monde, ſelon la couſtume de ceux qui l'ont attaint; ſi eſt-ce que comme s'il euſt eſté encore enfant, il falloit qu'il enduraſt auprés de ſoy vn cõducteur, qui en qualité de Gouuerneur controlloit toutes ses actions, moderoit ses allees & ses venuës, comme vne nourrice qui tient son nourrisson par des longes, & qui luy apprend à marcher. Imaginez vous si cela essayoit la patience de ce ieune homme, qui sans vne extreme & incomparable docilité, n'eust iamais pû souffrir tant d'entraues: il viuoit neantmoins parmy toutes ces gesnes, auec vne profonde tranquillité d'esprit, estant doux comme le poisson de mer dans les ondes salees. Cette lente persecution, au lieu de miner son desir, & de le ronger comme vne lime sourde, le renforçoit, & en enfonçoit plus auant la pointe dans son courage; sçachāt que la tribulatiō engendre la patiéce, la patience l'espreuue, l'espreuue l'espoir, espoir qui n'est iamais confondu, parce que la patiéce ameine tousiours les œuures qu'elle conduit à leur perfection. Toutes les fois qu'il alloit aux lieux de deuotiō, cet homme que son Pere auoit mis auprés de luy, plustost pour espion, que pour conducteur, sçachant bien qu'il n'auroit pas le bras assez fort pour le destourner de ces visites sacrees, en auertissoit ses parens, & on ne sçauroit dire quelle gresle de murmures & d'outrages tomboient sur sa teste quād il estoit deretour en sa maison, ce qu'il enduroit auec vn silence qui le rendoit vn rocher contre ces vaines vagues.

Ce qui me faict souuenir de cette Histoire que i'ay leuë autrefois chez vn Autheur ancien: Vn personnage Grec ayant enuoyé vn sien fils aux estudes de la Philosophie, il arriua que ce ieune homme tomba sous la discipline de quelques Pythagoriciés, grăds amateurs de la patience & du silence; estant de retour, comme son Pere le voulut enquerir du profit qu'il auoit faict aux bonnes lettres, & en la cognoissance des choses naturelles, & morales; cettuy-cy ne respondant presque rien, cela fit croire à ce pere qu'il auoit consommé son temps en desbauches inutiles, & que la despése qu'il auoit faite pour le faire instruire, estoit vne chose perduë : de sorte qu'apres l'auoir outragé de paroles iniurieuses, il le battit encores si cruellement, que le pauure adolescent en estoit tout meurtry : & comme son pere luy reprochoit son ignorance, N'appellez vous cela rien, dit ce ieune sage à ce vieil fol, d'endurer sans dire vn seul mot, & des inuectiues, & des battures iniustes, pour la seule consideration de la reuerence Paternelle? S'il arriua quelquefois à nostre Chrysogone de repliquer à son Pere quăd il l'accusoit de cet enorme crime d'estre trop de riot, c'estoit en luy remonstrant qu'en cela il suiuoit les vestiges de son zele, puis qu'il auoit tant souffert en ses honneurs & en ses biens, pour la defence de la Religion Catholique: Vous m'en auez, luy disoit-il,

En tant de pieuses façons
Donné de si belles leçons,
D'effect, d'exemple, & de parole:
Qu'il ne pouuoit, en vous suiuant,
Que ie ne deuinsse sçauant,
Sous vn si bon maistre d'eschole.

Il y a bien de la difference, luy repliqua Artault, entre ce que ie t'ay monstré, & ce que tu fais, ie t'ay bien monstré le chemin de tes Peres, & de perdre plustost l'honneur, les biens, & la vie, que de desmordre vn seul poinct des interests de la Religion Catholique, hors de laquelle il n'y a point de salut: mais t'ay-ie appris à faire le Moyne? Monsieur, disoit Chrysogone, ie croy que la vie des Moynes est cōme la Religiō de la Religion Catholique, c'est à dire l'elixir & la quint'essence de la perfection des Chrestiens: que si la Religion Catholique est vn Diamant, la vie Monastique en est l'esclat, & le lustre; si vn froment, par lequel se multiplient les fideles, elle en est la fleur; si vn laict, elle en est la cresme; si vne nacque, elle en est la perle: &

qui doute que pour auoir la perle Euangelique, qui n'est autre chose que la saincte Perfection, il ne faille ou vendre, ou quitter tout ce qu'on a, pour suiure par ce desnuëment la nudité du Sauueur Crucifié? c'est-là le chemin qu'ont frayé les Apostres, & à leur imitation les premiers Chrestiés, suiuis en cela par les Religieux qui vont apres les traces Apostoliques, par le delaissement de toutes choses. Quoy? disoit Artault, pensez vous qu'il n'y ait que les Religieux de sauuez, & que le Paradis ne soit faict que pour eux? Dieu me garde, repliquoit Chrysogone, de ceste heresie; ie sçay que toutes sortes de personnes sont appellees aux Nopces eternelles; mais ie croy qu'il n'y a que les Prelats & les Religieux qui y aillent par le chemin de Perfection, duquel il est dict, qui le pourra prendre le prenne. Ie sçay de plus que l'Apostre conseille à vn chacun de demeurer en la vacation à laquelle il est appelé: mais aussi presuppose-t'il vne vocation auant que l'on vacque à quelque employ: car c'est pour trainer vne vie miserable, que de faire ce que Dieu ne requiert pas de nous, & d'embrasser vne cōdition à laquelle nous ne sommes pas propres. Artault qui iugeoit bien où tendoient ces circonlocutions, & qui craignoit en suiuant cette route de te de rencontrer ce qu'il ne cherchoit pas, qui estoit vne determination en son fils d'estre Religieux: Voyla grand cas, disoit-il, que la ieunesse de ce temps pense estre plus sage que ses peres, & bien qu'elle soit sans experience, elle leur veut faire la loy, elle a treuué de certaines maximes, par lesquelles elle viole non seulemét impudemmét, mais qui est le pis impunément l'authorité de leurs parens, secouant toute sujettion, non sans peine seulement, mais auec loüange, comme si c'estoit vn acte de pieté, de faire mourir son pere, au lieu de l'honorer selon la Loy de Dieu. Et parlant d'vn ton aigre & poignant, & releuát sa voix auec vn accent extraordinaire. Ie voy bien, luy dit-il, enfant dénaturé, que tu as entrepris de me precipiter au tombeau auant le terme qui m'estoit prescript par la nature: mais va, si tu te retires de ma maison sans mon congé, i'espere que Dieu me vengera de cet outrage, & que ta mort suiuant la mienne de bien prés, nous comparoistrons tous deux deuant le Tribunal d'vn iuste Iuge, qui sçaura rendre à chacun de nous selon ses demerites. Ie t'auray donc donné l'estre pour estre abandonné de toy, sur le poinct que i'en deuois attendre plus de secours; & ton impieté couuerte d'vn faux masque de Deuotion,

F

greslera ma moisson, non en herbe, mais en gerbe. J'auray esleué tes ieunes ans auec tant de despense & auec tant de soin pour recueillir des ronces au lieu de raisins de la vigne de ta mescognoissance. Quelle Loy te commande cette ingratitude, ains quelle loy ne te la defend ? s'il faut rendre bien pour mal par celle de Iesvs-Christ, comment t'excusera-t'il si tu rends le mal pour le bien, & la mort pour la vie ? Ie sens bien à tes propos que tu roules en ta pensee le dessein de te donner à luy: mais quelle offrande luy feras-tu estant coulpable d'vn parricide? C'est bien loing d'aymer tes ennemis, puis que par ta farouche, quoy que specieuse entreprise, tu minutes la mort de tes parens. De moy ie ne veux plus viure dans le monde, l'estincelle qui pouuoit rallumer mon nom en la memoire de la posterité estant esteinte; & ie sçay que ta mere pourra encores moins supporter cet assault, & suruiure à ta perte. De quel front oseras-tu te presenter deuant les Autels du grand Dieu soüillé de tant de meurtres ? appelles-tu Perfection que de commettre tels forfaicts? Le ieune adolescent que le Sauueur appella pour estre parfaict, n'auoit plus ny pere ny mere: encores si tu attendois le temps qui te deliurera bien toſt de ma miſere, & de ma vie, qui t'eſt ſi ennuyeuſe & ſi longue, ta deſobeyſſance ſeroit coloree de quelque pretexte: mais ie preſſens que l'impatience de tes deſirs auancera mes iours & ceux de ta mere, penſant faire vn grād ſacrifice à Dieu d'immoler nos vies à ton inconſideration. Attends au moins, ô Chryſogone, & tandis que ton deſſein meurira ſous l'auancement de ton iugement, ſurſeois ta deliberation; ne vois-tu pas à ces cheueux chenus, que les ans m'aſſignent à la tombe, quand i'y ſeray deſcendu va par apres en la part qui te plaira. Cependant ſi tu veux ſeruir Dieu auec perfection, ie n'y mettray pas d'empeſche-ment, puiſque ny en propos, ny en effects ie ne t'ay iamais donné aucune occaſion de ſortir hors des termes de la vraye Pieté. Combien il eſt vray que la douceur a plus de force que toutes les violēces du monde, & que la fauſſe Pieté porte ſouuēt preiudice à la vraye Pieté. Ces diſcours accompagnez de quelques larmes amollirent tellement le cœur de Chryſogone, que ſe iettant aux pieds de ſon pere, qui en eſtoit tout attendry de ioye, il luy proteſta de ne ſortir point de ſa maiſon qu'il ne fuſt fauoriſé de ſa

F ij

benediction, pourueu qu'il luy pluſt le laiſſer en franchiſe, & n'vſer point de contrainte ſur ſon courage. Ce qu'Artault luy promit. Ainſi le rayon doux du Soleil dépoüille l'homme, ce que ne peut faire la vehemence d'vn tourbillon Septentrionnal: car Baſilee au contraire, & comme mere & comme femme, ayant le bras moins ferme pour retenir la bride de ſes paſſions, tourmentoit ſans ceſſe ce ieune eſprit, tantoſt de reproches, tantoſt de menaces, de ſorte que pour ſe deffaire de cette ordinaire tempeſte il eſtoit ſouuent ſur le poinct de ſe ietter au port de la vie Religieuſe : tel eſt le zele des indiſcrets, qui ne penſent iamais bien faire, s'ils ne gaſtent tout, & qui ruinent leur propre feſte, par les meſmes moyens dont ils penſent l'auancer. Que ſi quelquefois en changeant d'humeur & de propos, ſelon la naturelle varieté de ſon ſexe, elle le vouloit amadoüer par des coniurations maternelles, c'eſtoit d'vne façon ſi contrainte & ſi peu ſortable à ſon intention violente & altiere, qu'au lieu d'en flechir ſon eſprit, elle le rendoit plus deſireux de ſortir de ces eſtouffantes careſſes. Or comme ce deſir de Religion n'entre gueres dans vne Ame ſans y eſtre attiré par la veuë de quelque ordre particulier, dont la vie semble plus conforme à nostre humeur, & plus conuenable à nostre portee; aussi parmy cette agreable varieté de maisons Religieuses, dont cette grande Ville de Paris est heureuse & abondante, celle des Chartreux bastie dans le Vauuert, ancienne demeure de nos Roys, estoit plus frequentee qu'aucune autre par Chrysogone; son contentement estoit de prendre de la solitude des Religieux en leur en ostant, & de participer à leur entretien aux heures que la reigle leur octroye pour la conuersation, ce qui se fait tousiours auec la licence du Superieur. Ces frequentations desplaisent extrememét au pere & à la mere de Chrysogone; mais comme il n'estoit pas en aage d'en pouuoir estre empesché, aussi n'estoit-ce pas vn crime qui meritast vn emprisonnement, duquel il estoit quelquefois menacé par sa mere, femme haulte à la main; mais cela estoit esloigné de l'esprit de son pere, qui luy forgeoit bien de plus subtils, mais de plus forts liens pour le retenir dedans le siecle; c'estoit en imitant Vulcan, qui arresta, ie voulois dire enretha Mars dans vne couche.

Ce rusé vieillard iugeoit bien qu'il n'y auoit qu'vn mariage qui le pust mettre

F iij

hors de l'apprehenſion de perdre ſon fils (car il tenoit ſon deſſein pour vne perte.) Il euſt bien voulu par auant ieu l'engager dans la fonction d'vn Office, qu'il luy euſt donné tel qu'il euſt peu ſouhaiter, rien n'eſtant impoſſible en France à qui a de grands moyens; mais l'extreme ieuneſſe de Chryſogone l'en empeſchoit, encor euſt-il treuué l'inuention de paſſer ſur cet obſtacle, mais il ne pouuoit vaincre la volonté de ce ieune fils, tout à faict eſloigné de ces vanitez & de ces qualitez eminentes. En fin vne occaſion ſe preſenta qui luy offrit l'vn & l'autre moyen : de ſorte qu'il penſoit tenir ce ieune Cheual auec le frein & le camorre, & le ſeeller & brider en meſme temps, en luy donnant des Lettres d'vn grand Office bien ſeellees, & pour bride vne femme. Vn des principaux Magiſtrats de cette Chambre Souueraine, qui va du pair auec le Parlement, treuuant ce party, qui luy fut propoſé par vn des amis d'Artault, fort auantageux pour vne ſienne fille, luy offre vne charge eminente, & vne riche dotte. Artault qui bruſloit d'impatience de voir son fils marié, concluent cette alliance auec ce Magistrat, que nous appellerons Reginald ; mais il conte sans son hoste : car outre que Chrysogone estoit en vn aage qui semble dispenser les plus hastez de se marier, il auoit vne telle auersion de ce ioug, qu'il n'est aucune si cheriue condition, qu'il n'eust choisie pour s'en deliurer. Luy qui a bon nez, & qui sent qu'on l'engage insensiblement, & qui craint le force de son pere, la violence de sa mere, & plus que tout l'auctorité de son designé beaupere, minutte vne fuitte salutaire, selon ce precepte de l'Euangile, qui veut quand on est persecuté en vne Cité qu'on aille en vne autre. Il croit estre exempt de sa promesse, puis qu'on a dessein de violenter sa volonté, n'ayant protesté de demeurer en la maison de son Pere, que autant qu'il y seroit libre. Il feint de venir visiter vne sienne sœur nommée Claudiane qui estoit mariée à quelques lieuës de cette Maison de Bonne-Fontaine, & il obtient d'autant plus facilement ce congé que l'on croit que ce voyage le divertira de ses humeurs que l'on tient pour melancholiques, & qu'on se promet de forger plus aysément ses liens en son absence, de sorte qu'il se treuuera pris à son retour: Mais luy qui auoit long temps auparauant faict diuerses visites en ce Monastere par la bien-seance du voysinage de sa sœur qu'il venoit voir assez souuent, s'y vint en fin ietter, comme l'on dit, à corps perdu, le choisissant pour le lieu de son repos durant sa vie, & pour son habitation iusques en son dernier iour. Il sceut si viuement representer ses pressantes necessitez au Pere Prieur & à la Communauté des Religieux, qui cognoissoient de longue main, & par le fidele rapport des Peres de Paris la bonté de son Ame, qu'il fut aussi-tost admis, & plustost couuert de l'habit que l'on ne sceut à Paris qu'il n'estoit pas en la maison de Claudiane. Quelques iours s'escoulerent auant qu'on sceust determinément où il estoit. Les Chartreux de Paris furent visitez, où il n'estoit pas: on s'enquiert à Bonne-fontaine s'il y est sur ce qu'on dict qu'on n'estoit point obligé de respondre à cela que par vne puissance Superieure, Artault iugea soudain que son fils y estoit. Ie ne veux point icy depeindre sa cholere, moins les regrets de Basilee, cela tiendroit trop de place en cet escrit, plustost fait pour representer des actions que des paroles. Ceste mere, comme vne furie, va faire des vacarmes les nompareils à la porte de ceste Maison, mais ses cris ne sont pas entendus dans l'enfonceure du Cloistre: Le pere y va, qui tonne mille Rodomontades, qui veut mettre tout en pieces & en feu, qui crie qu'on luy a desrobé son fils, & au contraire l'on luy a donné vne nouuelle robe; qui proteste qu'on le luy a volé, & au rebours, c'est son fils qui est volé à cet azile sacré. Tout ce tintamare est inutile, parce qu'il n'y est pas le plus fort; c'est comme en vn orage, apres beaucoup de tonnerre & de pluye, il ne reste qu'vn peu de bouë qui salit les passans: ce bon homme dit mille iniures à tous ceux qui passent deuant luy, mais il ne treuue personne qui luy replique: le silence est vn grand secret pour faire cesser la cholere: vne guespe qui picque vne pierre, & vn criard qui iniurie celuy qui se tait, c'est la mesme chose. Il demande à voir son fils, mais le fils le sçachant en ceste fascheuse humeur, n'osa iamais se presenter à luy, suppliant qu'on le retirast de deuant sa face, de peur qu'il n'arriuast quelque chose de sinistre. Il fut trouué expedient de ceste façon, & Dom Prieur promit à Artault de le mettre seul auec son fils vne autrefois, quand ces premiers mouuemens qui violentét la raison des plus sages seroient passez : luy deuenant plus courroucé par la douceur de ce bon Pere, comme vn feu qui s'irrite par vne legere aspersion d'eau, protesta qu'il n'y retourneroit point sans l'auctorité de la Iustice, par la force de laquelle il esperoit r'auoir son fils, qu'il disoit luy auoir esté rauy par subtilité.

4 Là dessus il se retira chez sa fille Claudiane, & en fin à Paris, où soit par son credit, soit par celuy de Reginald, ou pour mieux dire, parce que les Iuges estimerét sa plainte iuste ; il fit si bien par ses poursuittes qu'il fit ordonner que les Chartreux remettroient Chrysogone en estat de pouuoir franchement declarer en la face de la Iustice, si les motifs qui l'auoient tiré en leur Ordre n'estoient point artificieux, & si sa sortie du siecle estoit franche & volōtaire. Artault part de Paris auec des Commissaires deputez pour l'execution de cet arrest, ils arriuét à Bonne-fontaine, où ils furent receus auec la reuerence que l'on doit à la Iustice : Chrysogone est appellé, auquel deuant que l'entendre on commanda de poser l'habit qu'il

portoit; luy qui ne l'auoit pas chargé pour le despoüiller, non pas mesme à la mort, protesta que la deuotion volontaire, non la subtilité ny la surprise, le luy auoit faict charger, & que si on le luy ostoit ce seroit vne violence, de laquelle Dieu seroit le iuge & le vengeur: il eut beau dire, il le fallut quitter. Le voila ietté dans vn carrosse, & r'amené à Paris pour declarer ses raisons en plein Senat; il supplia les Iuges de ne le mettre pas entre les mains de son pere, qu'il tenoit pour partie en ceste action, choisissant plustost toute prison que la maison paternelle, ce qui luy fut accordé, ceste prison estant changee au sequestre d'vne maison amie. Et ce fut là où Artault & Basilee employerent tous leurs artifices, & de menaces & de promesses, & de rigueur, & de douceur, pour flechir la resolution de Chrysogone, pratiquans malicieusement ce dont iniustement ils accusoient les Chartreux. Mais quoy, le monde est tousiours fauorable aux siens, & inegal à ceux qui le quittent, car bien que les industries de ses parens pour dissuader vne saincte entreprise soient visibles, elles sont excusees, & ceux-là sont accusez de seduction & d'arrifice qui n'auoient contribué autre chose à ceste Vocation que l'ouuerture de leurs bras, sans espoir d'aucune pretension, comme vous entendrez. Cent fois si Chrysogone n'eust esté en la garde de la Iustice, Artault l'eust fait enleuer, & l'eust fait prisonnier en vne maison qu'il auoit aux champs, le tirant des Chartreux pour le mettre en chartre. Mais l'esperance qu'il auoit d'estre soustenu en ses plaintes qu'il estimoit iustes, & la crainte qu'il auoit d'offencer la Majesté du Parlement, donnerent vn frein à ses desirs. Il n'estoit question que d'entendre le ieune homme, & de sçauoir de quel esprit il auoit esté porté à quitter le monde pour se ietter dans vn Cloistre, sans le sçeu & sans le vouloir de son pere; c'est pourquoy ceste affaire se traitta à portes closes, pour ne publier ce qui estoit particulier & comme domestique.

5. Là le vieillard Artault ne voulant point d'autre Aduocat que sa passion, parce que chacun est Orateur pour dire ce qui le touche, dit en la presence des Iuges. Messieurs, vous faictes Iustice à tout le monde, & vous ne la refusez à aucun qui implore vostre secours; rendez-la ie vous en supplie à ce pere miserable, & bien miserable vrayement, puis qu'il est côtraint de la vous demâder contre

son propre fils, fils ingrat & dénaturé, qui veut comme ces animaux qui sont odieux à nommer, non pas entrer au monde, mais en sortir par le flanc, & par la mort de ceux qui luy ont presté la lumiere dont il iouyt. Messieurs, i'ay l'honneur d'estre cogneu de la plus grande part d'entre vous, ce qui me console d'auoir mes propres Iuges pour tesmoins des bons traittemens, & des deuoirs de bon pere que i'ay rédus à ce malheureux enfant, cause de tous les desastres qui m'enuironnent: il est vray que m'estant plus rebellé que ne fut iamais Absalon, ie demande neantmoins que vous me le conseruiez, & que la punition de sa faute soit la reception de mon heritage. Sans luy ie suis sans heritier, & sans heritier, c'est à dire sans plaisir parmy mes biens, ne sçachant à qui ie les reserue. Il n'y a sorte de bõs offices qu'il n'ait receus de sa mere & de moy; & il n'y a sorte de mescontentemét que nous n'ayons receu de luy. Nous n'auons iamais sçeu ramener à son deuoir l'obstination de son courage; & se couurant d'vn faux masque de Pieté, qui est vne veritable hyppocrisie, quoy que nous ayons fait pour le retenir, que n'a-t'il fait pour s'en aller? Ie laisse à part les communes assistances des parens enuers leurs enfans, depuis leur naissance iusques à l'aage de discretion; i'estimeray ces peines & ces despenses bien employees, pourueu que i'en tire quelque degré d'obeyssance; s'il y a rien au mõde de iuste & d'auctorisé par toutes les loix diuines & humaines, il me semble que c'est cela. L'ingratitude des enfãs merite bien vne pareille peine que celle des libertins mescognoissans enuers leurs liberateurs; ceux cy estoient remis en la seruitude, ceux-là doiuent estre restituez en la puissance de ceux que Dieu leur commande d'honorer, sous peine de r'accourcissement de leur vie. C'est à vous, Messieurs, qui mettez l'ordre en l'Estat, de le remettre dans les familles, & en soustenãt la puissance paternelle par la Royale que vous tenez, de rendre aux peres l'ancien pouuoir qu'ils auoient sur leurs enfans refractaires. C'est à vous de reprimer les artifices des seducteurs de ieunesse, & à corriger les abus qui se glissent en la Republique sous le manteau de la Pieté: car ç'a tousiours esté la coustume de la superstition, de se couurir de l'apparence des choses sainctes, pour renuerser la vraye saincteté, combatant la sincere Religion par la feinte. Les commandemens de Dieu vont deuãt les conseils, auparauãt qu'il embrasse ceux-cy il doit executer ceux-là, & qu'il luy soit deféedu de prédre l'habit Religieux sans le consentemét & le congé de ceux dont la malediction le peut reduire en poudre. Dieu aymera mieux son obeyssance qu'vn sacrifice de rebellion. Comme i'estois sur le poinct de le marier à vn party, duquel par sa fuitte il s'est rendu indigne, il s'est desrobé de moy, s'enuelopát dans vne autre nouuelle faute, qui est le parjure, dont il merite vn exéplaire chastiment. Car apres m'auoir solemnellement iuré qu'il ne quitteroit point ma famille sans receuoir ma benediction, par vn insigne manquemét de parole, & par la plus lasche trahison qui fut iamais, il m'a laissé en proye aux douleurs, & sa mere entre les bras d'vn desespoir inconsolable. Et cajollé par des gens qui pensent en luy promettát des grás biens en l'autre vie, acquerir ceux qui le regardent en celle-cy, il s'est plustost couuert d'vn habit de Moine que ie n'en ay esté aduerty; & il seroit encores dás le fonds d'vn Cloistre à entretenir l'humeur melancholique qui le domine, si vostre fauorable assistáce ne l'en eust tiré pour me le rendre, ains pour luy rendre la liberté, & le redóner à luy mesme. Ie n'ay que faire, Messieurs, de vous supplier de me le remettre, puisque comme mó fils il m'appartiét, ie n'ay point besoin de voº prier de luy faire cómandemét de m'honorer, de m'obeïr, & de me suiure, puisque ce grád Dieu de qui par le Roy sa viue image vous tirez vostre auctorité le commande, seulement ie vous demande, que l'ayant osté d'entre les mains de ceux qui me l'ont seduit, & qui sans vous triomphoient desia de ma perte, vous le remettiez entre les miennes, comme vne chose qui m'appartient par toute sorte d'équité. Tout ingrat qu'il est, ie ne laisseray pas de le receuoir, & de luy ietter tant de charbons ardans de biens-faicts & de dilection en la face, qu'il sera contrainct de venir à resipiscence, & de recognoistre que comme tout son bien depend de moy, il a eu tort de se soustraire de mon obeyssance. La Iustice qui tient la balance à la main, a comme deux bassinets, aussi deux oreilles pour entendre les deux parties : car comme dit cet ancien, qui iuge sans ouyr l'vn des contestans, donne ordinairement de mauuaises sentences. C'est pourquoy apres auoir entédu le pere, elle permit au fils de parler ainsi. Messieurs, Quãd le genre de vie que i'ay choisi sans aucune necessité, comme parle l'Apostre, mais d'vne volonté libre & franche, ne m'obligeroit point au silence, compagnon inseparable de la solitude des Chartreux, la reuerence de la personne contre laquelle vostre commandement me contraint de parler, m'y engageroit : car si pour sauuer la vie à

son

son pere, iadis vn fils naturellement muet deuint parlant, ne pouuant apporter par mes paroles que de l'alteration à la vie de celuy qui m'a donné celle qui fait que ie respire, il me sera plus seant de me taire pour la conseruer, que de rien dire qui luy desplaise, & qui puisse troubler son repos, que ie voudrois procurer par toutes sortes de souffrances. Que si l'ancien Socrates, au recit de Platon, ayma mieux mourir innocent que se defendre par vne honteuse Apologie, ne vaut-il pas mieux que i'endure en me taisant, les reproches de mon pere, que de les reietter sur son front par ma replique, qui ne me pourroit estre auantageuse qu'autãt qu'elle feroit paroistre d'iniustice en son esprit? & quel enfant bien nay ne choisira plustost de couurir auec Sem & Iaphet, que de manifester auec Cham ce qui ne peut estre que honteux en son pere? remplirois-ie de vergongne vn front que ie dois honorer comme celuy d'vn Dieu visible, c'est à dire où ie voy manifestement l'image de ce Dieu qui m'a donné l'ame qui anime ce corps que ie tiens de celuy que vous m'opposez comme aduersaire, & qui est auec Dieu cooperateur de mon estre? Non, non, Messieurs, permettez que ie commence & que i'acheue par le silence, ce rideau expri-

G

mera mieux ma iuste & incomparable douleur, que les traicts les plus deliez des lägues les mieux penduës. Aussi bien ceste prodigieuse suspension qui me balance entre le Pere Celeste & le Pere Terrestre, escarte tellement mon esprit, qu'en ce partage il est malaisé que ie ramasse ses puissäces pour dignement parler de mon faict, & deuant vne si notable cöpagnie. Ordonnez, Messieurs, ce qu'il vous plaira, c'est à vous de commander, à moy d'obeyr : i'auray la gloire de la soumission, en vous laissant celle de l'ordönäce. Soit que ie viue, soit que ie meure, soit par l'ignominie, soit par la böne renommee, pourueu que ie sois au Seigneur il ne m'importe, mon sort est entre ses mains, il est mö lot & la part de mon heritage pour iamais. Cela dit, les sanglots estoufferent ses paroles en sa bouche, & les conuulsions de son ame parurent si fortes en son corps, que l'on iugeoit que c'estoit là sa derniere heure.

Vne morne palleur sur ses leures courut,
La parole aussi tost en sa bouche mourut,
Et tellement le dueil monstra sa violence,
Qu'il sembloit que la mort engëdrast ce silëce,
Tant seulement le cœur luy demeure pantois,
Et lamentant parloit ce langage sans voix,
Que la douleur enseigne en ses tristes escoles,
Et de qui les souspirs sont les seules paroles.

Ceste deplorable forme fit naistre de la pitié dans les cœurs de ces inexorables Radamãthes, tant il est difficile de despoüiller, estant homme, l'humanité. On courut aux remedes qui l'empescherent d'esuanoüir : quelques vns estimerent que ce fust la presence de la grauité de ce Senat Auguste qui luy humast le vēt & qui luy enleuast le discours, cōme il arriue quelquefois aux plus diserts Aduocats, à qui l'estonnement fait perdre le langage; mais Chrysogone fit bien paroistre que la reuerence de son pere, plus que le front seuere de ses Iuges, l'auoit porté en cet accessoire, quand ayant receu le commandement de respondre au moins aux interrogations qui luy seroiēt faites hors de la presence de son pere, que l'on fit passer à vne autre chambre, pressé par ceste ordonnance, en laquelle il luy sembloit entēdre la voix de Dieu en ceux qui sōt appellez Dieux & enfans du Tres-haut, establis ses Lieutenans pour iuger la terre; il respondit auec vn si grand sens, & auec vn iugement si ferme, que ces vieillards s'estonnoient de voir en vne si verte ieunesse vne si profonde maturité. Ses responses furent si pertinentes, que les Iuges inclinerent à le laisser en la liberté de ses desirs, & à le renuoyer en sa saincte solitude; mais ils y furent tout à faict portez, quand apres auoir impetré treve de ses souspirs & de ses larmes, & faict vn libre passage à sa voix par la suitte de plusieurs responses, il receut non seulement la permission, mais le commandement de dire ce qu'il estimoit à propos pour defendre la liberté de son choix, sans interesser le respect qu'il deuoit à la personne de son pere. Alors receuant cet oracle comme venant de Dieu, dont il entendoit la voix, comme vn autre Samuel par la bouche de ces venerables Helies, il parla de la sorte. Messieurs, la violence que ie sens en mon ame, me fait ressentir les mesmes efforts que l'on endure en enfantant; car ie sens deux iumeaux en mon cœur qui s'entrebattent, & qui me causent d'horribles tranchees, ce sont l'Amour du Ciel & l'Amour de la Terre, l'obeyssance que ie dois aux inspirations du Pere Celeste, & la reuerence que ie suis obligé de porter au Pere Terrestre; si bien que ie dirois volontiers en ceste agonie auec le Diuin Apostre, Pauure moy, qui me deliurera du corps de ceste mort. Neantmoins comme le fer mis entre deux aymans, vole au plus gros, & à celuy qui le tire plus puissammét par la multitude de ses esprits attractifs; ainsi me voyant diuisé & comme partagé entre Dieu & mon Pere, comme entre l'aiſle & la pierre, ie m'eſcrie tant que ie puis, Viue Dieu, duquel procede toute paternité au Ciel & en la terre; Viue ce Dieu, pour lequel ſuiure il faut renoncer à la chair & au ſang; Viue ce Dieu qui m'appelle hors de mon païs & de ma parenté, qui me deliure de la ſeruitude du Monde; Viue ce Sauueur qui ne recognoiſt pour diſciples que ceux qui renonçent à maiſon, à pere, à mere, à freres, à eux meſmes, à tout, pour aller apres lui. Meſſieurs, cet attraict eſt ſi puiſſant, qu'encores que ie me ſente interieurement deſchirer les entrailles, neantmoins ie ne puis reſiſter à l'impetuoſité de l'eſprit qui m'enleue, & qui me fait eſtimer toutes les choſes humaines comme boüe & ordure pour gaigner IESVS-CHRIST. I'ayme mon pere, i'ayme ma mere de tout mon cœur & comme moy-meſme; mais i'ayme Dieu plus que moy-meſme, car il eſt infiniement plus grãd que mon cœur. Ce zele du ſeruice de Dieu qui me deuore, m'a enleué comme vn autre Elie dans le deſert: c'eſt ce qui m'a fait renõcer aux plus eſtroits liens qui ſoient en la ſocieté des hommes, c'eſt ce qui me rauiſſant à moy-meſme, me peut bien rauir à autruy. Ce ne ſont point les ſeductions & les blandices alleguees; car outre que ie ſuis en vn aage eſloigné de l'enfance, quels artifices

G iij

peuuent faire prédre les espines de la Croix pour des roses, les souffrances pour des delices, & les amertumes pour des douceurs; il n'y a que Dieu seul par sa droitte vertueuse qui puisse operer ces changemés, c'est ceste seule main qui peut succrer l'absynthe, qui peut redresser ce qui est biaisé, applanir ce qui est montueux, & rendre facile des chemins raboteux & rudes. Ce n'est point le mespris de mes parens qui fait que ie leur tourne le dos, mais c'est la haute estime que ie fais de la fuite du siecle, & de la suite de la Croix, sçachant que ce n'est ny le sang ny le sens qui reuele ces mysteres, mais l'esprit de Dieu respandu en nos cœurs; & quãd ce seroit l'esprit de l'homme, qui le peut cognoistre sinon l'homme mesme, dit l'Escriture, quel iugement peut-on former que temeraire des intentions d'autruy? Or, Messieurs, à vous qui estes establis pour cela, i'auouë, pour l'amour de celuy pour lequel il faut obeïr à toute Creature qu'il a mise en superiorité, les replis de mon ame, & vous proteste deuãt ce Tribunal, où c'est vn crime que d'alterer la verité, non seulemét par la mensonge, mais par biaisement & par equiuoque, que ie ne suis induit à ce Religieux dessein par aucun mauuais traictement des miés, que ie recognois pour les meilleurs parens de la terre, que ce n'est ny chagrin ny melācholie qui me presse, mais la seule Charité de IESVS-CHRIST. Sinon que ie sois oppressé de ceste bonne tristesse dont parle l'Apostre, qui opere la Penitence à salut, & qui excitee par le peché, destruict par l'effect du repentir la cause qui l'engendre. Moins y suis-ie attiré par les inductions de ces bons Peres, qui n'ont contribué à ma Vocation que leur silence & leur exemple, langage muet qui a eu plus d'efficace & d'empire sur moy que toute l'Eloquence du monde. Car ie vous prie, quel autre interest ont-ils en ma reception que celuy qu'ont tous les Chrestiés du salut de leurs prochains? & mes imperfectiõs, & ma nourriture, ne leur sont-ce pas autant de charges? & quel bien peuuent-ils esperer d'vn fils de famille, ou plustost de famine, puisque ma condition ne me donne pour partage que le neant, mon pere ayant deux filles mariees, & qui ont des enfans capables de recueillir sa succession? De cela vous puis-ie asseurer, Messieurs, que comme ie ne regarde point en arriere en quittant la region infortunee du siecle, comme ie renonce deuant vous, à l'imitation de S. François, aux biens paternels, pour pouuoir plus librement dire, Nostre Pere qui estes és Cieux, & auec Dauid,

G iiij

Mon Pere m'a laissé auec vn grand mespris,
Mais le Seigneur m'a pris.

Aussi ceux qui m'ont faict l'honneur de me receuoir en la part des saincts, ie veux dire en leur saincte societé, reiettent volontiers comme personnes Apostoliques les pretensions de la terre, qui ne me sont nullement escheuës, & qui selon vos loix (ma mort ciuile preuenant la naturelle de mon Pere) ne me peuuent escheoir. Non non, Messieurs,

Si leur sort est mortel, non pas ce qu'ils desirent,
C'est seulemẽt au Ciel que leurs desseins aspirent,
Ce n'est pas pour les biens qu'ils seruent aux Autels:
Leur heritage est Dieu, ils laissent aux mortels
Cette terre de mort & tout ce qu'elle enserre,
Car leur pretension est autre que de terre.

Cette protestation, Messieurs, & en mon nom & au leur, ie vous supplie de la faire coucher sur vos registres pour la iustificatiõ de nos communes intentions. Que si ce leur est vn crime de m'auoir receu de cette façon, l'hospitalité & la charité, vertus tant recommandees en l'Escriture, sont donc deuenuës criminelles entre les Chrestiens; & quand ils m'auroient induict à embrasser la Croix de leur Regularité, seroit-ce vn crime? criminels donc seroient les Apostres, aux pieds desquels les premiers Chrestiens, induits par leurs remōstrances, apportoient tous leurs moyens; criminel seroit donc le Sauueur (que cette parole m'eschappe par cette imprudence de laquelle l'Apostre se glorifie & se vante) qui appelloit le ieune adolescent à la perfection par ceste voye. Criminelles seroient toutes les familles Religieuses qui sont la plus illustre portion du troupeau des fideles, puis qu'elles n'admettent aucun en leurs rangs qui par vœu solemnel ne renonce à toutes choses, pour suiure l'estendard de la perfection. Mais, Messieurs, vous estes trop bien instruicts és choses sacrees, & trop equitables conseruateurs des droicts de la Religion Catholique, pour admettre ces creances, ruineuses à l'Euangile, iniurieuses au Christianisme, & pernicieuses à l'Estat. Que si pour maintenir par les Edicts la paix en ce Royaume, vn fils peut impunément quitter la vraye & ancienne Religion de nos Peres pour perir au train du loyer de Balaam, en la voye de l'égarement de Cain, & en la contradiction des Abirons, dont les nouuelles opinions troublent la tranquillité de l'Eglise; ce qui est permis pour se perdre eternellement, ne le sera-t'il pas pour se sauuer, en embrassant la vie Religieuse, en laquelle consiste la perfectiõ de la Religion Catholique? la liberté que l'on appelle de cõscience, ne seroit-elle soufferte que pour le mal, & non pour le bien, pour l'enfer, & non pour le Paradis? les prodigues desbauchez seroient-ils traittez plus fauorablement que les aisnez sages & modestes? Vous, Messieurs, dont l'egalité sert de reigle à ce grand Empire, ne souffrirez iamais ces inegalitez & ces iniustices si preiudiciables au seruice de celuy par qui regnent les Roys, la souueraine Iustice desquels est mise en vostre main. Ie ne suis point si peu instruit en l'eschole du Christianisme, que ie ne sçache que l'obeissance & la reuerence que nous deuons à nos parens, s'estend iusques aux Autels, c'est à dire iusques à la liberté que IESVS-CHRIST nous a acquise par son sang, n'est point violee, n'est point violentee : mais quand il est question de prendre la part de Leui, c'est lors que cette parole, autrement impie, se treuue pieuse, qui dit aux parens, Ie ne vous cognoy point: car si pour adherer à vne femme, qui n'est qu'vne chetiue creature, il faut quitter & pere & mere, combien plus genereusement les deuons nous abandonner, pour adherer au Createur, & pour mettre n luy seul nostre esperance? ainsi ont faict tant de Saincts, que cóme leur nombre passe celuy des Astres; aussi luisent-ils pour cela cóme des Estoilles au firmament de la Gloire en de perpetuelles eternitez: que si nous nous vantons auec Tobie d'estre les enfans des Saincts, pourquoy ne suiurons-nous pas leurs vestiges? si vous vous dittes enfans d'Abraham, reprochoit le Sauueur aux Iuifs, faittes les œuures d'Abraham. O, Messieurs, s'il m'estoit loysible de repliquer aussi bien qu'il me l'est permis, & qu'il ne me fust point hõteux d'auoir plus de raison que mó cher pere, pourrois-ie pas le supplier d'imiter Abraham, puis que pour paroistre vray Israëlite, il a tant souffert des hommes, endurant encores de la part de Dieu le sacrifice qui luy est demandé de son vnique fils? Non, non, ie ne suis vne vipere qu'à contrepied, ce qui me iustifie par la bouche mesme de l'accusatió, ce sont les enfans desbauchez qui pour se mettre trop dans le monde hastent par le regret le trespas de leurs parens; ceux qui en sortent, leur doyuent apporter de la consolation, les voyans consacrez au seruice de celuy qui est terrible sur tous les Roys de la terre. Ce n'est pas pour me faire meilleur que ie ne suis : car si ie ne me recognoissois grand pecheur, ie n'eusse pas choisi vn habit de penitence, ny pour me parer de fausses vertus, ayant tant de vices veritables, desquels ie ne puis m'excuser, ny deuant Dieu ny deuant les hommes; mais si diray-ie auec verité, que ce que les autres endurent de reprehension pour leurs desreiglemens, ie l'ay souffert pour auoir eu en horreur les vanitez de la terre: ce n'est ny pour repliquer ny pour recriminer; mais si puis-ie soustenir que ç'a esté plustost mon mal-heur, que ma faute, qui m'a redu quelquefois la cause de l'affliction des miens; playe qui saigne tous les iours en mon cœur, & l'vn des plus fascheux ennuis dont mon Ame soit affligee. Car ie serois comme le plus ingrat, aussi le plus execrable d'entre les hommes, si ie ne me recognoissois du tout indigne de tant de bienfaicts, dont mes parens ont plustost accablé, que comblé le cours de ma vie; & si iamais ie les oublie, que ie perde aussi-tost le souuenir de ce que ie suis. La cognoissance qu'ils ont de mes defaults les deuroit resiouyr en terre de la côuersiô de ce pecheur, dont les Anges font feste dedans le Ciel, feste cependant qu'ils troublent, messieurs, par vostre auctorité, encores que ce ne soit pas vostre intention de contrister le Sainct Esprit. Ce n'est pas que ie ne reuere vos iugemens, & que ie ne sçache qu'il ne faut pas murmurer côtre les Dieux, comme l'Apoſtre m'apprend, mais ſi me ſera-t'il permis de vous dire que ie penſe que voſtre equité a eſté circonuenuë, quand elle a preſuppoſé que i'euſſe eſté enleué en vn lieu où i'ay couru volontairement & prõptement, lors que Dieu a eu dilaté mõ cœur. O Meſſieurs, que de choſes demeurent encloſes en ma poitrine, par la garde que ie mets à ma langue, & par la porte de circonſtance dont ie ferme ma bouche, afin de ne laiſſer emporter mon cœur en des termes malicieux qui bleſſeroient vos oreilles, & qui pourroient preiudicier à ceux à qui ie n'oſe contredire. Icy celuy qui preſidoit luy commanda de dire frãchement ce qu'il eſtimoit en ſa conſcience eſtre neceſſaire pour l'eſclairciſſement de la verité, ſelon laquelle ils auoient à iuger. Alors Chryſogone preſſé de cette adiuratiõ iudiciaire, qui l'obligeoit à manifeſter ſes ſentimens, releuant ſa voix, pourſuiuit de la ſorte. Quant à la rebellion dont on ſe plaint, il eſt à naiſtre qui m'ait veu deſobeir en choſe du monde, ſinon en ce ſeul poinct de me conſacrer à Dieu, auquel la loy Chreſtiẽne me diſpenſe d'obeir. Eſtant nay homme, c'eſt à dire auec la franchiſe de mon arbitre, ie ne croy pas que l'on me puiſſe ny doyue forcer de le ſoumettre en choſe deſraiſonnable, & que ie tiens preiudiciable à mon salut. Autrement les Peres qui ne nous donnent que le corps, s'arroger vne auctorité tyrannique sur les Ames que Dieu a creées, & sur lesquelles il ne s'est reserué, tout puissant qu'il est, autre pouuoir que l'inspiration; encor au milieu de ses plus doux attraicts, & de ses plus sacrez mouuemens, nostre volonté est elle tousiours en pleine liberté de les admettre, ou de les refuser, leur suauité estant tellement mesnagee, qu'encores qu'elle incline & alleche, elle ne force pas, moins violet'elle nostre élection. Iugez donc, Messieurs, si ceux que nous deuõs tenir pour des dieux se doiuent esleuer plus que Dieu, entreprenant sur nos Ames qu'ils n'ont pas faictes, ce que ce Dieu qui les a infuses dans nos corps ne s'attribuë pas. Et que plust à Dieu que ie pusse rendre à mes parens ce corps qu'ils m'ont presté, corps miserable, sepulchre viuant de mon ame, ou plustost son enfer portatif, corps infame en sa naissance, miserable en sa vie, sac à vers en sa mort, corps qui ne peut supporter les estans de l'esprit, ains qui l'aggraue & l'empesche de penser aux choses hautes, tout ainsi que l'Ame ne peut endurer ses iniustes rebellions: ô qui me pourroit deffaire de cette contrarieté de la loy des membres, & de celles de l'esprit, que ie luy aurois vne obligation signalee : peusse-ie rendre à César ce qui est à luy, à la terre ce qui est de terre, à mon Pere cette masse de corruption, dont il a chargé & enuironné mon esprit, & à Dieu ce qui luy appartient, qui est mon Ame, l'image de sa semblance, vn rayon de sa face, & la fille de sa Bonté. S'il estoit loysible de faire ce partage, que i'y consentirois librement : mais le mariage du corps & de l'Ame, est si estroit & si bien fait par la main de Dieu, qu'il n'y a que la mort qui en puisse faire la separation : car ce que Dieu a conioinct l'homme ne le peut, ny ne le doit separer. Si vous me rendez à qui me demande, ie vous prie d'auiser à ne rendre pas le principal pour l'accessoire, le Maistre pour le seruiteur, le Prince pour le sujet ; de cela vous puis-ie asseurer, c'est que vous pourrez bien rendre esclaue mon corps, iamais mon esprit, qui libre, mesme dans sa prison, retournera tousiours par sa chere pensee dans la cellule de son Hermitage, & dãs cette douce solitude, où i'ay gousté vne manne de laquelle ie suis si fort affriãdé que i'en ay perdu le goust des oignons de l'Egypte, cette Lothe celeste me faisant oublier ma patrie terrestre. Ie ne seray pas tout à faict esclaue, la meilleure part de moy euitera la geolle, & la contrainte, car ie me puis bastir vne Chartreuse dans le mõde, & dans moy-mesme, par le priuilege de tous les esprits. C'est pourquoy vous pourrez ordonner ce qu'il vous plaira, vous pouuez mesme me faire mourir, car ma vie & ma mort sont entre vos mains: mais vous ne sçauriez me faire tort; car le pis que l'on me sçauroit faire selon les hommes, c'est mon mieux selon Dieu, quand ie serois condamné à perir par exemple ie me treuuerois de la part de ces bien-heureux qui souffrent pour la iustice, & que l'Apostre se mettât de ce rang, appelle des victimes destinees à la mort : tenez pour constant que rien ne me separera de la charité, ny du seruice de IESVS-CHRIST, ny la faim, ny la prison, ny la nudité, ny les supplices, ny les blandices, ny le bon, ny le mauuais traittement, non les Anges, non les hommes, non le present, non l'auenir, en sõme quoy que ce soit ne me destachera iamais de mõ Sauueur, pour lequel le monde m'est crucifié & moy au mõde. Que l'on m'accuse d'ingratitude tant qu'on voudra, c'est à moy de souffrir en possedât mon Ame par la patience: mais qu'il me soit permis d'appeller cette ingratitude & heureuse & loüable, qui nous rend desagreables aux hommes

hommes pour nous faire agreer à Dieu. Certes iusques à present, ie recognois que tout le bien que i'ay eu dans le monde, m'est venu de mes parens: mais si pour condescendre à leurs desirs vous me liurez à leur volonté, pour m'enchaisner dans le siecle, ie seray contrainct de dire que tout mon mal prouiendra de vous par eux, puis que vous prattiquerez en moy le suplice de ce Roy qui attachoit des corps viuans à des morts, me garottant au monde, que ie deteste comme vne voirie. Pensez-y bien, Messieurs, & ce glaiue que vous portez non sans cause, ne l'employez-pas à gesner des volontez que Dieu a renduës libres, & dont il a racheté l'esclauage de son propre sang: ne permettez pas que le feu de mes blesseures prouienne du remede que i'attends de vostre equité; au contraire rendez moy la ioye de mon salutaire, restituez moy aux Autels dont i'ay esté arraché, remettez moy en cette aymable Croix d'où l'on m'a faict descendre contre mon gré, car i'y veux viure & mourir, pour me treuuer à la fin au nombre des enfans de Dieu: & souuenez-vous que si vous faittes autrement Dieu demandera vn iour mon sang de vos mains, & vous fera rendre œil pour œil, dent pour dent, Ame pour Ame: ne permettez pas que ma voca-

H

tion si saincte, si iuste, si legitime soit estouffee, si vous ne voulez que i'appelle ceux qui
vous y poussent apres S. Bernard, non mes
parens, mais les meurtriers de mon salut.
Reiglez en la soustenant l'auctorité paternelle, mais ne permettez pas qu'elle degene-
re en tyrannie; moderez-la selõ la loy Chrestienne, sans faire reuiure celle des Payens,
qui donnoyent aux Peres sur leurs enfans
puissance de la mort & de la vie. De moy ie
veux viure & mourir pour IESVS-CHRIST, ie
luy suis deuoué, ie luy suis consacré : ô vous
qui auez, comme des Baltazards, arraché
ce vaisseau sacré du milieu du Temple, de
pareille action, ne redoubtez-vous point
semblable condemnation? voulez-vous appliquer à des vsages seculiers & prophanes,
ce qui est destiné au seruice des Autels ? Si
ces bons Peres, du sein desquels vous m'a-
uez descolé, comme l'on enleueroit vn petit enfant de la mammelle de sa nourrice,
sont criminels pour des blandices imaginaires, quels serez-vous deuant Dieu pour
vn Rapt si violent? Que s'il faut comparer
les blandices aux blandices, combien sont
plus condemnables celles qui alleichét aux
voyes esgarees du siecle peruers & malin,
que celles qui en retirent & qui conduisent

au droict chemin de la iustice, qui mene au Royaume de Dieu. Or ie m'en rapporte à vos consciences, de decider quels doyuent subir vostre condemnation, ou de ceux qui me veulent faire regarder en arriere vers l'abominable Cité du mõde, en peine de deuenir statuë de sel, ou de ceux qui me font estendre aux choses anterieures, & tendre vers la Cité de Dieu, de laquelle la foy nous racõte tant de glorieuses merueilles. Ie n'ay plus qu'vn mot à vous dire, apres lequel i'attendray dans le silẽce, ce que par vostre Arrest i'auray à deuenir, c'est pour me purger de la tache de parjure de laquelle on m'a chargé, & certes bien que ie souhaitterois presque, s'il estoit loysible, d'estre coulpable, afin de pouuoir estre iustement accusé, neantmoins puis que la verité, selon le conseil de ce sage ancien, doit estre preferee à toute consideration humaine, ie la diray, deusse-ie espouser la qualité qui la rend odieuse à ceux qui l'ayment mieux luisante & belle que cuisante & forte. Il est donc vray que i'aurois promis de n'abandonner iamais les foyers paternels, sans en emporter la benedictiõ dans la Mesopotamie de la vie Religieuse; mais i'ay esté rendu libre de cette promesse, puis que la cõditiõ qui lui dõnoit

H ij

l'estre a manqué: car elle n'estoit fondee que sur la liberté que ie m'asseurois que l'on laisseroit à ma franchise, sans qu'on luy fabriquast des ceps & des liens sans mon sceu. N'ay-ie pas bien peu me dõner à Dieu sans ceux qui me vouloyẽt marier sans moy? En vain, dict l'Escriture, tend-on des filets deuant des oyseaux qui voyent de loing, Dieu donne vn signal à ceux qui le craignẽt, dict le Psalmiste, afin qu'ils fuyent deuant la force de l'arc, & ainsi deliure-t'il ses bien-aymez: si i'ay esquiué vne prison forcee pour me ietter en vne volontaire, & si i'ay euité le mariage, que ie ne veux pas, pour espouser le sacré & Religieux Celibat, que ie desire pour estre sans diuision à IESVS-CHRIST, quelle Ame tant soit peu Chrestienne & raisonnable peut trouuer cette action mauuaise, sans renuerser les principes de nostre foy, & sans estre iniurieux à ce diuin Apostre, qui disoit que celuy qui se marie faict bien, & qui ne se marie pas faict mieux. Ie vous coniure donc, Messieurs, comme les viuans organes des loix publicques, par les entrailles de la Misericorde de celuy lequel quand il aura pris son temps, iugera vos iustices, d'estre les soustiens de ma franchise opprimee, les arcs-boutans de mon dessein Religieux, & de defendre qu'on ne me contraigne point contre raison à des nopces que je fuis, & de commander que l'on me remette en mon Cloistre, que l'on me restituë mon habit, & qu'on me recharge sur le dos ce doux ioug, ce leger fardeau de la Croix Reguliere, qu'en renonçant tout à faict au monde, & à ses pompes, i'embrasse de tout mon cœur. Il profera ce long discours auec tant de vehemence, que mon recit n'est que glace comparé au feu de son action, sa langue parloit de l'abondance de son sentiment; & comme sa poitrine estoit embrasée de zele, elle euaporoit nõ des simples estincelles, mais des brandons de flamme; c'estoit vne langue de feu, qui comme vn fer rougissãt grauoit sur les esprits de ceux qui l'escoutoient en caracteres eternels, l'amour & la crainte du grand Dieu. On le fit retirer en vne chambre à part, & les Iuges apres auoir balancé les raisons de part & d'autre, auec le poids & la maturité ordinaire de ce graue Parlement, l'arbitre de la France & le throsne de la mesme equité, le bassinet d'Artault se treuua leger comme du vent, & Chrysogone l'emporta en tout & par tout; l'esprit eut l'auantage sur la chair, la raison sur la passion, & la Religion sur la Police. Ceux-là mesme qui auoient despoüillé nostre Nouice, s'offrirent à le reconduire, voyant clairement que le doigt de Dieu estoit en cette vocation: & redoutant que les mesmes fleaux ne les touchassent qui affligerent ce Prince, qui empeschoit Israël de sortir de seruitude, pour aller sacrifier au desert, ils iugerent que pour le bien de la chose publique, rien ne deuoit estre si libre que le choix du Mariage ou du Celibat. C'est pourquoy ils maintindrent Chrysogone en la liberté de son choix, deboutant Artault de ses demandes, demettant selon les saincts Canons, le Pere de la puissance qu'il pretendoit en ce cas contre son fils, & dispensant le fils de l'obeissance qu'il luy deuoit pour ce regard. L'exhortant neantmoins à l'honorer & à le côtenter en toute autre chose iuste & raisonnable. De vous dire de combien differente maniere cet Arrest fust receu d'Artault, & de Chrysogone, il seroit mal-aysé de le bien despeindre; car cettuy cy ne croyant pas qu'ayant esté si puissammét retiré, on le deust reconduire au lieu de ses desirs, n'attendoit rien moins qu'vne prison chez son Pere, auec vn traittement que l'on faict à vn Cheual eschappé, mais r'attrapé. Celuy-là triomphant desia de sa proye, se tenoit comme asseuré de rentrer en possession de son thresor esgaré, de sa dragme, & de son oüaille perduë.

Allez mortels, & appuyez-vous sur les roseaux de vos opinions, sans penser qu'il est vn Dieu au Ciel, dans la main duquel sont tous les confins de la terre, & les cœurs des Iuges aussi bien que des Roys, & qui considerant toutes choses, les sçait par diuers moyens conduire dextremét à leur fin. Cet Arrest prononcé aux parties & dōné par vn tel Parlement, emplit le fils d'vne ioye inesperee, & pensa perdre le pere par vn excez de douleur, que ie ne sçaurois mieux vous figurer qu'en empruntant le pinceau de cette belle poësie:

Qui pourroit exprimer d'assez viues couleurs
Les violens effects des extremes douleurs
Qui vindrent tout d'vn coup assaillir son courage,
Foudroyant sa vertu, par ce cruel orage?
Il en fut terrassé comme on voit sur les monts
Qui de vertes Forests se couronnent les fronts
L'esclatante fureur d'vn grand coup de tonnerre,
Quelquefois renuerser vn grand chesne par terre,
Et laisser au passant qui le voit tresbuché
Iuger de quel effort ce traict fut deslaché.

Soudainement ses yeux perdirent leur lumiere,
Son esprit desarmé de sa force premiere
Abandonnant les sens qu'il souloit animer,
Dedans le fort du cœur s'alla tout renfermer,
Comme un Soldat quittant la breche defen-
    duë
Quand il la voit forcee & la ville perduë.

Certes si vn fort despit ne l'eust soustenu & picqué en ce cuisant desplaisir, il eust esté au terme de rendre les derniers traicts de la vie, en attendant les derniers mots de cette ordonnance sans appel. Que si l'on donne la huictaine aux parties condamnees en de communes affaires, pour descharger leur cholere contre leurs Iuges, il faut bien vn mois à cet homme pour se plaindre du tort qu'il pense luy estre fait: Combien dit-il ce Parlement estre dissemblable au Senat Romain, qui condānoit les enfans sans les ouyr, sur le seul rapport des Peres : mais il le faut laisser dire, c'est le courroux qui parle par la bouche d'vn homme. Moins deuons-nous prester l'oreille aux excessiues plaintes de Basilee, qui se prenant à ses cheueux de l'iniustice, non des Iuges, mais de son cœur, rugissoit comme vne Lyonne qui void enleuer son Fan, sans qu'elle puisse s'opposer à ceux qui l'emmeinent,

Quand elle sceut ce iugement,
Elle en eut vn tel sentiment,
Que de pleurs noyant son visage,
Elle dit aux Cieux innocens,
Ce que peut produire la rage
Quand elle maistrise les sens.

Mais retirons nos yeux de ce lamentable spectacle, & laissons ces parens trop charnels en la compagnie de leur inconsolable desplaisir. Chrysogone est ramené à Bonnefontaine par la main-forte de la Iustice, & y entra auec autant d'estonnement de toute cette saincte Cōgregation qu'il en auoit esté enleué. Marque de l'equité de ce grād Parlemēt, qui sçait rēdre à Cesar, à Dieu, à chacun ce qui luy appartiēt. Or ce que ie treuue de pl⁹ remarquable en toute ceste Histoire, c'est cecy: car vous deuez sçauoir que quād le sainct habit fut arraché à Chrysogone, pour le representer au mesme estat qu'il estoit auāt qu'il s'en couurist, le bon Prieur, comme vn Pasteur fidele, affligé de la perte d'vne de ses oüailles, s'en consolant auec ses freres, fut cōseillé par vn d'ētr'eux, fort eminēt en l'exercice de l'Oraison, d'exposer cet habit deuāt le S. Sacrement, & de commander des prieres solemnelles pour la perseuerance de ce frere. Ayant communiqué cet aduis à la communauté, il fut embrassé d'vn consentement vnanime: l'habit est mis sur vn agenoüilloir deuant l'Autel, & les Religieux chacũ à leur tour y font des Oraisons sans intermission, selon le conseil de l'Apostre: ô combien est puissante l'assiduë priere du Iuste: que ceste Hierusalem est bien gardee, où Dieu met des gardes qui font la ronde sur ses murailles & iour & nuict, & qui ne cessent de crier contre l'ennemy, & de prier continuellement, sans laisser taire la prunelle de leurs yeux decoulante en larmes intarrissables. Vn frere de tant de pleurs ne pouuoit perir, Dieu dit en fin, escoutant ces larmes & les receuant dans ses oreilles, que le fils mort de ceste veufue soit rẽdu à ceste Mere, à ceste saincte compagnie, afin qu'elle ne pleure plus, & afin que ceste pitoyable liqueur ne coule plus sur ses ioües. Que ce prodigue innocent reuienne & reuiue, que sa premiere estole luy soit renduë, que ceste toison seiche soit remplie comme celle de Gedeon, d'vne rosee qui cõsole. O que c'est vne grande chose qu'vne demande faicte auec vne ferme foy sans hesiter, vne priere de ceste sorte transporte les montaignes, esteint les flames, serre la gueule des Lyons, dõpte les Royaumes, fait descendre la pluye du Ciel, opere mille miracles, fait trembler tout le monde: il fait mauuais se ioüer à ces gens qui sçauent manier ces armes, & par leurs larmes faire tumber le feu du Ciel: Elie desarmé, espouuante par ce moyen les gendarmes qui l'enuironnent; Dauid couuert de ceste armeure attaque & surmonte vn Geant, & dit qu'il ne craint point les milliers d'ennemis qui l'assaillét de toutes parts, d'autant que Dieu est de son party. S. Paul par ceste inuention porte la terreur dans l'ame de ses propres Iuges, & le Sauueur sortát de la priere, terrassa-t'il pas les satelites qui le venoient saisir? Les trois enfans de la fournaise par leur priere fidele se sauuent dans les mesmes flammes où perissent leurs persecuteurs. C'est vne telle Oraison qui luitte auec Dieu comme Iacob, & qui ne le quitte point iusques à ce qu'elle ait obtenu la benediction qu'elle desire. C'est elle qui retient le bras de Dieu comme faisoit Moyse; c'est elle mesme qui employe la vengeance de ce bras Tout-puissant pour la punitió des crimes: c'est elle qui opere des merueilles au Ciel & en la terre, & s'il faut ainsi dire qui regéte le Recteur de l'Vniuers, car il est escrit, que Dieu fera la volonté de ceux qui le craignét, qu'il exaucera leurs prieres, & les sauuera des mains de ceux qui les persecutét. Car,

Si des armes du Ciel, par vne iuste guerre,
   On peut dompter la terre;
De ceste terre basse on peut gaigner les Cieux,
   Par vœux deuotieux.

Cés prieres feruétes & solemnelles me font souuenir de Moyse, dont les mains esleuees donnoient la victoire à Israël contre Amalech : & d'Elisee, dont la priere faisoit venir les armees de Dieu pour asseurer Giezi, & aueugloit l'ost des Syriens. Et pensez-vous que si Iacob fut esmeu voyant la robe sanglante de son Ioseph, & le peuple Romain de voir la chemise de Cesar rougissante de son sang, que Dieu & ses Anges le fussent moins à la veuë de ce vestement, baigné de tant de larmes, qui sont le plus pur sang du cœur? Il me semble que j'oy les gemissemens de ces sainctes ames, representez en ce motet du sacré Cantique : Helas que ferons-nous à nostre petite sœur, ceste ame encore nouice, qui n'a point les mammelles de la constâce & de la fermeté en ce iour auquel on luy fera de rudes enquestes ! hé que ne pouuons-nous la rendre vne muraille forte comme vn rocher, & renduë redoutable par des creneaux d'argent; que ne pouuons-nous fortifier la porte de sa bouche auec des barres de Cedre, c'est à dire auec des paroles vigoureuses & inflexibles. O Seigneur, tout son desir est deuant vous, & son gemissemét ne vous est pas caché; tenez-la par la main droicte, conduisez-la en vostre volonté, & la receuez en vostre Gloire : si elle est violentee, respondez pour elle, soyez auec elle en sa tribulation, tirez-l'en & l'en faites sortir auec honneur. Ce Benjamin Seigneur, ce Lazare que vous aymez est en detresse, vous n'abandōnez pas ce que vous aymez, ne le delaissez donc pas, ô Dieu son salutaire. Puis armez de ceste saincte ardeur, qui faisoit dire à Elie, I'ay esté embrasé d'vn sainct zele pour le Seigneur Dieu des armees, il me semble que ie les oy souspirer auec Dauid, en ces termes:

Puisse à la fin, Seigneur, comme tu l'as promis,
  La force de ton bras treuuer tes ennemis,
  Vn mont les cachast-il au fond de ses entrailles,
  Sans que rien les sauuant des traicts de ton courroux
  Leur serue de laurier contre les rudes coups
  Des foudres dont ta main est armee és batailles.
Puissent-ils estre vn iour en cendres conuertis,
  Du feu de ta fureur pesle-mesle engloutis,
  Et tous vifs deuorez des flammes de ton ire,
  Puisse vne estrange mort sans pitié les faucher,
  Puis d'entre les mortels leur memoire arracher,
  Nul ne s'en souuenant, sinon pour les maudire.

Car les mauuais desirs dont ils sont possedez,
Se sont contre ton nom ingrattement bandez,
Et pour rendre ta gloire icy bas estouffee,
Ont basty contre toy des desseins malheureux,
Qui comme mal fondez tõberont dessur eux,
Changeant en un tombeau l'espoir de leur trophee.

O Seigneur leue toy, réueille ta vertu,
Faisant voir à nos yeux ton ennemy batu,
Ne sçauoir où fuyr les traicts de ta cholere,
Ne temporise plus, n'use plus de mercy,
Mais puis que le meschant deuient plus endurcy,
De te treuuer si doux, qu'il t'espreuue seuere.

Qu'il t'espreuue seuere, afin que cependant
Ta bonté dessus nous ses aisles estendant,
Et monstrant que le soin de ton peuple la touche,
Nous t'adorions pour Roy de la terre & des Cieux,
Ayant incessammẽt tes faicts deuãt les yeux,
Ton Amour dans le cœur, & ton los en la bouche.

Cõme il n'est rien de si doux qu'vn Agneau & qu'vne Colombe, il n'est rien de si ardant en leur cholete que ces animaux, c'est ce qui a fait chanter cet excez d'indignation à Dauid, encor qu'il priast Dieu qu'il se souuinst de sa Mansuetude: & Moyse le plus debonnaire du monde, comment fit-il chastier

Abiron; & les Apoſtres qui enduroient les ſupplices comme des moutons ſans ſe plaindre, comme vouloient-ils que le Sauueur traittaſt les Samaritains, côme S. Pierre accommoda-t'il l'inſolence d'Ananie: & que ne dit S. Paul à vn Iuge mauuais? Neātmoins apres ces aiguillons, ie m'imagine que ces abeilles Religieuſes apportoient le miel, demandāt à Dieu, nōn la mort ny la punition de ceux qui les troubloiēt en leur ſpirituelle meſnagerie, mais leur conuerſion: car qui ne ſçait que le zele ſans ſcience porte quelque ſorte d'excuſe dans ſon accuſation, & que l'Egliſe euſt beaucoup perdu ſi le Vaiſſeau d'election euſt eſté puny, lors que penſant bien faire, il alloit perſecuter les Chreſtiens en Damas. Le meſme Dauid, ſignalé en l'amour de ſes perſecuteurs, leur pouuoit fournir vne iuſte palinodie en ce beau Pſeaume, où il prie Dieu qu'il le ſauue pour l'amour de ſon nom, & le deliure par ſa vertu; car en ce Cantique il demande au Seigneur qu'il deſtourne tout mal de ſes ennemis, leur faiſant voir ſon eternelle verité, luy faiſant la grace qu'il luy puiſſe ſacrifier volōtairemēt:

Lors ſans nulle contrainte au Seigneur Toutpuiſſant,
I'offriray ſacrifice, & l'iray beniſſant,
Et de ſon ſacré nom mes chāſons ſerōt pleines,
Pour ſa chere bonté ſi propice à mes peines.

Et ces souhaits se veirent changez en oracles par la venuë de Chrysogone, dont le retour réplit toute ceste maison de resiouyssance, comme vne belle Aurore, qui chasse par sa presence les tristes ombres de la nuict. L'Ambre n'attire point si promptement la paille que ce ieune homme reprit son habit. Si iamais vous auez veu vn petit enfant bien alteré, & qui a longuement crié & attendu apres sa nourrice, si tost qu'elle luy presente la mammelle il y court auec auidité, & en pressant le succeron de sa petite bouche, il trepigne des pieds, & serrant le col de sa mere auec ses mains, il tesmoigne auec des petits grommellemens son despit passé, & sa satisfaction presente : vous diriez comme il se presse à ce sein bien-aymé, ou qu'il se doit enuelopper dedans ceste mammelle, ou que il la doit engloutir. Imaginez vous vn Cerf mal-mené d'vne meute affamee qui desire les eaux d'vne langue alteree, & d'vn gosier haletant de chaleur, quand il a rencontré vne viue source, voyez comme il s'y iette à corps perdu, cōme il se fourre dans son onde, & cōme il auale l'eau d'vne gorge beante. Sous ces figures representez vous Chrysogone se plongeant dans vn sainct ayse d'auoir retreuué ce que son cœur desiroit auec vn empressement extreme. Car si la soif fit

estimer

estimer à Israël que l'eau de la pierre fust du miel ou de l'huille, & si la faim donne vn goust sauoureux aux viandes plus insipides, si l'appetit aiguise le plaisir de la iouyssance d'vn bien ardamment poursuiuy, si le repos de la nuict est doux apres auoir beaucoup trauaillé durãt le iour, si la paix paroist doublement agreable apres vne longue guerre, si le port est plaisant à ceux qui ont esté batus d'vne rude tourmente: combien deuoit estre gracieuse la retraitte à Chrysogone, qui venoit de sentir de si furieux assauts ? Il me semble que ie l'entends chanter auec Dauid,

Dieu, mon Dieu, c'est à toy que ie veille & souspi-
re,
 Dés que la clairté va naissant,
Mon ame a soif de toy, ma chair qui te desire,
 D'ardeur se seiche en languissant,
Dans ce desert sans eaux affreux & solitaire,
 Où nul sentier ne se peut voir,
Tu m'es aussi present, comme en ton sanctuai-
re,
 I'y voy ta gloire & ton pouuoir,
Car trop plus que la vie est aymable ta grace,
 Et ta secourable bonté,
Qui faict qu'en t'honorant ma leure ne se las-
se,
 Sans fin ton los en est chanté.

Car durant tant d'assaults & d'attaintes mor-
telles,
　Tu m'as gardé fidelement:
Ce qui faict qu'asseuré sous l'ombre de tes aisles,
　Ie chante en tout contentement:
Mon ame à toy se cole estroittement serree,
　Sans te vouloir abandonner,
Car auecques ta dextre elle est tant asseuree,
　Que rien ne sçauroit m'estonner,
Tant que soit de mes iours la carriere ache-
uee,
　Humble ie t'iray benissant,
Et ma main suppliante au Ciel sera leuee,
　En ton nom Seigneur Tout-puissant.

Grande & generale fut la ioye de toute cette maison sur cette triomphante venuë de
Chrysogone il n'y eust celuy qui ne dist, Le
Sauueur surmõte, le Sauueur regne, le Sauueur domine; il est l'Agneau dompteur de
la terre, c'est luy qui brise les portes de l'enfer, & qui abat les Recteurs des tenebres de
ce monde; c'est vn Soleil qui dissipe les ombres, c'est le Seigneur qui mortifie & qui
viuifie, qui meine aux enfers & qui en r'a-
meine. Grand fut l'estonnement de Dom
Prieur, qui à cette nouuelle non attenduë,
se resueillant comme d'vn profond sommeil, ainsi que Iacob à celle qu'il receut de

Ioseph, qu'il estimoit auoir esté deuoré par la mauuaise beste. O mes enfans, dit-il à ses Religieux, qu'il fait bon adherer à Dieu, & mettre en luy sa cõfiance! O que bien-heureux est l'homme qui espere au Dieu des Vertus, qui peut tout seul operer des merueilles. Il n'auoit que faire de dire auec le Pasteur de l'Euangile, Congratulez-moy de cette brebis recouuree, car ce n'estoient que allegresses & congratulations, en quoy ces saincts personnages menãs en terre vne vie celeste, se monstroient vrays Anges du Seigneur des armees, se resiouyssans sur ce Seculier venant à l'Ordre de la Penitence en la vie Reguliere. Et certes il me semble que ce bon Superieur redõnant cet habit à ce Nouice renouuellé, pouuoit aucunement dire, comme Isaac à Iacob, sentant le parfum qui embaumoit ses vestemens : Voilà que l'odeur de mon fils ressemble à celle d'vn champ tout couuert de fleurs, sur lequel le Seigneur a respandu sa benediction. L'aquilon de la precedente bourrasque n'a seruy qu'à respandre plus largement la senteur de sa Vertu. Le Cantique sacré, composé par ces deux grandes lumieres de l'Eglise Sainct Ambroise, & Sainct Augustin, & que l'on a de coustume de chanter aux resiouyssances publiques des heureux

I ij

succez fut recité en cette occurrence; mais tandis que ces rochers & ces deserts sont abondans en eaux de consolation, l'on pleure à Paris en la maison d'Artault, comme sur la perte d'vn fils vnique: Pauures gens qui ne sçauent pas qu'en le perdant au môde, ils le gaignent à Dieu, & que c'est gaigner que perdre de ceste façon; tout ainsi que les profits mondains, comme dit S. Paul, s'ils nous escartent de Dieu, sont des dommages: la mort mesme estant vtile à celuy qui ne veut viure que pour mourir en Iesvs-Christ. L'on n'entend que regrets en cette famille, comme iadis en Rama, la pleurante Rachel se faisoit entendre, souspirant apres la perte de ses enfans, & ne voulant estre consolee parce qu'ils ne paroissoiét point à ses yeux. Vous eussiez dit que c'estoit Iephthé affligee de voir sa fille voüee à Dieu. O que ces bonnes gens entendoient mal cette sentence de l'Euangile, qui menace d'vne ruine eternelle en l'autre vie, ceux qui aymeront trop celle-cy; car qui est trop attaché aux biens presens & passagers, court grande risque de perdre les futurs, que l'Eternité rendra à iamais perdurables. Mais comme faire entrer ces maximes surnaturelles en des esprits que la chair & le sang aueuglent d'vne passion naturelle, dôt l'impetuosité bannit tout vsage de raison: car comme les Icteriques voyent toutes choses iaunes à cause de l'humeur ainsi coloree qui leur tombe sur les yeux; ainsi des Peres, quoy que Chrestiés, sont tousiours Peres, & les sentimens ont vn grand ascendant sur ceux qui ont la foy debile: mais comment appellerons-nous la foy debile de ceux qui dans les troubles que les nouuelles erreurs auoient causé en l'Estat, auoiēt tant souffert pour le soustien de leur ancienne & veritable creance: voilà comme vn brin d'Absynthe rend amer beaucoup de miel, & comme l'interest propre preuault celuy de Iesvs-Christ. Artault & Basilee si grāds zelateurs de la foy Catholique, & qui estoient si affectionnez aux Religieux, ne peuuent plus voir de gens de Religion, & principalemēt de la Religiō des Chartreux, le seul nom de Moine, si venerable & si sainct, est l'obiect de leur hayne, de leur courroux, diray-ie de leur mespris & de leur mesdisance. Les Religieux mandians qui estoient auparauant si bien accueillis en cette maison, & qui en tiroient de grands soulagemens, n'osent plus y aborder, Basilee aymant mieux leur faire porter en leurs maisons ses ordinaires aumosnes, que les voir en la sienne, tant leur habit luy est deuenu odieux : ainsi a-t'on à contre-cœur quand on est malade les mesmes viandes

I iij

qui sont en delices quand on est sain : auparauant toutes ses deuotions estoient aux Monasteres, maintenant elle les fuit, encore si sa cholere s'arrestoit contre le seul Ordre des Chartreux; ce sont des gens inuisibles aux femmes, & les sujets de se fascher luy passeroient rarement deuant la face; mais de se destourner de tant de Congregations innocentes de ce grand crime qui luy a rauy son fils, elle deuroit à pareil air euiter la rencontre des gens de Iustice, car ce sont eux qui l'ont faict reconduire en son desert: l'inegalité de ce sexe n'est pas vne merueille digne de nous arrester longuement.

7 Artault pour se monstrer homme, se fait paroistre plus que femme; car comme s'il eust voulu retreuuer dans la cholere son esprit esgaré dans la douleur, il delasche contre son fils les plus puissans foudres de l'auctorité paternelle, qui ne peuuent en la Loy des Chrestiens aller plus outre que de priuer les enfans de l'heritage des peres, il le desherite; mais ie pense que le bon homme sçachant qu'il se pouuoit retracter par vn priuilege commun, non à vne Prouince de la France seulement, mais à tous les hommes dont la volonté est voyagere autant qu'ils viuent sur la terre, ne fit cet esclat que comme ces tonnerres que l'on appelle bru-

res, qui font beaucoup de bruict & nul effect, & pluftoft pour menacer que pour fraper, & pour preffer fon fils à fortir de fon Cloiftre, afin de faire caffer cefte iniufte procedure, que pour le conuier d'y demeurer. Auffi durant l'annee de fa Probation, quelles offres ne luy fit-il prefenter, de quelles promeffes ne l'entretint-il pour luy faire abandonner cefte pieufe entreprife? Mais en fin il mourut au monde par vne genereufe profeffion, ratifiant pour le vœu folemnel de Pauureté volontaire l'exheredation de fon pere, y renonçant auffi franchement, comme fon pere l'en auoit priué cholericquement. Voilà Attault fans heritier de ce cofté là, fa fucceffion regarde fes filles & leurs enfans, il effaye de paffer l'efponge de l'oubly fur le fouuenir de cet ingrat qui l'auoit oublié; mais la nature l'auoit trop bien graué en fa Memoire pour l'en pouuoir effacer qu'auec le cizeau du trefpas. Bafilée a de la peine à fe r'auoir, neantmoins le temps pere de la Patience, ce remede à tous maux, leur rendit peu à peu plus fupportable cette irremediable priuation. Ils tafchent tantoft par les compagnies de la ville, tantoft par la folitude des champs de diuertir leur ennuy: neantmoins comme celuy qui a la fievre dans les os

I iiij

a beau passer du grand lict dans la couchette, & de la nauire dans l'esquif celuy à qui le cœur bondit en flottant sur la mer : ainsi parmy beaucoup de cõmoditez ils ne pouuoiét treuuer le repos en quelque lieu qu'ils allassent, parce que leur mal estoit dans l'interieur; tãt il est vray qu'il faut vn assemblage de beaucoup de pieces pour rendre vn homme heureux, le manquemét d'vne seule le pouuant rédre miserable. Ils viuét ainsi inquietes dans leurs grandes richesses, faschez de ne sçauoir pour qui ils les conseruoient, ayans à passer par leurs filles en des familles qu'vne vaine opinion leur faict paroistre estrangeres pour le changement du nom; tandis que le bon Chrysogone vit dãs la saincte pauureté, auec des contentemens qui se peuuét moins dire qu'imaginer. Heureuse la pauureté, disoit Seneque, si elle est ioyeuse, mais elle n'est plus pauure si elle est gaye. Cependant Dieu qui ameine toutes choses à leur fin par des voyes toutes iudicieuses, mais qui nous sont imperceptibles, & qui nous paroissent comme des abysmes, apres auoir patienté lõg temps sur ces cœurs impatiens, & supporté par sa misericordieuse lõganimité leurs iniustes choleres, les r'amenera au bon chemin par les chaisnons d'Adam, c'est à dire de crainte, n'ayant peu les attirer par ceux de dilectiõ & de Charité.

Il arriua que Basilee estant aux champs, fit une grande cheute qui la froissa si cruellement qu'elle en demeura comme brisee, là dessus vne fievre la saisit qui l'emporta de cette vie à vne meilleure, non si promptement toutesfois, que ses filles n'eussent loysir d'accourir de leurs terres en la siéne, pour luy clorre les yeux: souvent elle souhaitta voir son fils, comme l'vnique consolation qui luy manquoit parmy tant d'assistance; mais la rigoureuse closture des Chartreux luy faisoit plustost desirer ce bien que l'esperer: neantmoins la charité, qui est la Royne des Reigles, & sous laquelle ployét toutes les maximes de la Religion, obtint du Pere Visiteur vne licence pour ce fils, de visiter cette mourante mere: car tant s'en faut que les conseils Euágeliques soient contraires ou preiudiciables à la Loy de Dieu, qu'au rebours ils en facilitent & perfectionnent l'obseruance: la vie Religieuse n'amoindrit pas, ains elle affine & dilate la dilection des Parens; car la Pieté dont elle faict profession est bonne à tout, dit le grand Apostre. O Dieu quelle saincte Metamorphose opera cette veuë en cette Dame, le diray-ie, & en ce pere, autant malade d'esprit, que sa femme l'estoit de corps: au commencement il ne vouloit point voir Dom Chrysogone, menaçoit de chasser de sa Maison celuy qui l'auoit si laschement quitté : mais en fin la nature qui auoit exilé la raison, luy donna son rappel de ban; car il y a tousiours dans la poitrine des Peres vn secret intercesseur pour les enfans, & vn infaillible mediateur pour les recõcilier auec ceux qui les ont mis au monde. Mais Chrysogone gaigna pareillement sa mere par son extreme humilité, & par ses douces paroles, ce qui luy fut plus aysé, & pource que c'estoit vne femme, & pource que cette femme y estoit disposee par la maladie, qui la rendoit comme vn fruict meur prest à estre cueilly : car quelle raison y eust-il eu de se recõcilier auec tout le monde, & non auec son fils, & vn fils dont tout le crime estoit de s'estre donné à Dieu? Ce n'est pas mon dessein de vous descrire les particularitez de cette mort, seulement vous diray-ie que nostre Chrysogone, bien qu'il eust choisi la part de Marie, rendit neantmoins à sa chere mere es deuoirs de Marthe, qui faisoient bien paroistre, que s'il auoit semblé en quittant le monde auoir en hayne ses parens, c'estoit pour les cherir dauantage selon Dieu, & pour affiler par sa deuotion la pointe de sa dilectiõ charitable : quand le salut de son corps fut desesperé des Medecins, que ne fit-il, que ne procurat'il pour celuy de son Ame. Elle receut tous les Sacremens requis à vne Chrestienne pour bien partir de ce monde, & pour obtenir place dans le Ciel, où nous deuons pieusement croire qu'elle soit estant morte, côme il est probable au baiser du Seigneur. Combien de pardons demanda-t'elle à son fils des outrages qu'elle auoit vomis contre son innocence, & des oppositions qu'elle auoit faittes à son Religieux dessein. Quand le collyre de la prochaine mort luy eut dessillé les yeux, Aueuglee que i'estois, disoit-elle, que vouloy-ie faire, arracher mon fils d'entre les bras de son premier & souuerain Pere, qui est Dieu, pour ma propre satisfaction, ô que i'ay besoin de sa grande misericorde pour vn si grand crime, ô mon fils, mon fils, i'implore pour cela l'assistance de tes prieres, & quand tu seras Prestre (car il ne l'estoit pas encores) ne m'oublies iamais en la memoire de tes sacrifices, ie te demande cette faueur pour tant de torts que ie t'ay faits, & en cela tu feras en vray Religieux & en bon Chrestiê, rendant des recognoissances, pour des trauerses. Et puis se retournant vers Dieu, ô Seigneur Dieu, disoit-elle, Pere des misericordes, ayes compassion de moy; consideres ma fragilité côme femme, & ma passiô comme mere, adoucis par ces côsideratiôs mon imprudence & ma temerité, i'ay peché non seulement contre mon enfant, mais contre le Ciel, & contre vous, afin que vos paroles soient verifiees, qui disent que nul homme viuant se pourra iustifier deuant vous; car vos iugemens sont autāt de Victoires. Voyla que i'ay esté conceuë en iniquité, c'est pourquoy i'ay enfanté en douleur, & produict vne iniustice. Non, Seigneur, ie recognoy qu'en ce qu'a fait mon fils, il n'a manqué ny d'obeissāce, ny de pieté enuers moy, & qu'il n'a rien entrepris sans vostre inspiration, qui luy a enseigné la bonté, la discipline, & la vraye science des Saincts : Ce fils, ô mon Dieu, n'est plus mien, il est vostre, puis qu'il est vostre esclaue, & le fils de vostre seruante, ie le vous donne autant que ie puis, & ie l'exhorte de perseuerer iusques à la mort en cette Croix, de laquelle ie l'ay autrefois excité de descendre; persuasions scandaleuses & inexcusables à vne Chrestienne, sinon par le tiltre de mere; ç'a esté vn traict d'vne fille d'Eue, & vn assault de la corruption qu'elle nous a laissé pour heritage; ç'a esté vne ruse de mon amour propre qui m'a seduitte, me faisant desirer de le voir pour mon contentement grand en la terre des mourans, plustost qu'acheminé sainctement à celle des viuans. Rendez le,

Seigneur, & plus auisé, & meilleur que cette chetiue mere, faictes qu'il efface par les perfections que voſtre grace luy donnera, les imperfections de ceux qui l'ont mis au monde, & le conſeruez loing de la Babylone du ſiecle parmy les domeſtiques de voſtre maiſon. Puis que vous l'auez faict ſortir de la terre de ſa parenté, rendez le grand ſpirituellemẽt en la terre que vous luy auez monſtré, terre de promeſſe, & où coule le laict & le miel de vos celeſtes faueurs. Ce qu'autrefois i'ay appellé cruauté en luy, ie recognoisque ç'a eſté vn excés de pieté prouenant d'vn courage que vous luy donniez pour accõplir l'œuure que vous auiez commencé en ſon Ame. Helas! qu'eſtoy-ie pour contrarier à vos deſſeins eternels, moy poudre & cendre, qui m'en vais eſtre la nourriture des vers, & la victime de la pourriture. Combien eſtoy-ie deſnaturée d'enuier ſon bien, ſa tranquillité & ſon eternelle gloire: Falloit-il que pour vne freſle ſatisfaction, il croupiſt dans le foyer qui a veu gemir ſon enfance, caſanier, & laſche, ſans courir apres vous, ô Roy du Ciel, qui l'attirez à l'odeur de vos parfums, & de vos ſuaues ſemonces? Si vn Roy de la terre l'euſt appellé i'euſſe preferé ſon auancement à mon contentement, & me fuſſe par vne folle ambitiõ, vacontairement privee de sa veuë, pour entendre dire les grandeurs de son exaltation, & pour me repaistre de cette vaine fumee. Et quand il a esté appellé à vostre solde, ô Dieu des batailles, à vostre Cour, ô vous qui estes incomparablement plus que Salomon, ie n'ay pas dict avec cette Reyne; Il est bien-heureux d'estre vostre seruiteur, & d'escouter à vos pieds comme vne autre Magdeleine, la sagesse qui decoule de vostre bouche. Ah! qui me pourra dignement punir de cette mescognoissance, & si l'on ne peut treuuer d'assez grand chastiment, où sera le pardon de cette ingratitude. Mais tout beau mon penser, tu troubles mon ame laquelle veut esperer en Dieu, infiniment plus misericordieux que, ie ne suis mauuaise. Que sçaurions nous faire de mal que sa bonté ne puisse deffaire, oserions nous bien d'vne outrecuidance de Demon esgaler nostre impuissance à sa puissance, nostre neant à son tout,

En comparant nos maux auecques les bienfaicts
De ce Dieu qui moins plein de courroux que de grace
Par la douce bonté nos merites surpasse,
Sa rigueur au deçà punissant nos forfaicts.

Mais quoy, ie m'esgare encor dans le recit

des repentirs de cette Dame, apres auoir protesté que ie ne me voulois pas arrester aux particularitez de son trespas, excusez ma longueur, Messieurs, & le transport de mon zele : car voyant dans ce Chrysogone que ie despeins quelque traict de ressemblance auec ma fortune, en parlant de luy, il me semble que ie parle de moy, ce qui m'a faict eschaufer en ma narration, & porté si auant dans ce pitoyable discours. Ie ne veux point respondre auec le fils, car ce personnage me touchant encores de plus prés que l'autre, i'aurois peur d'estre trop long, sous la couuerture de son nom en la description de mon propre interest, ou de vous estre importu & ennuyeux; l'heure est fort auancee, & ie m'estonne que desia les Matines ne sont sonnees, ausquelles nous desirons aller. Icy Menandre prenant la parole, luy dict; Mais vous demeurez le bras en l'air, & nous l'eau dans la bouche, car vous ne finissez pas cette fin de Basilee ny le changement d'Artault, Si vous vous resoluez, dict Alexis, de ne prendre aucun repos deuant l'office, ie pourray bien en abreger le raport en ce peu d'interualle qui nous reste. Et de quoy nous seruiroit cette amorce de repos, dict Florimõd, qu'à nous faire regretter & la perte de vostre narration, &

a trop prompte venuë du resueilleur? Il vaut donc mieux, dit Serafic, que nous remettions la partie du dormir au retour, & pratiquer demain ce mot, qu'il est vain de se leuer deuât le iour, principalement à ceux qui mâgent du pain de douleur comme les Pelerins, lesquels ne se doyuent resueiller que apres s'estre suffisamment reposez. Il sera mieux ainsi en toutes façons, dict Menandre. Lequel sur-ce mot entendit la cloche qui frappoit le premier coup de Matines, ce qui fut cause qu'Alexis pressant son rapport, tout ainsi qu'vne pierre qui descend d'autant plus roide, qu'elle est voisine de son centre. Doncques, dit-il, la bonne Basilee mourut parmy ces regrets, & ces compunctions, donnant à son fils, pour marque de son affection maternelle, sa plus grande & forte benediction, & luy eust elle donné dauantage, si le vœu de pauureté ne l'eust mis à l'abry des communes necessitez que l'on souffre dans le siecle. Elle exhorta grauement son mary à la constance, & à se retourner à Dieu, protestant que le monde estoit vn trompeur, que sa figure passoit comme l'ombre, & que les plus grandes fortunes y estoient les moins asseurees. Elle expira doucement entre les bras de son fils, qui luy fit prononcer ce Nom qui est par dessus
tout

tout Nom, auquel est toute nostre esperance, & sans lequel il n'en est aucun autre qui nous puisse sauuer : vous entendez bien que c'est celuy de Iesvs, lequel soit beny à iamais, Amen.

Artault tout à faict attendry par les remonstrances de son espouse mourante, reprit vne nouuelle veuë, comme iadis Ionathas par vn rayon de miel, & le regret amer de la perte d'vne si chere moitié luy seruit d'vn autre collyre, qui luy redonna des yeux, comme autrefois le fiel d'vn poisson au bon Tobie. Il courut embrasser son fils, & le baignant de larmes, meslees de ioye, & de cōsolation, il retreuua dedans ce cœur Religieux, le contentement qu'il venoit de perdre par la mort de Basilee. O que le Dieu d'Israël est bon à ceux qui sont droicts de cœur, & à ceux qui le cherchent auec sincerité. C'est luy qui rend vnanimes les esprits diuisez, & comme vn Dieu de Paix, il la met par tout où il aborde : en ce iour le salut fut faict en la Maison de ce bon Zachee, & selon la multitude des douleurs, les consolations y furent versees. Abraham treuua dans le mariage de son fils la moderation du regret de Sara, que la mort luy auoit enleuee; Artault treuue le mesme lenitif en cette pensee, que sa femme estoit allee au Ciel à Dieu, & que son fils auoit choisi pour espoux ce mesme Sauueur en la terre. O que Dieu faict bien tout ce qu'il opere: toutes ses voyes sont des iugemens adorables. Il vient bien à propos que l'heure me presse; car si ie me respandois icy sur les pour-parlers de ce pere attendry, & de ce fils humilié à ses pieds, il y en auroit pour toute la nuict: il me suffira de dire que Chrysogone disposa si bien l'Ame de ce bon hôme, que depuis il confessa qu'il aymoit beaucoup mieux son fils en cette condition Religieuse, qu'en aucune autre plus eminente dans les tabernacles des pecheurs; recognoissant que quand il luy en vouloit bastir vn dedans le môde, il ne sçauoit ce qu'il disoit, non plus que S. Pierre sur le Thabor; & que le voulant esleuer en honneur, il estoit de l'escot de la femme de Zebedee, ne sçachant ce qu'il demandoit. Il redoubla depuis sa pieté & sa deuotion enuers Dieu, & son amour enuers les personnes Religieuses, faisant beaucoup de grandes aumosnes, qu'il n'eust pas faittes si le soin d'aggrandir son fils eust seruy de pretexte à son auarice. Il venoit souuent visiter sa fille Claudiane en sa maison de Longbois voisine de ceste Chartreuse, pour y venir iouyr de la côuersation de son fils, & de celle des autres Religieux, qui luy sëbloit si douce, qu'il en estoit presque rauy; de leur persecuteur il deuint leur protecteur, & quelquesfois en leurs besoins, leur bien-faitteur, pour monstrer que cette main de Dieu, qui fait de si grandes vertus, & qui change les Loups en Agneaux, n'est point debilitee ny raccourcie. Il vit son fils auec le caractere Sacerdotal, & assistāt à son premier Sacrifice, vne grande abondance de larmes ruisseia de ses yeux, quand à la cõfession de l'entree, il dit auec les autres : Et à vous mon Pere, se souuenant de ce traict du Psalmiste,

Tes enfans te seront en la place de Peres
Qui te releueront de toutes tes miseres.
Enfans qui desormais par les celestes loix
Comme vrays heritiers du Dieu lance-tonner-
 re
Ne pourront estre au monde autres Princes que
 Roys,
Ny Roys d'vn moindre estat que de toute la ter-
 re.

Et cela pouuoit-il pieusemét penser, & parce que ce Sacerdoce estoit & couronné & Royal, & parce que la paisible douceur de son fils luy promettoit l'infaillible beatitude de la possession de la terre. Depuis

K ij

l'esprit de ce Religieux, apres auoir esté longuement espreuué dans le Cloistre, comme l'or dans le creuset, fut employé dans les affaires du Monastere, desquelles il s'est rendu aussi soigneux qu'il auoit mesprisé celles de la Maison de son pere. Car tout ainsi que les iardiniers des Roys ont beaucoup plus de soin de cultiuer & d'embellir les iardins de ces Princes, dont ils esperent leur auancement, que ceux de leurs propres heritages: ainsi les seruiteurs de Dieu, negligeans les richesses du siecle, & mesmes y renonçans, sont d'autant plus propres à mesnager les affaires d'vne Communauté, que moins ils ont d'attention à leur profit particulier. C'est ce qui faict que les Maisons Religieuses qui sont vrayemét pauures, c'est à dire d'où la proprieté est bannie, ne sont iamais pauures, au contraire iamais riches celles où chacun tire à soy; car la richesse des particuliers fait la disette generale, & la parfaitte communauté rend tous les mébres bien accommodez. Quand les Abeilles, & les Fourmis ont des diuisions entr'elles, la faim les accueille durant l'hyuer: mais quand elles sont de bonne intelligence, leurs petits greniers, & leurs petits celliers se remplissent d'abondance & de commoditez. Ceste charge de Chrysogone l'appellant souuent à Paris, parce que la guerre des procez est infaillible à qui a tant soit peu de terre, cela luy donnoit le moyen de voir & d'estre veu plus souuẽt de son bon pere, auec lequel il viuoit, non comme enfant, mais comme frere, tant ce bon vieillard deferoit d'honneur à son caractere, & à sa condition. En fin il mourut chargé d'annees cõme vn Cygne, en se resiouïssant de changer ce mortel pelerinage, en vn repos asseuré: son fils luy ferma les yeux & receut dans sa bouche son dernier souspir. Il y a peu qu'il est decedé, & nul d'entre nous est ignorant de sa qualité assez cogneuë à ceux qui ne sont point estrangers à Paris. Sur ces paroles entra le Resueilleur, qui fut bien estonné de voir nos Pelerins auec ces hostes tous prests d'aller à l'Eglise, il loua leur diligence à se vestir, & cette loüange les fit rire, à ce ris il coniectura qu'ils n'auoient pas reposé, & leur dict, que s'ils n'auoient pas dormy, ils estoient gens pour en payer les interests à Matines, Nullemẽt, dict Menandre, car les Pelerins ressemblent à ces oyseaux qui font la sentinelle sur vn pied, & qui se balancent auec vne pierre qu'ils tiennent en celuy qui est leué de peur de s'endormir. Cette comparaison gracieuse recrea la compagnie, qui s'en alla en cet esprit de ioye assister aux loüanges de ce Dieu, qui n'ayme que ceux qui le seruent alaigrement.

Fin du second Liure.

ALEXIS.
PARTIE SECONDE.
LIVRE TROISIESME.

SOMMAIRE.

1. *De la Priere Nocturne.* 2. *Histoire de Paul Emile & de Gemard.* 3. *Que les occupations necessaires ne destournent point du service de Dieu.* 4. *Theophore & Basile visitez.* 5. *Histoire de Theophore.* 6. *Entremeslee de celle de Sylvestre.*

ARRIVEZ à l'Eglise, Dieu ! que virent-ils ? ils ne virent rien ; seulement ils entendirent des voix qui chantoyent la gloire de Dieu parmy les ombres, & dans l'horreur & le silence de la nuict, les Religieux recitoyent les Pseaumes par cœur, & comme il est à croire de bon cœur, puis qu'ils n'estoient divertis par aucunes idees, qui peussent par leurs yeux brouiller leur imagination. Ie ne m'eston-

K iiij

ne plus si parmy les tenebres de l'Egypte, l'Israëlite voyoit clair, & ie ne doute plus si cet ancié fit bien de se pocher les yeux pour mieux philosopher. Car il faut auoüer que l'obscurité corporelle ayde grandement à recueillir l'Ame, & se recueillement luy donne de grandes lumieres & de grandes clairtez; c'est pourquoy Iob disoit, qu'il auoit dressé son lict dans les tenebres; & Dauid que la nuict estoit son illumination, & ses plus chers delices, ses ombres luy estans aussi douces que la lumiere. Et le mesme dict,

Ie me leue à minuict en preuenant l'Aurore,
Pour entonner le los du Seigneur que i'adore.

O que les Religieux sont heureux qui attachent ainsi les iours auec les nuicts par ce sainct exercice de loüer Dieu, que nous pratiquerons eternellement dedans les cieux : Ce sont de vrayes Philomelles, qui degoisent leurs ramages aussi bien dans les obscuritez qu'en plein midy, imitant en cela le Saueur, qui passoit souuent les nuicts en cette occupation auec son Pere, & les Apostres qui apprenoient aux premiers Chrestiens à veiller en prieres, & à conuerser continuellement dans le Ciel : Iacobs mystiques qui luittent la nuict auec l'Ange du grand Conseil, Espouses sainctes qui cherchent durant l'absence du Soleil visible la presence de l'inuisible, afin qu'il illumine les tenebres de leurs cœurs. Belles ames qui souspirent apres Dieu sans cesse, & qui le desirent aussi bien la nuict que le iour. Ce n'estoit pas que l'assistance à vn semblable office fust estrange, bien que non tant vsité à nos Pelerins: Car pour Menandre, son inclination le portoit, comme Dauid, dans les lieux escartez, ou comme vn Pelerin sauuage, ou comme vn passereau solitaire, il menoit vne deuotieuse vie depuis la perte de son Angele: Florimond l'auoit souuent suiuy en ces equipees de Pieté dans les Monasteres. De Serafic, il ne faut que dire qu'il auoit porté l'habit Religieux par l'espace de dix Lunes, & Alexis auoit tant de frequentation aux Chartreux de Paris, que ces Matines estoient ses plus extremes & plus cōmunes desbauches. Mais ces boys de Bonne-fontaine redoublans la noirceur & la taciturnité de la nuict qui n'estoit interrompuë que du doux & bas murmure des eaux, adioustoient ie ne sçay quoy d'horrible, & tout ensemble d'agreable à cette solitude; ce qui faisoit en leurs cœurs vne puissante reflexion par la force du recueillement des facultez de leurs ames: il n'ap partient qu'à Dieu qui sonde les reins de tenir regiftre de leurs penfees, mais ils aduotierent les vns aux autres qu'ils auoient efté particulierement touchez d'vne fort fenfible deuotion, entreuoyans feulement par la fombre lueur d'vne lampe ces bons Peres rangez dans leurs formes auec des diftances efgales, tout ainfi que des ftatuës de marbre blanc en vne belle fuitte de niches, droicts, immobiles, & fi attachez à leur chāt & à leur contemplation, qu'ils ne faifoient aucun gefte qui fentift fon diuertiffement, tant eftoit forte leur attention & leur deuotion. O quel amer defplaifir à Alexis, de ne pouuoir militer fous l'eftendard de la Croix en vn fi fainct Ordre, qu'il auoit toufiours eu en particuliere veneration & affection pour les caufes qui fe feront cognoiftre en la fuitte de cette Hiftoire. Quelle douleur à Serafic, de n'eftre plus fur l'eftat de cette armee de Choriftes, qui combattent fans ceffe contre le Sang, le Mōde, & l'Enfer: Quant à Florimond, c'eftoit le plus efloigné de tous de ces deffeins facrez, mais il en auoit le cœur tellement ferré, cōme fous vn preffoir, qu'il euft bien voulu vouloir embraffer vne fi faincte vie; mais deftaché de fes particulieres affections, il fe fentoit encor trop engagé dans les generales inclinations qu'il auoit de se pousser dedans le Monde. Pour Menandre, il estoit si cruellement prtaagé entre le desir de se donner tout à Dieu, & le soin qu'il estoit obligé d'auoir de l'education de ses enfans, que sous cette oppression d'esprit il ne fit que souspirer durant tout l'office, rauagé de tant de pensée, qu'à force de souhaitter le repos, il ne pouuoit trouuer de repos. Ils passerent tout ce temps en des transports d'esprit, plus dignes du nom de rauissemens que de simples feruers.

Tant presse le cœur par les yeux
Vn obiect tombant sous la veuë,
Bien plus qu'vne chose entenduë,
Fut-ce vne verité des Cieux.

Au retour de ce deuotieux concert des diuines loüanges, Alexis touché iusques au vif au plus sensible lieu de ses affections, car il aimoit cet Ordre comme la prunelle de ses yeux : O ! dit-il, que ne peuuent sur la bonté de Dieu de tels Moyses, de moy ie pense qu'ils seroiët capables d'esmouuoir les rochers, & de faire bondir les montaignes, leur seule façon me semble conuier à la Peniténce plus que tous les Prescheurs de l'Vniuers ; & ie croy que S. Iean Baptiste, leur special protecteur, la preschoit de la sorte sur les riuages du Iourdain, plus par l'exemple de l'austerité de sa vie, que par l'eloquence de ses discours, puisque luy mesme ne s'appelle que l'Echo du Verbe, & la voix du desert. I'ay autrefois appris d'vn des grands deuots de nostre temps, vne Histoire que depuis il a couchee dans l'vn de ses ouurages, de la merueilleuse Conuersion d'vn Errant à la Foy Catholique, par la seule veuë d'vn pareil Chœur de Chartreux que nous venons maintenāt de voir & d'entendre; & ie tiens ceste Conuersion d'autant plus admirable que la resurrectiō d'vn mort, en ce qu'il estoit non seulement perdu en la Foy, mais enseuely dans vne desbauche infame. Menandre, dont les oreilles n'estoient iamais saoules d'escouter, conuiant Alexis de leur en faire le recit: I'aurois peur, dit-il, que le parleur & les escoutans s'endormissent, il n'est pas question de paroles à ceux qui ne se couchent qu'apres les Matines des Chartreux; quand i'auray pris vn peu de repos, i'en auray la teste mieux faicte, à demain la partie si vous voulez. Cette chasse marquee apres vne courte priere, car ils auoient eu tout loisir d'examiner leurs consciences durant l'office, ils se ietterent sur leurs licts, où sans pauots ils treuuerent bien tost le sommeil, qu'ils passerent tout d'vne piece, iusques à ce que le Soleil fort aduancé sur l'horison, eust enfoncé les plus fortes pointes de ses rayons dans la sombre obscurité de cette forest ombrageuse. La tranquillité estoit si grãde en ce sacré sejour, qu'il ne falloit pas attendre que le bruict les resueillast; mais le Soleil se glissant par les fentes des fenestres, qui ne peuuent iamais estre si bien closes que ses filets dorez n'y treuuent quelque passage, fut pour ce matin leur resueilleur. Ils sortirent de leurs gistes, comme les Maries, le Soleil estant beaucoup plus diligent qu'eux à se leuer. Toute la nuict, Egide, Plombin, Maxime, Chrysogone, Basilee, Artault, & tous ces gens dont Alexis auoit parlé, nagerẽt dans la fantaisie des Pelerins, & bien que leurs corps fussent au lict, leurs esprits estoient tousiours à Matines, & comme la premiere chose à laquelle nous pensõs à nostre resueil, est la derniere sur laquelle nous nous sommes endormis : Menandre ne manqua pas de faire souuenir Alexis de la Cõuersion des Matines : Qu'est-ce à dire cela, dit Alexis, est-il des Matines peruerties, l'entends, dit Menandre, la Cõuersion faitte par les Matines des Chartreux : Alors le gentil Alexis luy promit de le cõtenter par le recit de cette Histoire-là, apres qu'ils auroiẽt fait l'exercice du matin ordinaire à toꝰ les Chrestiens qui viuẽt en la crainte de Dieu : Ie l'entends bien ainsi, dit Menandre. Adonc ils se mirent chacun à part en prieres, se reseruãs de faire de plus amples deuotiõs à la Messe

Conuentuelle, attendant l'heure de laquelle, Alexis les entretint ainsi.

Dans cette celebre Vniuersité de Paris, qui esleue glorieusement & dignement sa teste sur toutes les autres Academies de l'Vniuers,

Autant qu'vn pin sacré surpasse les lambrusches:

Comme il y a tousiours grande affluence d'Estudians, il y en a aussi de toutes les façons; c'est vne Arche qui a des animaux mundes & immundes, vne aire qui a le grain auec la paille, vn champ qui a de la zizanie auec du froment. Tous les Escoliers ne sont pas retenus dans la discipline des Colleges, comme sont des poissons en des estágs, que l'on prend quand on veut; il y en a qui sont comme les poissons nageans dans le courant des fleuues, & qui cheminans selon leurs propres inclinations, suiuent en leurs leçons & aux choix de leurs maistres, les desirs de leurs cœurs, choix ordinairement aueugles, desirs le plus souuent desreiglez; car à peine sont-ils en aage de discerner ce qui leur est bien propre, ceux-là s'appellent Externes, ou par vn mot vulgaire Galoches, par vne metaphore tirée de ces chaussures que l'on porte parmy les fanges; tout ainsi que Caligula fut ainsi surnommé, parce que pour faire le compagnon auec les soldats, & acquerir de la creāce par leur biēueillance, il portoit volontiers des guestres comme les Fantassins. Ceste espece de gens enuoyez pour estudier, trote sans cesse & se crote irremediablement; mais il seroit à desirer, que comme à Athenes ils ne fissent la presse qu'aux Auditoires des plus fameux Regens & Philosophes, sans se porter aux poursuittes de ces Phrynés effrenees, funestes flambeaux de semblable ieunesse, qui est en vn poinct de sa vie qui semble auoir l'intemperance pour son partage. Deplorable saison, qui change sa confusion en gloire, qui se plaist dans le desreglement, & se paist de mauuaises habitudes en vn aage où elles s'attachent si fort, que l'on a par apres bien de la peine à les desraciner. C'estoit en vn temps auquel cōmençoit en cette Vniuersité le premier establissement des Prestres de la Compagnie de IESVS, establissement dont les trauerses remplissent l'Histoire de nostre siecle. Compagnie suscitee de Dieu pour antidote de l'heresie, & des mauuaises mœurs qui se glissoient dans ce grand corps, par le peu d'obseruāce de la discipline Scholastique, & par la deprauation de quelques Pedagogues & Principaux assez mal sentans de la Foy Catholique. La Ieunesse, sembla-

ble à ces vases neufs qui gardent longuement le goust de leur premiere liqueur, s'en alloit imbuë de dangereuses maximes ; & comme l'on dit que les tremblemens de terre sont communémét suiuis de pestilences, à cause des exhalaisons corrompues qui sortent des entrailles de la terre ; ainsi les vacillations en la Foy ont pour consequence infaillible la dissolution de la vie ; comme reciproquement le desreiglement des mœurs attire l'extinction de la lumiere de la vraye Foy, & porte à la fin dans vn sens reprouué, où l'impie estant precipité, comme dans vn abysme de malheurs, il mesprise toutes remonstrances. Cela se voit en tant d'Apostats, qui comme des viperes creuans les flancs de l'Eglise qui les a regenerez & esleuez, ne font banqueroute à leur creance que pour paillarder, non seulement auec impunité, mais auec gloire, chez l'adultere, qui sous le specieux nom de Reforme & de Liberté Euangelique, presche le libertinage & la deprauation : viure mal & croire de mesmes sont deux choses attachees par vne connexité, non tant à la verité necessaire qu'ordinaire. Cette Societé de Clercs Reguliers militans en l'Eglise sous la banniere du Nom de IESVS, vint bien à propos en ce temps-là, entreprenant l'instruction de la
ieunesse

ieunesse, pour arracher de ces nouuelles plantes qui se mettent en leur saison, selon leurs rangs dans les vergers des charges publiques, les elemens des mauuaises conuoises, pour parler auec vn Ancien, & pour informer leurs esprits de bonnes habitudes, entant des greffes de Vertu sur ces petits sauuageons. Or comme il n'y a rien que les Errans ayent en plus grãde horreur que ces gens-là, qui ne semblẽt viure que pour donner sainctement la mort à leurs erreurs; aussi ne sont-ils pas beaucoup aymez des Catholiques vicieux, dont la vie prophane démẽt la veritable creance; marques excellentes de la bonté de cet Institut, que ces auersions qui leur causent mille persecutions pour la Iustice. Il y auoit donc en ces iours là deux Escoliers de semblables mœurs pour la desbauche, mais de differente Religion, qui trottans comme les autres Galoches d'Escole en Escole, fuyoient de toute leur puissance le College de Clairmont: Aussi à la verité ceux qui font mal cherchẽt plustost les lieux obscurs, & les humides vallees des vices, que les claires mõtaignes dorees sur leurs cimes des rayons du Soleil, & où est assise ceste Cité de Dieu qui ne peut estre cachee. L'Errant tapy dans l'inuisibilité de son Eglise, & que nous voylerons sous le nom de Paul-

L

Emile, euitoit soigneusement la rencontre des Peres du College de Clairmont, côme les Nautonniers font les escueils; & le Catholique nommé Gemard les euitoit aussi, comme les coupe-gorges de ses desbauches, fuyant ces Medecins encores qu'il fust malade, & les mains salutaires de ces Chirurgiés spirituels; encores que sa pauure ame fust toute couuerte d'horribles playes, en voyoit il vn, vous eussiez dit que c'estoit vn malfaiteur qui blesmissoit en la presêce d'vn Preuost. Or tandis que Paul-Emile & Gemard, s'entre-noircissans en leur accointâce comme deux sacs de charbon, s'excitâs l'vn l'autre à la vie du Prodigue, qui dissipa toute sa substance en vanitez & en superfluitez, estudians par contenance, & en effect battans le paué, perdans le temps en friponneries, & allans en enfer à bride abatuë, comme des enfans de Belial, secoüans toute sorte de ioug raisônable, pour soumettre leur Ame à la tyrannie de la Volupté: Arriua qu'estans vne nuict au fauxbourg S. Iacques en vne desbauche si deshonneste que ie ne l'oserois nômer, puis que S. Paul defend tout court que le nom de ce vice ne soit pas proferé par des bouches Chrestiénes, desbauche toutefois que ie n'oserois nommer infame, parce qu'elle n'estoit pas sans femme, & qu'il vaut mieux enueloper dans le silence, puis que aussi bien l'ombre de la nuict y seruoit de manteau. Tandis que tout le monde estoit en silence & enuelopé dans le sommeil, excepté ces miserables iouuenceaux qui seruoient à des Dieux estranges, qui ne leur donnoient repos ny la nuict ny le iour, vne cloche d'vn son creux & melancholique vint frapper leurs oreilles. Paul-Emile qui en fut touché d'vne certaine tristesse, comme si ce metal insensible l'eust menacé de quelque accident funeste, demandant à Gemard comme par despit, Qui sont ces Caphards qui sonnent à cette heure? Helas, repliqua Gemard, ce sont les Peres Chartreux qui sonnent leurs Matines; ô Dieu que l'exercice de ces bons Religieux est dissemblable au nostre: ils vont practiquer celuy des Anges, & nous sommes dans celuy des animaux qui n'ont point d'entendement. Alors Paul-Emile se mocquant de la Pieté de ces seruiteurs de Dieu, & les taxant non seulement d'hypocrisie, mais de mille abominations dont les Errans de leur grace ont accoustumé de charger l'innocence des plus saincts Religieux, donant à tort & à trauers cóme vn Taureau furieux sur la vie des Moines, auec vne hardiesse egale à son opiniastreté. Ie n'ay rien à opposer, dit Gemard, à ce torrent d'outrages qu'vne priere, qui est que vous preniez la peine de faire comme Nathanael, de venir & de voir; & ie m'asseure que leur seule contenāce sera capable de vous fermer la bouche. Ie le veux, dit Paul-Emile, pour l'amour de toy, & j'iray dés demain si tu m'y veux mener; car ie pense que ceste tenebreuse Comedie n'est pas de petite recreation. S'il fut proposé, il fut executé la nuict suiuante, ils vont à ces Matines, Gemard ayant accez auec vn des Religieux de cette saincte Maison de Vauuert: Là, comme l'auoit predit Gemard, Paul-Emile fut tellemēt frappé, comme vn autre Saul, par vn esclair celeste, & par l'esclat de l'exemple de ces bons Peres, que sortant de cet Office, il dit à son compagnon les paroles de Iacob, Vrayement Dieu est en ce lieu icy, & ie ne le sçauois pas; certes cette maison n'est autre chose que la maison de Dieu & la porte du Ciel. Et bien, reprit Gemard, n'est-ce pas ce que ie vous disois, Bien plus, repliqua Paul-Emile, car i'ay veu des choses bien plus grandes que vous ne m'auiez dittes: Hé! de quel courage ceux qui nous abusent peuuent-ils accuser les Religieux de l'Eglise Romaine de tant de meschancetez; ie ne les puis plus croire que pour des organes du pere de mensonge, puis qu'ils aduancent publiquement tant de calomnies. Qui fut bien esperdu ce fut Gemard, d'entendre son compagnon tenant vn langage si different de celuy de la nuict precedéte : il ne pouuoit comprendre que le plomb de sa dureté fust fondu tout à coup pour receuoir cette docilité de Dieu, qui est le principe de la vraye Foy, comme la Foy est le fondemét de salut; Est-il possible, disoit-il en luy-mesme, que l'arrogance du mespris de cette langue qui lançoit hier feu & flamme contre ces bons Peres soit tellemét humiliee : il pense au cōmencement que c'est par mocquerie ; en fin il sçeut que c'estoit en verité, & que ce Saul enragé changé en vn Paul humilié, ne disoit autre chose sinon, Seigneur que voulez-vous que ie face, & ne demandoit qu'vn Ananias pour estre instruict : tout le reste de la nuict il trempa son lict de larmes, & suffoqué des souspirs qu'vne amere componction tiroit de son cœur, à peine sa voix auoit-elle vn passage pour faire entendre ses plainctes. Ie ne puis en faire le rapport, parce que ie n'y estois pas pour les entendre & pour les recueillir : & si ie les voulois feindre, outre que ie suis long en ces deductions, i'en embarrasserois le fil de mon

Histoire, tant y a qu'il se conuertit non seulement à l'Eglise, mais encores à la Pieté, car les dons de Dieu sont parfaicts & sans repentance, c'est à dire sans defaut, il va puissamment depuis l'vne iusques à l'autre extremité galopant comme le Soleil depuis l'vn iusques à l'autre pole, changeant les noires ombres de la nuict en vn plein Midy, & rendant la grace surabondante où les malheurs auoient excedé. Ces Iesuites qu'il hayssoit à mort, auparauant qu'il fust enfant de l'Eglise, deuiennent ses amis, ses conducteurs, ses Maistres, ses Anges tutelaires, il les frequente, il succe leur doctrine, côme vn enfant la mammelle de sa mere ; il suit leurs aduis & leurs conseils, qui l'addressent au chemin de Paix & de salut. Gemard, qui n'eust iamais creu cet extreme passage, en est tout estonné, & parmy tant d'ardeur demeurant tousiours tiede Catholique, il merita d'estre vomy & reietté de Dieu, car comme il desiroit bien que Paul-Emile changeast sa mauuaise Religion en la veritable Creance, il ne vouloit pas qu'il deuint deuotieux, mais Religieux, & ce qu'il auoit fait pour l'attirer au sein de l'Eglise, il le faisoit pour le destourner de se ietter en la vie Reguliere dont il estoit passionné. Miserable Catholique, qui pour la continuation de ses dissolutiõs, vouloit faire blasphemer le nom de Dieu par ce Neophite, lequel bon mesnager de la grace qu'il auoit receuë, & qui n'estoit pas inutile en luy, en merita l'augmentation, croissant comme vne belle aube iusques à vn iour accomply. Car en fin pressé de ses propres desirs, plus que des trauerses de ses parens, qui l'ayans esleué dans les erreurs qui le separoient de la Congregation des fideles, le tourmentoient comme c'est leur coustume, depuis qu'il fut reduit à la Foy Catholique, il se ietta dans vn Ordre fort austere, où il y a vescu fort religieusement, & y est mort fort sainctement, au lieu que le malheureux Paul-Emile, faisant banqueroute à son amitié, & à son propre salut, se ietta dãs l'exercice des armes, si peu fauorable à la Pieté, y estant emporté par le torrent des guerres ciuiles, qui lors rauageoient toute la Fráce, & dans les tourbillons de ces troubles il mourut pauuremẽt, voulát forcer vne maison qui luy auoit esté marquee pour son quartier. Ainsi fit-il comme le Soleil qui emplissant tout de chaleur n'en a point en soy, à la chandelle qui esclaire les autres estant aueugle, destournant malicieusemẽt ce pauure aueugle-nay de Paul-Emile qui n'estoit en erreur que par le mal-heur de sa naissance, puis qu'il ouurit les yeux au

L iiij

Soleil de Iustice si tost qu'il apperceut la premiere pointe de ses rayons, luy mesme deuint aueugle, sinon en la Foy, du moins en la Charité, sans laquelle il n'y a point d'entree au Ciel non plus qu'à l'infidelité. Ce qui nous doit faire grandement redouter les iugemens de Dieu, dont les decrets sont fondez sur des secrets qui engloutissent toute la sagesse des hommes ; car c'est luy qui dit que plusieurs infideles viendrõt de l'Orient & de l'Occident, pour estre assis auec Abraham, Isaac & Iacob, c'est à dire pour estre en la part des Saincts en la lumiere de la Gloire, tandis que les enfans de lumiere seront renuoyez aux tenebres exterieures. O combien de Catholiques mourans en iniquité seront damnez, & combien d'Errans se conuertissans à la Foy & à la Pieté serõt sauuez : c'est pour cela qu'il ne faut iuger d'aucun ny en bien ny en mal, tandis qu'il est en cette vie : que celuy qui est debout se garde de tumber, que celuy qui est iuste & qui est sainct se iustifie & se sanctifie tous les iours dauantage, que celuy qui a la vie de la grace tasche de l'auoir plus abondamment, car à celuy qui l'a il sera donné, à qui ne l'a pas il sera osté. Il y a beaucoup de fideles, qui pour estre en la vraye Eglise ont trop de confiance, se disans enfans d'Abraham, & vantans le Temple du Seigneur: mais le Seigneur du Temple, & le Dieu d'Abraham ne recognoistra pour siens que ceux qui feront les œuures d'Abraham, & punira seuerement ceux qui dans sa Maison commettent des crimes. Gemard ressembla aux sages femmes, qui font accoucher les autres, & qui sont steriles: or il est escript que tout arbre qui ne faict point de fruict, & fruict de Penitence, sera ietté au feu. Il fut semblable aux Apoticaires qui donnent des medecines à tout le monde & n'en prennent point. Le pauure Paul-Emile se cognoissant malade en prit, & il fut guery, & faisant des fruicts dignes de Penitence, il a esté treuué vn froment esleu, digne d'estre mis au grenier du Pere celeste. O que ce mot de l'Euangile est redoutable, qui nous apprend qu'au iour de l'ire de Dieu de deux qui seront couchez en vn mesme lict, l'vn sera esleu & l'autre reprouué, l'vn reietté auec Esau, l'autre choisi auec Iacob: de deux qui moissonneront en vn mesme chāp l'vn sera appellé & l'autre renuoyé; que de dix vierges les cinq seront chassees, les cinq autres accueillies: ô que ceux-là sont heureux & sages qui escoutent la voix de l'espoux, quād il frape à la porte de leurs cœurs, & qui ne ressemblent pas à la pierre qui affile les couteaux, & qui demeure mousse, comme fit Gemard, mais qui comme Paul-Emile operét leur salut auec crainte & condescendance, sans contrister le S. Esprit, en luy contrariant, & en regimbant contre l'aiguillon. O combien le Seigneur doit-il estre fauorable à l'ame qui le cherche, puis qu'il est si bon à ses ennemis, que fera-t'il à ses fauoris, s'il traitte si amiablement ceux qui sont si manifestement en sa disgrace, prenát ce pauure Adolescent par où il pensoit le moins deuoir estre attiré, le rauissát d'admiration, en la consolation extreme qu'il ressentit de voir la diuine Maiesté si respectueusement adoree, & si fidelement seruie parmy les Catholiques. O beau Soleil, c'est dóc ainsi que vous respandez les rays de vos inspirations également sur le fumier, que sur les roses, visitant ce cœur ignorant de vos voyes, se corrompant en ce qu'il sçauoit, & blasphemát ce qu'il ignoroit, dans la puante cloacque de l'abomination en laquelle il estoit plongé. C'est donc ainsi que le rayon Solaire, perçant & les Spheres des cieux, & celles du feu & de l'air, vient encores trauerser la dureté du plus lourd des Elemens, pour engendrer le Roy des metaux dans les plus creuses entrailles de la terre. O! œuure admirable de la main du tout puissant, & qui

n'esperera sous vne main si secourable? mais
aussi en regardant Gemard, qui ne tremble-
ra sous vne main si iuste? & qui ne dira plein
de consolation, auec ce Poete;

Quoy que le sort me soit seuere ou gracieux
Ie veux donner mes ans au Monarque des
  cieux,
Nonobstant mes defauts, nonobstant ma misere,
Ie veux en adorant cet astre nompareil
Que ma teste blanchisse aux rays de sa lumiere,
Ainsi que faict la Lune aux rayons du Soleil.

Icy Alexis par son silence tesmoigna qu'il
auoit acheué le recit de ces exemplaires Matines, dont l'effect fut admiré de tous, &
principalemét de Menandre qui se baignoit
dans vn sainct ayse de voir si bien dire son
cher Alexis, dont la presence luy faisoit &
tarir les iustes louanges en la bouche, & trahir l'honneur de l'estime qu'il faisoit de la
beauté & de la probité de son esprit. Florimond qui auoit la memoire fort heureuse,
se souuint d'auoir leu dans le mesme Liure
de l'Amour de Dieu, d'où Alexis auoit tiré
la narration precedente, vne Histoire dont
l'euenemét d'electió & de reprobatió auoit
quelque trait de ressemblance, ce qui luy fit
dire: Ce digne Prelat qui vous a presté cette

Narration, me semble en faire vne autre dans le mesme ouurage de Nicephore, & de Saprice, qui fait à mon iugement vne impression puissante de la crainte du iugement de Dieu, & qui monstre clairement que nous deuons tousiours estre en incertitude pour l'auenir, personne en ce monde n'estât asseuré s'il est digne d'amour ou de hayne. Alexis qui auoit vn extreme desir de cognoistre le visage de l'ame de Florimond, face dont les traicts n'apparoissent qu'en la parole, d'où vient que l'espoux conuie son Amante de luy monstrer son visage, en faisant resonner sa voix à ses oreilles, luy eust volontiers dict comme ce Philosophe, Parlez que ie vous voye, ce qui le conuia de repartir: Ie croy bien que Menandre qui a volontiers entre les mains, & l'aymable Philothee & le diuin Theotime, & Serafic, qui à ces liures en singuliers delices, ne sont pas ignorans de cet euenement: mais parce que la viue voix a ie ne sçay quelle energie cachee, que la lecture ne fournit pas, ie m'asseure qu'ils seront de mon costé, pour vous prier d'en r'affraichir le souuenir en nos memoires; vostre bien-disance vous rendra cette peine facile, vostre courtoisie vous y conuie, & nous vous en aurons tous de l'obligation. Ce seroit, reprit Florimond, vne narration inutile, sinon à m'humilier, faisant voir mon ignorance auprés de vostre capacité, & ma rudesse deuant vostre politesse: car comme voulez-vous que ie vous apprenne ce que vous sçauez desia, l'Histoire n'estant agreable, qu'autant qu'elle est ou nouuelle ou peu cognuë. A cela Serafic Ces excuses, Seigneur Florimond, ne sont pas receuables: car comme aux seuls preludes on cognoist la souplesse de la main d'vn bon ioüeur de Luth, ainsi à la gentillesse de vostre refus, il est aysé à iuger combien dignement vous vous pouuez acquitter de ce rapport, nous sçaurons vne chose ancienne nouuellement, & bien que le faict nous soit commun, vous le pouuez releuer d'vne façon si rare, que l'art surmontera l'estoffe, & l'industrie la matiere. C'est imiter la saffrette Galathee, qui ietta des pommes, & s'estant laissee entreuoir, se rembusche dãs l'espesseur du boys. Vn cercle vermeil à ces loüanges si artistes, coula sur le front de l'adolescent, qui tesmoigna le petit sentimẽt qu'il auoit de soy-mesme, se voyant si disertement plustost estimer qu'exprimer. Ce qui luy tira cette responce, Si l'obeissance que ie veux rẽdre à vos desirs, en faueur de vostre amitié, m'ordonne de redire plustost que de dire vne chose qui vous est si cogneuë, cette seule nouueauté vous apparoistra, qui est combien ie suis inhabile à de telles entreprises, n'estant pas plus seant que raisonnable qu'vn disciple parle deuãt ses Maistres: que si selon cet ancien, nous racontons ordonnément & clairement ce que nous sçauons nettement, cette auanture est si fort grauee en mon esprit, que ie n'auray besoin que du fil de l'action mesme, pour sortir de ce Labyrinthe. Menandre qui luy parla plus rudement, comme ayant quelque ascendant, & quelque auctorité sur luy: Vous en fussiez desja dehors, luy dit-il, depuis que vous marchandez à l'entree. Comme il alloit obeir à cette priere commandante, Dom Chrysogone ayant soin de ces hostes, comme Procureur de la maison, les venoit visiter & leur donner le bon iour. Sa venuë tira Florimõd de peine, & y mit Alexis & Serafie, qui se resolurent bien de ne laisser pas tomber ce plat à terre, mais de le releuer en temps & lieu. Apres les complimens ordinaires ausquels Dom Chrysogone estoit fort entendu, Menandre qui le regardoit d'vn œil plus attentif, Mon Pere, luy dict-il, s'il est vray que les oreilles tintent à ceux de qui l'on parle, sans doute cette nuict voftre sommeil en aura efté bien interrompu: car Alexis nous a tant entretenu de vos auantures, que l'on en feroit vn Roman spirituel: ô que Dieu foit beny qui vous a par tant d'efpreuues treuué digne de luy. Le Gentil Alexis, reprit Chryfogone, fçait dextrement ietter la pierre & cacher le bras, & dire plus de bien de fes amys, qu'il n'y en a: il ne prend iamais tant de plaifir à bleffer la verité que quand il louë, car il a cette maxime d'eftimer tout le monde, & ne blafmer aucun. Sans doute il vous aura dit bien du mal de nous, car il hait les Chartreux à outrance. Merueilleufemét, reprit Menandre, aux enfeignes que quelques vns de vos Peres de Paris l'appellét defia Dom Prieriam. A ce nom Alexis fe fentit efmeu: Et mon amy, dit-il, ie te prie ne m'appelle plus de ce nom là, principalement deuant Plombin, car s'il fçauoit qui ie fuis, il feroit fçauoir aux miens où ie fuis, & en me voulant fauuer tu me perdrois, ces Peres mefmes font defia tous accouftumez à m'appeller Alexis. Que fi les Religieux ont droict de changer de nom, pourquoy non des Pelerins, qui font des Religieux voyageans? Ouy, reprit Menandre, & encores Alexis qui ne vaut gueres mieux qu'vn Religieux. Menandre, reprit Alexis, c'est ainsi que vous maniez vos amis : or ie te prie pren-moy pour ce que tu voudras, pourueu que ie sois Alexis. Ce que Menâdre, discret qu'il estoit, luy promit, l'asseurant qu'il l'auoit appellé de son ancien nom, plustost par inaduertance que par malice. O Dieu, dit Alexis, i'imagineray de l'eau dans la pierre ponce, & du feu dedans l'eau, quand ie penseray que la malice puisse loger dans vostre cœur, dont ie cognois la bonté & la pieté de trop longue main. Voyla pas, dict Menandre, des loüanges de la bouche d'Alexis, de moy ie tiens qu'il en a à loüage dans le magasin de sa memoire : Mon Pere, dit-il, se tournant vers Chrysogone, ne le croyez pas. Croyez-le encores moins, Monsieur, reprit Dom Procureur, de ce qu'il vous dira de moy, car vous sçauez, estant membre d'vn si fameux Parlement, que l'on recuse les Iuges autant pour estre amys, que pour estre ennemis. Mon Pere, dict Menandre, le cas n'est pas semblable, vos actions rendent tesmoignage de vous, & moy ie reste tousiours dans le monde, mes rides, comme dit Iob, parlent côtre moy, & vostre habit plaide pour Alexis : contre l'estime que vostre humilité veut qu'on ait de vous, il faut auoir l'esprit iuste,

&

& pour favoriser l'abiection, n'offencer pas la Verité. C'est bien cet habit dont vous estes revestu, Monsieur, repliqua Chrysogone, qui se revolte contre vous, puis que pour participer à la Croix de Iesvs-Christ qui a vescu Pelerin sur la terre, vous l'auez chargé: de moy qui n'estois bon à rien dedans le monde, que pouuois-ie faire sinon vn Moyne, encores Dieu vueille que ie ne face point de tort à ce sainct Nom, si venerable en l'antiquité, & aux oreilles vrayement pieuses; Dieu vueille que ma vie ne trahisse point mon habit: n'auez-vous point pitié estant consacré à Dieu comme ie le suis, de me voir embarrassé dans tant d'affaires dont i'ay souuent battu vos oreilles?

Les occupations necessaires, respondit le iudicieux Menandre, ne sont point des embarrassemens, ny des diuertissemens de deuotion, quand la charité les conduit, & quãd l'obeissance les ordõne. S. Louys dans les affaires inseparables de la Royauté, ne laissoit pas de contempler; & Dauid ce grãd Roy selon le cœur de Dieu, ne laissoit pas de chanter les loüanges diuines sept fois le iour & de se leuer au milieu de la nuict pour vacquer à l'oraison: car que vouloit au Ciel & en la terre ce grand courage sinon son Dieu, la part de son heritage pour iamais? S. Bernard

M

estoit le plus occupé Moyne qui fut onc, & qui puisse estre; car vous eussiez dit que la Papauté, l'Empire, les Royaumes, les Republiques, bref que tous les negoces de la Chrestienté reposoient sur ses bras, tousjours deçà, tousiours delà en perpetuelle action pour le seruice de Dieu ou du prochain: en estoit-il moins Contemplatif, ains n'est il pas appellé le Pere des Contéplatifs? S. Paul si grand voyageur & intendant de toutes les Eglises, dont il dit luy-mesme qu'il auoit vn soin general, a-t'il laissé pour cela d'estre rauy au troisiesme Ciel? Ie sçay bien le prouerbe, que les armees, la Cour & le Barreau sont des lieux d'où l'on pense que la pieté soit bannie; mais il n'est vray que pour les foibles esprits, car il y a des vrays & resolus Israëlites qui ne laissent de chanter le Cantique de la diuine Amour dans les guerres, dans les Cours, & dans les affaires du Palais; mais ce sont esprits fermes, qui comme les Alcyons sçauent trouuer la tranquillité dans le bransle, & la seureté parmy les dangers.

Encor que tous ces lieux soient tous remplis d'esmoy,
 Ayons de leur costé la Constance & la foy,
 Ces genereux esprits sont tousiours dans le calme,

Et comme ne sçachans que c'est que de pácher,
Contre tous les fardeaux leur cœur est vne
palme,
Et il brise les flots tout ainsi qu'vn rocher.
Dieu qui a vn soin particulier de conseruer les rebelles Ionas dans le ventre des baleines, & de les empescher de perir dans les tempestes, n'en n'aura-t'il pas plus de ceux qui ne vont en Cour, aux armees, au Palais, que pour la necessité de leur deuoir, principalement s'ils sont desinteressez, comme les Religieux qui n'ont autre salaire de leurs fatigues que le merite de l'obeyssáce. C'est cette seule consideration qui me console, repliqua Chrysogone; quand il faut que ie quitte la Rachel de la contemplation de nostre Cloistre pour les ennuieuses nuicts de cette fascheuse Lia si pleine de tracas. Tandis que nos Freres dans leurs chambrettes lisent la vie des Peres, ie la cherche, & Dieu vueille que ie la puisse si bien chercher que ie la treuue dans le Ciel, & que ma portion soit en la terre des viuans. Comme ils estoient sur ces gracieux entretiens, la cloche appella les Religieux aux Messes basses, pour delà se ramasser pour la Conuentuelle. Nos Pelerins & leurs nouueaux compagnons desia Pelerins

M ij

en desir, s'estans rendus en des Oratoires, pour se reconcilier par le Sacrement de Penitence, se disposerent à la sacree Communion, qui leur fut distribuee à la grande Messe, auec beaucoup de consolation des Religieux, qui tirerent d'eux durãt le iour l'edification qu'ils leur auoient donnee durant l'office de la nuict: Plombin fut de cette deuotieuse partie, & approcha de la table sacree auec eux: pour Egide, tous les iours il offroit en sacrifice au S. Autel l'Agneau immaculé qui a effacé les pechez du Monde à l'eternel Pere. A l'issuë de la saincte Messe, Dom Prieur vint accueillir ses hostes fort humainement, & Plombin & Egide ayans esté auertis par Dom Chrysogone de la qualité de Menandre, le vindrent saluër auec vn respect qui l'estonna; car il ne croyoit pas que sous vn habit de Pelerin on deust recognoistre vn Senateur: mais l'humilité ressemble à l'or, qui a beau se cacher dãs la terre, on la treuue tousiours, c'est vne lumiere qui darde tousiours quelque rayon à trauers vn nuage, car l'esprit du cœur de Dieu reiette les orgueilleux & se plaist à manifester sa gloire sur les humbles. Dom Prieur estimant qu'il estoit à propos en attendant le repas de leur faire voir la Maison, les alloit menant çà & là pour contenter leur honneste & pieuse curiosité. Et certes encores que suiuant leurs pas, ie peusse de beaucoup embellir cette Histoire de sa description, & me ietter au large dans la representation des sainctes & riches peintures qui la decorent, lesquelles auroient besoin de la plume de quelque autre Philostrate; si est-ce que i'ayme mieux priuer cet ouurage d'vn des plus glorieux paremens dont ie le pourrois enrichir, que de le rendre ennuyeux par sa trop large estenduë. Ils veirent donc toutes les beautez du dedans, reseruans à leur sortie à voir celles du dehors : & il suffit de dire que cette Maison de fille de Roy s'estant renduë Religieuse, c'est à dire de demeure Royale estant deuenuë vn Monastere, les Roys ayans quitté le sejour trop enfoncé à leur gré de cette forest, pour se loger sur la belle coste de Retz, où ils ont depuis basty ce superbe Chasteau de Viliers, cette habitation peut bien contenter de pauures Religieux qui a satisfaict autresfois nos Monarques. Mais parce que les bastimens ne sont en fin que des murailles de pierres mortes, & que la mystique Hierusalem de la Religion, où est vne perpetuelle vision de paix, & dont les habitans possedent vne plenitude de tranquilité, & vn opulent repos, est bastie de pierres viuantes ; il me semble qu'il est bien plus à propos de discourir de ce qui anime les cellules que de leur edifice, vn homme vertueux estant capable de rendre par son sejour vne chaumiere plus magnifique qu'vn Palais tout doré; car si la Panthere remplit de bonne odeur la cauerne où elle se retire, cõbien rendra plus precieuse vne demeure, vn homme de bien, dont l'ame est le temple de Dieu & le siege de l'eternelle sagesse, selon que dit le Sauueur, Celuy qui m'ayme garde mes commandemens, & est aymé de mon Pere, & nous viēdrons à luy, & nous ferons nostre demeure chez luy. Car Dieu est tousiours auec celuy qui le sert, & celuy qui est attaché au ministere de ses Autels, habite deuant luy en vne saincte demeure, il est enraciné, & cõme enté dans la congregation des personnes plus honorables, son heritage est en la part du Seigneur, & sa retraitte en l'assemblée des Saincts, il est affermy en la bourgeoisie de Syon, & il se repose auec asseurance en vne cité sanctifiée, & sa puissance n'est pas petite en la bien ordonnée Hierusalem.

4. Alexis conuia Menandre de voir vn de ses alliez qui estoit Religieux en cette deuotieuse Maison, & dont le Pere auoit esté Senateur de sa compagnie, & hõme fameux pour la probité, & pour les lettres, de la famille des Freatins, cestuy-cy s'appelloit

Dom Theophore; ils entrerent en sa cellule, & ils le treuuerent desia retiré dans son estude : car il auoit tiré de son Pere cette extreme affection au commerce des liures, & certes cet ancien auoit quelque raison qui disoit que la solitude sans l'exercice des lettres est vne pure mort, ou le tombeau d'vn homme viuant. Ce n'est pas que le grand Liure du Ciel & de la terre, qui en ses deux fueilles contient toutes les Librairies de l'Vniuers, ne puisse suffire à vne âme contemplatiue qui ne cherche que Dieu en toutes choses, ou plustost qui ne cherche aucune chose que Dieu : mais tous ne sont pas des Pauls, des Anthoines, ou des Hilarions, la lecture estant comme l'huile de la lampe des Vierges sages ; ceux là se monstrent partisans des imprudentes, qui pensent que le registre de leur teste leur suffira pour leur fournir d'entretien, la science infuse n'est pas donnée à vn chacun; l'acquise est à la mercy de qui veut prendre la peine de s'en meubler. Dom Prieur & Dom Procureur penserent qu'il estoit plus seant de laisser leurs hostes en la liberté de voir tel Religieux de leur parêté & de leur cognoissance qu'il leur plairoit dans leurs propres cellules, que de les tenir en echec par leur preséce; pour cela ils se retirerét pour auiser à leur traittement, & laisserent ces abeilles mystiques sur ce parterre de sainctes fleurs pour en choisir à leur gré, & en tirer vn suc de saincte edification. Plombin & Egide se retirerent aussi en leurs appartemens apres les offres de leur seruice. Dieu! que de consolations ils recueillirent de la douce & desirable conuersation de Theophore, dont les levres estoient comme vn bornal de miel, & dont la main, c'est à dire la seule contenance modeste & mortifiee, distilloit dans leurs cœurs vne myrrhe premiere & tres-excellente. Que si Moyse tira iadis de l'eau d'vne pierre, cette pierre viue posee en ce lieu escarté, leur couloit vn miel si sauoureux, & l'huille de certaines paroles si suaues, qu'ils furent contraints d'aduoüer que le silence estoit l'escole du langage plus iudicieux. Moyse de begayant deuint-il pas disert dans le desert? ouy, c'est là que tout ce qui parle ne parle que de Dieu, car où est moins ouye la voix tumultueuse des hommes est plus entenduë celle des Anges. Ie n'ay pas faict dessein de tenir compte de leurs deuis, car autrement ce seroient plustost icy des pelerinages de lague que des pieds, & nous n'auancerions gueres de chemin si à chaque pas nous nous arrestions à escouter ce que disent nos personnages: ils sortent de cette chambre fort satisfaicts de la suffisance & de la Pieté de Theophore, qui certes portoit Dieu dans le cœur, ce qui estoit aysé à remarquer à ses discours, qui sortoient de l'abondance de son affection. De plus Florimond estima sa ciuilité & son entregent, s'estonnant que la solitude des bois, qui a de coustume de rendre ses habitans sauuages, ne l'auoit rendu aucunemét farouche. Vous vous en estonnerez bien d'auantage, dit Alexis, quand ie vous conteray ce que ie sçay de ses humeurs, tandis qu'il estoit au siecle, & combien il s'est adoucy & poly depuis qu'il est en la Religion, bien que cette vie austere & retiree semble mal propre pour ciuiliser ceux qui la meinent. Mais apprestez-vous à vn plus grand esbahissement, car Serafic nous va conduire à la cellule du parent d'vn sien beau-frere qui se nomme Dom Basile, qui de Courtisan entrant & rompu dans les compagnies du monde, est deuenu tellement Mysantrophe qu'il en est mescognoissable, & presque fascheux à cette communauté; & toutesfois l'vn & l'autre de ces Religieux a l'esprit de Dieu, & est fidele obseruateur de sa reigle. Ainsi vn mesme vent fait diuers tons, selon la varieté des tuyaux aux Regales, & vn mesme Soleil en vn seul champ engédre de differétes fleurs. L'Esprit de Dieu souffle où il veut, & comme il veut ; tantost portant les retirez à la communication charitable, tantost ceux qui sont plongez en de trop grandes frequentations en des retraittes profondes. Là dessus ils entrerent en la Celle de Dom Basile, qui les receut auec beaucoup d'humilité, neantmoins d'vne façon si agreste, que iamais on n'eust creu qu'il eust esté des plus gentils de la Cour : leurs discours y furent courts, car ce grand causeur dans le monde estoit deuenu si grand amateur du silence, que vous eussiez dict qu'il auoit peur d'vser ou d'escorcher sa lãgue en parlant ; celuy qui auoit tant cajolé parmy des Dames, se tait maintenãt parmy des hommes ; & comme si iamais il n'eust frequenté personne, il restoit tout confus, il n'auançoit iamais aucune proposition, ne respondant à celles qui luy estoient faictes que par pure necessité : d'yeux il n'en auoit que pour la terre, dementant quasi la posture de l'homme, qui a le front esleué vers le Ciel. L'on a bien tost fait auec de semblables gens, en deux mots tout est expedié. Cependant Menandre qui faisoit son profit de tout, n'admiroit pas moins le vertueux silence de cettuy-cy, que le doux entretien de l'autre: car comme disoit cet ancien Anachorete, plus on retranche les deuis auec les hommes, plus on a de commerce auec Dieu: & cet autre enquis pourquoy il fuyoit si soigneusement la rencontre de ses prochains: Mes prochains, dict-il, m'esloignent de celuy qui m'est plus qu'eux; qui s'escarte de la terre s'auoysine du Ciel, & qui quitte les hommes, & mesmes les Anges, treuue Dieu; & d'effect si la Magdelaine amoureuse de son Sauueur n'eust quitté la compagnie des Apostres, & mesme celle des Anges au Sepulchre, elle n'eust pas rencontré son cher Maistre dans le Iardin. Toute medaille a son reuers, toutes choses ont deux anses, & sont bonnes quand elles sont bien appliquees; tout peut seruir à Dieu,

Et le parler & le silence
Seruent à la perfection,
Comme la crainte & l'esperance
Augmentent la dilection.

Comme les estoilles sont differentes en grandeurs, & les astres differens en influences; ainsi en est-il des Saincts ausquels Dieu se rend admirable en la diuersité des graces qu'il opere en eux: l'Eglise en ses quatre premiers Docteurs nous fait voir quatre humeurs aussi differétes que les elemens: que S. Hierosme est aspre & comme rédu sauuage par la solitude de Bethlehem; que S. Augustin est doux, pliable, & souple: Que sainct Ambroise est courageux & seuere: que sainct Gregoire est humble, pitoyable & craintif, quoy que le plus grand en qualité, il paroist le plus petit en force: & tous ces grands cerueaux ont esté remplis de l'Esprit de Dieu. Que pouuons nous dire apres cette celebre Conference que le Sauueur mesme fait de soy auec son Precurseur? Iean, dit-il, est venu auec vne façon toute extraordinaire, & esloignee du train commun, il ne boit ny mange auec personne, s'il parle c'est auec estonnement, si on le voit c'est merueille: le Fils de l'Homme est venu menant vne vie commune quant à l'exterieur, mais toute Diuine en l'interieur; & on ne luy demande pas comme à l'autre, Qui es tu. Tandis que nos hostes sont en cette cellule de Dom Basile, s'entretenans en de rares deuis, entrecoupez d'vn long & ceremonieux silence, qui leur donnoit loisir de mediter le moyen d'en sortir; il vint bien à propos que Dom Chrysogone les auertit que le repas les attendoit, ce qui les tira d'vne peine qui n'estoit pas petite. Dom Prieur les receut au passage de sa chambre & les mena en la leur, où la refection estant prise, Theophore & Basile furent mis sur le tapis apres le dessert: & comme Dom Prieur estimoit la fermeté d'esprit de ces deux Religieux Gétils-hommes, encores que leurs humeurs fussent aussi dissemblables que le froid & le chaud, & le procedé de l'vn & de l'autre autant esloigné que le Nort du Midy; C'est à vous, dit Alexis, d'en iuger à plein fonds, depuis qu'ils sont sous vostre saincte conduite; mais de moy, qui ay pratiqué l'vn, & veu l'autre dans le monde, auec lequel Serafic a eu grande familiarité, ie puis dire que Theophore duquel ie suis allié, estoit tout Chartreux en la vie ciuile, & qu'il est deuenu tout ciuil depuis qu'il est Chartreux, & quand ie dis ciuil, ie ne veux pas dire mondain, car à mon gré les affeteries des mondains sont aussi peu ciuiles, que ciuiles les guerres que l'on appelle ainsi, esquelles se commettent tant de brutalitez, qu'on feroit mieux de les appeller inciuiles. Ie treuue en luy vn changement non seulement d'habit, mais d'habitude, mais de nature; ie luy treuue l'humeur plus gaye, plus ouerte, & incomparablement plus agreable qu'il ne l'auoit dans le móde, où il estoit melancholique, songe-creux, & hagard; & tenoit-on que la trop assiduë lecture le rendoit tel, non pas qu'on luy peust faire cette reproche, sinon auec autant d'injustice qu'on la faisoit au Vaisseau d'elite, trop de science t'enleue l'esprit, car s'il pechoit en quelque extremité, c'estoit en celle d'estre trop reserué & retenu, humeur extremement incómode au cómerce des hommes. C'est bien ce que i'auois tousiours entendu dire de luy, reprit Dom Prieur, qu'il estoit fort sage & fort attrempé. Il l'estoit bien si fort, dict Alexis, que peut estre l'estoit-il trop; encore qu'il soit plus aagé que moy, si n'est-ce pas de tãt que ie ne me puisse dire, comme de ses alliez, aussi de ses cõpagnons, & entre nous par maniere de ioyeuseté il estoit appellé le Sage: il est vray que la melancholie le rendoit vn peu moins accostable; il auoit ordinairement l'esprit abstrait & pensif, comme on dict que l'auoit S. Basile, & tel le pensoit present qu'il estoit bien loin par ses resueries. Seigneur Alexis, dict icy Menandre, vous voyla engagé si auant dans le rapport des cõditions de ce bon seruiteur de Dieu, que vous ne pouuez vous retracter de la promesse que vous nous auez tantost faicte de nous dire ce que vous sçauez de son abandonnement du monde; car ie croy que c'est le plus agreable deuis que nous puissions desirer à ceste issuë de repas, le moins preiudiciable, ains le plus honorable à ceux de qui l'on parle, & le plus vtile pour ceux qui l'entendent; car les traicts de la grace surpassent de si loin ceux de la nature, que toutes les fortunes du monde si exposees au iugement d'vn chacun ne me semblent rien à comparaison de ces auantures spirituelles qui nous esleuent à la gloire de seruir Dieu. Ie diray tout simplement ce que i'en sçay, dict Alexis, & ce que i'en ay veu, puisque vous le desirez ainsi, le desir de vous complaire surmontant en moy la crainte que ie deurois auoir de parler deuant mes Peres & deuant mes Maistres; mais ie croy que Dom Prieur mesmes sera bien ayse par ce fidele rapport de cognoistre qu'elle estoit son oüaille auát qu'elle fust en sa bergerie, la cognoissant aussi bien par la toison qu'elle a despoüillee que par celle dont elle est maintenant reuestuë; ainsi il cognoistra le vieil Adam aussi bien que le nouueau.

Le pere de Theophore a longuement administré la Iustice auec Theodose vostre beau-pere, ô Menandre; mais la Minerue diminua ses forces, & mina sa vie en sorte qu'il mourut en la vigueur de son aage, laissant plusieurs enfans fort ieunes en la conduitte de leur tres-vertueuse mere, de la

5.

race des Aimards si cogneuë à Paris, & dont les chefs y tiennent de principales charges. Cettuy-cy estoit l'aisné, que sa trop grande ieunesse empescha de succeder aux hôneurs de son pere; mais quand il eust esté plus grand, ie croy que son inclination extremement esloignee de l'occupation du Palais, y eust fait encores vn puissant obstacle, son humeur douce & amiable hayssoit toutes sortes de contestations, & cõme vne abeille paisible il fuyoit des lieux, où comme à la barre se fait la repercussion de tant d'Echos, que souuent le droict est estouffé dedans les altercats : Quelques remonstrances que ses parens luy pussent faire, poussez à cela par sa mere qui les en prioit, ils ne peurent gaigner sur luy qu'il embrassast la cognoissance des affaires du monde, pour releuer le nom & la creance de son pere, & pour le soustien de sa maison; à l'imitation de sainct Bernard il prit le Ciel pour son partage, & laissa la terre pour ses cadets, choisissant la bonne ains la meilleure part auec Marie, laissant celle de Marthe l'embarrassee à ceux qui le suiuoient. Sa mere comme femme, bien que vertueuse & deuote, ne pouuoit comprendre ce choix, se laissant pluftost conduire par la coustume que par la raison; mais à cela Theophore opposoit mille raisons diuines

&

& humaines qui emporterent le bassinet, non pas en la balance trompeuse du monde, mais en celle du Sanctuaire de la vraye pieté. Il chargea la soutane Ecclesiastique, porté à ce sainct estat par vn de ses parens, Prelat de ceste fameuse Eglise des Druydes, la plus ancienne de l'Vniuers; ayant vne grande cognoissance des lettres appellees humaines, & sçachant en perfection la langue des Grecs, il s'embarqua à l'estude des sainctes Lettres, & principalement à la recherche de l'Histoire Ecclesiastique, en laquelle il se rendit fort clairuoyant. Et parce que ce Miracle de sçauoir de nos iours le grand Cardinal du Perron, entre les eminentes parties qu'il possedoit, & qui le rendoient tel qu'il sembloit que ce qu'il ignoroit n'estoit sceu de personne, excelloit principalement en celle-cy, qui le faisoit voir comme vn Linx dans les tenebreux replis de l'antiquité; il se facilita l'entree chez cet insigne Personnage, pour auoir le bien de l'entendre quelquefois, & d'apprendre de sa bouche des secrets qu'autre que luy ne sçauoit. Et parce que les Colombes s'amassent volontiers autour des pastes emmiellees, comme les auettes autour des bouquets; l'extreme douceur de mœurs qu'vne profonde doctrine auoit engendree

N

en l'ame de cet illustre Prelat, l'ornement de l'Eglise & Gallicane & Romaine, attira cõme par vn parfum dont toute la force est en sa suauité, nostre Theophore à sa suitte, cõme la baleine les petits poissons par son ambre-gris, cõme le Dauphin ceux qui l'enuironnent par sa beauté, & cõme les menus oyseaux s'accostent de la cresserelle pour la secrette proprieté qu'elle a d'effrayer les oyseaux de proye. Aussi ce grand hõme chargé de mille lauriers, remportez contre l'erreur, & orné de plusieurs trophees qui le rédoient sans contredit le Roy des sçauans de sõ aage, amorça le desir de nostre Theophore, par ceste nompareille mansuetude, qui faisoit que l'on pouuoit dire de ce nouueau DAVY ce que de l'ancien:

Helas, Seigneur, entre en ressouuenance
De ton Dauid, & de sa patience,
De sa douceur, & debonnaireté,
Qui font qu'il est de chacun regretté.

Le tẽps arriua que ce grãd Persõnage alloit prẽdre la couronne tẽporelle de ses trauaux en attẽdant l'eternelle, en receuant le Chapeau de pourpre des mains de N. S. Pere à Rome; plusieurs l'accõpagnerent en ce voyage, entre lesquels fut Theophore, lequel il ayma comme vertueux Ecclesiastique, & estima cõme vne persõne de rare sçauoir, & dõt le merite soustenoit l'hõneur de sa naissance. Il vit en ceste triōphante ville, autrefois le Siege de l'Empire tēporel, maintenāt de l'Ecclesiastique, ces grādes lumieres qui lors y esclattoiēt cōme des beaux Astres en vn Ciel bien serain, les Cardinaux Baronio, & Bellarmin, ces deux deuotes ames, dont les sçauātes mains ont tant & si doctement escript pour le seruice de la Religiō Catholique: mais parmy tant d'autres ornemēs du sacré College, cōme les tres-illustres Tarugio & Tolet, nostre Perron ne releuoit pas peu l'honneur de la France, s'y faisant voir, non cōme vn simple perron, mais cōme vne tour du Lyban. Ce fut là où il vit de ses yeux tant de lieux sacrez, & que l'Histoire saincte cōsacre à la memoire de l'eternité; il beut à la fōtaine de Baronio des particularitez des choses Ecclesiastiques, qu'il n'auoit veuës qu'en tenebres en sō Histoire; & il fit si bien qu'il se fit bienuouloir de ce grand Bibliothecaire de la saincte Eglise Romaine, qui cherissoit infiniment ces beaux esprits, principalement quād ils ioignoient la pieté auec la literature: entre nos François (car de toutes les nations on couroit à cet Apolloine & à ce Platon) celuy qui emplit la Chaire de sainct Hilaire, & nostre Theophore, luy sembloient dignes de consideration. S'il eust voulu se destacher de celuy qui l'auoit amené de France, & mesmes quitter l'aymable sejour de l'Isle franche, il eust esté auantageusement & honorablement employé en la Bibliotheque du Vatican, la plus fameuse qui soit au monde: mais l'amour de la patrie fut plus forte que la friandise de ceste Lothe. Ce fut là (où tant de ieunesse indiscrette treuue des sujets de déreiglement) que nostre Theophore ietta les premiers fondemens de sa pieté & de sa deuotion; à peu prés comme celuy qui iugea de la saincteté de la foy Chrestienne par la dissolutiõ des mœurs des Chrestiens. Aussi faut-il auoüer qu'en ceste glorieuse & saincte Cité, le cētre de l'vnité de l'Eglise cōme toutes les nations y abordent & y treuuent vne cōmune patrie, il semble qu'elles y portent tous leurs defauts, sans que cela altere en rien la dignité, la saincteté, & l'eminence du premier Siege; elle est comme la mer qui reçoit toute la douceur des fleuues sans perdre sa saueur: aussi c'est là qu'est la vraye pierre de sel, qui oste la corruption de la terre; selon la doctrine mesme de S. Paul, qui loüe les Romains de ce que leur foy est annōcee par toute la terre. Certes les mōstres s'engendrent en Lybie, parce que les abreuuoirs estans rares parmy les vastes arenes de ceste contree, les animaux de diuerses especes s'y rencōtrans y font d'horribles accointances; ainsi la multiplicité des nations qu arriuent en ceste nouuelle Hierusalem, alterent sans doute les mœurs de tant de gens qui la visitēt, parce que les hōmes animaux qui entrēt en ceste Arche, en laquelle seule on se sauue du deluge d'erreur, ne sont pas si mansuets, ny si doux que ceux qui se rāgerent par le commādement de Dieu dedans l'Arche du bon Noé: mais en fin l'Escriture ne veut point qu'on s'arreste à cela; car quand le sol de la vie de tous les Chrestiens seroit gasté, la lumiere de la foy ne sera pourtant iamais esteinte, d'autant que le S. Esprit sera tousiours auec l'Eglise iusques à la consommation du siecle; & les pates de l'enfer, qui sont les heresies, ne preuaudront iamais contre l'heritage de IESVS-CHRIST. Nostre Theophore trauersa tout cela, comme Alphee la mer de Sicile, sans cōtracter aucune deprauation en ses deportemens; au contraire cōme tout est bon aux bons, il y vid tant d'actiōs de pieté qui sembleroient extraordinaires au libertinage de nostre France, qu'il en fut touché iusques à tel poinct, d'y vouloir prendre l'habit Religieux en vn Ordre florissant en vne austerité fort exēplaire, si l'on peut appeller florissant ce qui est enuironné de tant d'espines; espines neātmoins dans lesquelles se cōserue le beau lys de la perfectiō. Ie le puis bien nommer sans faire paroistre aucun volage chágement en celuy dont ie parle, puisque s'estát mis en celuy-cy, qui est cóme le sommet de toute austerité, & où tous les autres Religieux se peuuent ranger, comme les lignes au centre, il n'a fait que ce que le desir d'estre au dernier periode de la regularité luy a suggeré. C'estoit en l'Ordre des Carmes Deschaussez, de la reformatió de la Biéheureuse Terese de Iesvs, cet esprit de fille dans lequel nostre Seigneur a operé tant de merueilles. Ces Religieux sont fort estimez par toute la Chrestienté, principalement à Rome, où ils ont des sujets éminens en saincteté & en doctrine. L'aduis de son Cardinal, auquel il communiqua ce dessein, luy fit remettre ceste partie à son retour en Fráce, luy disant que cela deuoit estre bien digeré, & que pour estre differé il ne seroit pas perdu. Il reuint donc auec luy en ce grád Paris, dont le tumulte l'effraya au retour de ceste vie tráquille que meinét les Romains: il m'a dit cent fois qu'il pésoit estre túbé d'vn ciel paisible dans vn abysme de tournoyemét, & qu'il croyoit estre arriué aux Catadoupes du Nil. Il n'vsoit plus du móde que cóme n'en ayant que faire, tout son soin estoit de faire succeder la lecture à la priere, & l'oraison à l'estude par vne chaisne sans fin. Les cópagnies ne le voyoiét plus, sa retraitte ordinaire estoit aux trous de la pierre, aux sacrez Monasteres, & il se cachoit dans la face de Dieu pour euiter le trouble des hõmes. Il frequétoit si souuent les Sacremens, qu'il fit métir le prouerbe qui tiẽt, que de Rome on ne reuient pas si bõ cõme l'on y va: Pour les cheuaux, ie le croy, car le grand chemin les gaste; mais pour les hõmes ie le nie, & ie le cõfesse neantmoins pour quelques hõmes, mais qui n'ont rien d'humain que le visage, au reste semblables aux mulets & aux asnes qui n'ont point d'entendement. Il r'appella sõ dessein de se ietter aux Carmes Deschaussez, & ie luy ay veu hâter si souuẽt, que desia ie le tenois pour Carme; mais faisãt sẽblant de mirer d'vn costé il visoit de l'autre. I'en ay quelquefois conferé auec luy, mais quoy que ie creusse qu'il vsast de quelque feinte, i'ay recogneu qu'il me parloit auec sinceri-té. La nudité de ces bons Religieux qui luy sembloit supportable en Italie, estõ a sa foiblesse naturelle quand il ressentit les pointes de nostre air, plus frais, plus gaillard, & plus fort. Ce grãd employ qui les porte par charité au seruice du prochain, estoit trop actif pour son humeur, plus retiree & contẽplatiue: Ce desir general qu'il auoit de se dõner à Dieu en l'estat Religieux, qui cõme vne belle robe va ornant l'Eglise de diuers attours, faisoit qu'esprouuãt tous les esprits pour choisir l'institut plus cóforme au sien, afin d'estre tout à faict dans les obscuritez, entre les morts du siecle, il esleut le sainct Ordre des Chartreux. Cepédant c'estoit celuy dont il parloit le moins, sçachant que le secret non plus que le vin ne veut pas estre esuenté; vne retraitte n'est que demie retraitte quand elle est tróperee; il se faut retirer à la sourdine, & en disant moins faire plus. Il estima dóc tous les autres Ordres, & il choisit cettuy-cy pour s'y enseuelir tout viuant: mais cóme il estoit iudicieux, il ne pratiquoit que trop ce mot de Cesar, qu'il se faut haster tout doucement, ce qui alloit lentement acheminant à l'execution la resolutió qu'il auoit prise. Or cóme la prudéce humaine est vne pure folie deuát Dieu, souuent quád il nous laisse en la main de nostre conseil nous tóbons en de grádes perplexitez, & nous nous embarrassons comme les araignees dans nos propres toiles, ou cóme les vers à soye dans les filets de nos cósiderations; le dilayement ayant cela de propre de s'accroistre cóme les fleuues par son cours, & de se dilater en tirant pays cóme les torrens qui treuuent le large: plus on pense à quelque entreprise serieuse, & plus on y veut penser; c'est vne source inespuisable que l'esprit humain, qui se remplit à mesure qu'elle se vuide. Il est vray que le retardement a quelquefois des cōmoditez, & que selon le prouerbe les secondes pensees sōt les meilleures & les plus clairuoyātes, parce que la precipitation est ordinairement aueugle & inconsiderée; mais cela, ce me semble, n'a lieu qu'és choses douteuses, car en celles qui sont manifestement bonnes, qu'est-il besoin de longue deliberation? il est bon de consulter, dit vn ancien, mais quand la consultation est faite il faut executer le plus promptement qu'il est possible, & dresser le fer en la forme que l'on desire, tandis que le feu le rend flexible & malleable; car comme l'eau boüillante est la pluftoft glacee durant la rigueur de l'hyuer, ainsi arriue-t'il assez souuent que les extremes ferueurs de deuotion se changent tout à coup en vne vie bien contraire.

Il faut prendre le temps quand il vient en la main.

Qui n'est prest auiourd'huy ne le sera demain.

La grace du sainct Esprit qui paroist fort notablement en la Vocation Religieuse est fort ennemie des retardations, ce traict est si delicat qu'il ne faut que le moindre obstacle pour en emousser la pointe; les petites difficultez à la fin paroissent tres-grandes: comme les habitans de la terre de promesse estoiēt reputez pour des Geans, par les timides espions enuoyez par Israel. Et ce n'est pas sans raison que le S. Esprit s'est manifesté en vent & en feu, pour monstrer par la viuacité de ces elemens, la promptitude de son passage & la difficulté de son retour. Souuent nous nous abusons en nous amusans dãs la vanité de nos pensees, principalement quand nous estimons que ce qui se fait assez bien se fait tousiours assez tost; le temps amenant à maturité les fruicts que la hastiueté rend moins suaues. Ceste maxime vraye & salutaire en quelques occasions ne l'est pas en toutes : car comme ceux qui partoient trop tost & deuant le signal donné aux jeux Olympiques estoiét arrestez, aussi ceux qui s'eslançoient trop tard n'estoient iamais couronnez, parce qu'ils n'arriuoient pas des premiers au but & au bout de la carriere. Tandis que nostre Theophore se dispose auec trop d'attention & de consideration, il se met en hazard de perdre le bien de son appel celeste: car de quelles fieres tentations ne fut-il assailly, lors que l'ennemy de nostre salut & de nostre repos s'apperceut de sa pieuse determination: il ne faut qu'vn brin d'origan pour arrester tout vn troupeau de cheures, il m'a confessé qu'en cest estat les moindres contradictions luy sembloient des obstacles qu'il ne s'osoit promettre de surmonter : de sorte qu'enueloppé dans le labyrinthe de ses imaginatiõs, il sortoit par où il pensoit entrer, & la peur de sortir qui tient dans le monde par vne secrette erreur du pere de mensonge tant d'esprits en suspens, l'empeschoit d'entrer au lieu du tabernacle admirable & en la maison de Dieu. Il estoit semblable à ces vaisseaux qui demeurent à l'ancre faute de vent qui les pousse du costé où tend leur nauigation. Mais en fin Dieu pitoyable qui luy auoit suggeré ceste saincte volonté, le pressa de l'accomplir par vne occasion inopinee qui arriua de la sorte.

6. Vn de ses alliez, qui paroistra sous le nom de Syluestre, & auec lequel outre les liens du parentage, il auoit contracté de longues habitudes, & vne tres-particuliere amitié, deuint malade : l'estroitte liaison de leurs esprits qui leur rendoit facile la communication de leurs pensees, & qui les appelloit à vne mutuelle assistance, conuia Theophore de rendre à cest amy & à ce parent les deuoirs que nous sommes obligez de tesmoigner en de semblables occurrences à ceux que nous cherissons. Ce ieune homme auoit esté

aucunement desbauché en sa plus verte adolescence, mais depuis, comme nous prenons volontiers la teinture de ceux que nous hantons, il estoit deuenu assez attrempé, par la conuersation de Theophore, lequel par le moyen de l'estude & des lettres qui adoucissét les plus reuesches courages, auoit amorcé cet esprit à la pratique de la Vertu, & l'auoit attiré à vne vie plus reiglee. Mais comme les recheutes spirituelles sont tousiours pires que les maladies precedentes, parce qu'on descend vn degré plus bas dans le vice que celuy où l'on estoit auparauant que de retomber, il auint que ce Syluestre durant le voyage que Theophore fit à Rome, perdant de veuë ceste luisante estoile qui luy seruoit de Nort, & quittant l'occupation de la lecture (qui est vn puissant diuertissement des plaisirs sensuels) s'embarqua sur la mer des voluptez, où tant d'ames font de tristes naufrages. Au retour de cest astre les brouillards furent chassez de cet esprit, & les tenebres qui offusquoiét la lumiere de ses yeux furent dissipees, si bien que quittant ses nouuelles erreurs pour reprendre ses anciennes & vertueuses erres, il estoit presque sur les termes d'embrasser le mesme dessein de la vie Religieuse que le commerce de Theophore luy inspiroit insensiblement, & neantmoins autant & plus puissamment que les persuasions de son discours, car il sçauoit mesnager ses propos auec tant de moderation, qu'encor qu'il luy fist voir clairement, & la vanité du monde & la felicité de ceux qui seruent aux Autels en sincerité de cœur, il n'oppressoit pas pourtant la liberté de son choix, ne dressant point de piege aux pieds de ses affections, sçachant qu'il suffit de proposer les conseils sans les chãger en preceptes. Or c'est la verité que Sylueftre qui estoit (car ie l'ay assez particulierement cogneu) d'humeur beaucoup plus viue & plus actiue que Theophore, n'auoit pas trop d'inclination à la vie solitaire & contemplatiue des Chartreux, resolu neantmoins de suiure Theophore en toute autre congregation Religieuse qui eust meslé l'action à la contemplation; aussi auoit-il au cõmencement ceste creãce, que les desseins de son amy le portoient vers l'habit des Carmes Deschaussez; mais quand en fin il eut appris de luy en secret que sa visee regardoit les Chartreux, quoy que sa frequentation ordinaire le portast vers le Carmel, Sylueftre ne pouuant digerer ny coucher sur soy ceste sorte de retraitte, commença peu à peu à se diuertir de la conuersation de Theophore, & sans jetter les yeux sur tant d'autres familles sacrees qui eussent peu luy tendre les bras & qui luy offroient vne vie conforme à sa saincte resolution, tournant la veuë en arriere il commença à renoüer auec le monde de nouuelles intelligences ; ce n'est pas que d'abord il se replongeast en des licences ouuertement blasmables ; mais comme des plaisirs licites la pente est facile aux illicites, il luy arriua selon ce mot des Pages sacrees, celuy qui mesprise les moindres choses tumbera peu à peu en de grands defauts. Le mariage, ce lien si honorable en toutes ses parties, seruit d'amorce specieuse pour diuertir sa veuë de dessus la beauté de la Continence, & r'appella ses pensees de la solitude des Cloistres dans les esbats des compagnies mondaines; vne fille belle & riche, & dont l'alliance luy ouuroit l'accez à vne dignité recommandable, luy donna tellement dás les yeux, qu'il en demeura tout esblouy, de sorte qu'il en perdit la cognoissance de soy-mesme. Il iuge l'entreprise de ceste recherche bien esleuee pour sa condition, mais que ne se promettent & que ne se persuadent les Amans.

Il avoüe pour veritable
Qu'il devoit bien moins desirer,
Mais son humeur est d'aspirer
Où l'effort est plus remarquable,
Les peines luy servent d'appas,
Un bien sans mal ne luy plaist pas.

Deust-il comme vn Icare se signaler par sa cheute, il est resolu de tenter cest essor, il est porté à cela par de vaines apparences qui flattent son esperance, & se faisant fort de l'appuy d'vn de ses parens, homme de credit auprés du Roy, il croit faire reussir ce dessein. Au pis aller il croit que ceste chorde manquant à son arc la retraitte du monde sera tousiours de saison pour enseuelir ses pretensions & ses vaines pensees. O enfans des hommes iusques à quand pesans de cœur chérirez-vous la vanité & chercherez-vous le mésonge. Pauure Ixion, faut-il que pour vne creuse nuee tu quittes la solidité d'vne determination toute celeste. Mais s'il est quelque excuse qui puisse sinon effacer ou amoindrir, du moins pallier vne telle faute, qui n'aura pitié de la ieunesse inexperimentee de cest adolescent vaincuë par trois puissances conioinctes, dont vne seule est capable de renuerser plusieurs grãds ceruaux. Qui est celuy qui sans vne manifeste assistance du Ciel ne se laissast emporter aux blandices d'vne volupté d'autant plus attrayante qu'elle paroist non seulement permise, mais honneste, mais conscientieuse; adioustez à cela la conuoitise des yeux & le desir de posseder de grands biens, qui nous mettent à l'abry des incommoditez qui trauersent le cours de nostre aage. Apres tout l'ambition qui est selon Platō, la derniere robe que l'homme despouille, & l'appetit de paroistre sur les rangs, & c'est ce qui dōna vne merueilleuse atteinte à ce ieune esprit. Le voyla donc emply des desseins de ceste poursuite dans le monde plus que iamais, & dans vne despense qui surpassoit autant ses facultez comme sa pretension estoit par de là sa fortune, estimāt que par l'acquisition de l'vne il releueroit assez le deschet de l'autre: ainsi quittons-nous le present pour aller apres l'aduenir, & c'est là le vray chemin du repentir & de la douleur. Le temps se passe de ceste façon, Syluestre diminuant beaucoup de ses moyens, & n'auançant pas beaucoup en la conqueste de sa toison d'or, trauersé de trois lances comme Absalon, demeure suspendu entre l'espoir d'auoir quelque chose & la crainte de perdre tout. Il se consume d'esprit & de biens, picqué

d'vne

d'vne Amour de laquelle il luy est d'autant plus difficile de se desgager, qu'elle luy semble plus legitime, pressé de la soif d'auoir, & plus encor de celle de paroistre en honneur, porté à cela par son grand courage. Theophore de son costé n'auance pas d'auantage en son entreprise deuotieuse, retenu par ie ne sçay quelle prudence de la chair que S. Paul nomme mortelle, & qui glisse comme la Torpille vn engourdissement imperceptible dans le cœur où elle s'introduit; Quand tout à coup vn subit fortunal fit prendre terre à l'vn & à l'autre, mais differemment, en les retirant de ces flotantes inquietudes. Vne grosse fiebure vint inopinément saisir Sylueftre, & pour dire tout, ce fut à l'issuë d'vn ballet où il s'estoit donné vn fort inutile tourment, pour s'insinuer aux bonnes graces de ceste fille qu'il recherchoit. Ainsi selon la doctrine du Sage, ceux qui sement le vent recueillent ordinairement des tourbillons. En moins de rien sa santé est desesperée par les Medecins. Theophore voyant lors qu'il estoit temps de parler ouuertement à Sylueftre, puisqu'il y alloit de son salut ou de son malheur eternel, luy ayant franchement annoncé cest arrest de mort, de la part de ceux que Dieu veut qu'on honore comme les arbitres de nostre vie, ce fut alors que ce ieune homme se voyant, par maniere de dire, mourir tout vif, commença à souspirer extraordinairement, & à pousser des gemissemens capables de faire naistre de la pitié parmy des rochers insensibles; & Theophore croyant que ce fust le regret de se voir precipiter dans le tombeau plustost à l'entree qu'au milieu de ses iours, & plustost en bouton qu'en fleur, luy representant diuerses raisons pour luy rendre moins sensible le retranchement de sa duree: Helas, mon frere, dit Sylueftre (car ils s'appelloient quelquesfois ainsi) le moindre de mes desplaisirs, c'est de voir ma vie fauchee en herbe; car ie sçay que ce passage est vn destroict qu'il faut passer tost ou tard: mais ce m'est vne douleur en la mort plus mortelle qu'aucune douleur, & plus douloureuse que la mort mesme, de penser aux inconstances de mes desirs, qui tantost celestes tantost terrestres m'ont rendu ores semblable aux Anges, ores compagnon des animaux qui n'ont point d'entendement: apres tant de flux & de reflux, tant de cheutes & de recheutes, & tant de cruelles suspensions, que me reste-t'il de mes iours si mal employez, que la tristesse & le repenrir! las ne puis-ie pas bien dire apres ce grand personnage:

Quand aux plaisirs mortels mon ame accoustumee,
Errant apres l'object qui l'alloit decevant,
Suivoit un vain nuage, une ombre, une fumee,
Et pour fruict desiré ne cueilloit que du vent.
Que d'estranges trauaux, que d'incroyables peines,
Sans iamais donner treue au mal qui l'offençoit,
Que d'espoirs incertains, que de douleurs certaines,
Dont l'vne finissant, l'autre recommençoit.
L'apparence d'vn bien tout soudain terminee
Luy faisoit chaque iour esprouuer cêt trespas,
Et si fort à sa peine elle estoit obstinee,
Que pouuant l'euiter elle ne vouloit pas.
De tant d'ennuis soufferts la longue experience
Rendoit de iour en iour son feu plus allumé,
Ce n'estoit que desir, qu'ardeur, qu'impatiêce.
Dôt plus i'allois bruslât, moins i'estois côsumé.

Ouy, mon cher Theophore, le feu des passions qui tourmente les ames mondaines, comme a esté la mienne, est pareil à celuy que Moyse vid sur la montagne, qui brusle dans les espines sans les reduire en cendre, au contraire comme s'il estoit semblable à celuy de la fournaise des trois enfans, il semble que les rosees & les rafraischissemens soient dedans ses flames. Helas qui donnera vne source intarissable de larmes à mes yeux, pour pouuoir par ceste finance qui est de mise & fort precieuse deuant la face de Dieu, quand elle prouient d'vn cœur contrit & abbatu, effacer mes ignorances passees & les erreurs de mon inconsidere ieunesse; pauure moy qui faisois des desseins pour vne longue duree; & qui voulois grauer mon nom en la terre, sans penser à l'incertitude de ceste vie, & ne croyant pas que la mort me deust si tost accueillir; cependant ie voy toutes mes esperances tranchees en leur naissance, & ma tombe voysine de mon berceau.

Que d'espines au monde accompagnent tes roses,
Que d'vne aueugle erreur tu ranges toutes choses
 A la mercy du sort:
O que dessous tes loix à bon droict on souspire,
Car peut-on esperer viuant sous ton Empire,
 Qu'vne fascheuse mort.
Au destroict où ie suis, cruelle destinee,

Que d'horribles objects, comme oyseaux de Finée,
Me viennent deuorer.
Ceste fiere douleur qui foule ma Constance,
Ay je quelque ennemy, s'il n'est sãs cõscience
Qui la vist sans pleurer.
La mer a moins de vents qui ses vagues irritent,
Que ie n'ay de pensers qui tous me sollicitent
D'vn funeste dessein.
Ie ne treuue la paix qu'à me faire la guerre,
La peur tirant l'enfer du centre de la terre,
Le met dedans mon sein.

Icy Theophore voulut luy remõstrer l'immensité ou plustost l'infinité de la Misericorde de Dieu, lequel estant, comme dit S. Iean, plus grand que nos cœurs, par sa bonté il en surpasse de bien loin la malice, pourueu que l'impenitence ne face point de digues cõtre l'inondation de la grace de Dieu. Ce seroit, repliqua Syluestre, douter de la clarté du Soleil, lors que les rayons plus ardans de son Midy battent sur nos testes, que de se deffier d'vne telle Misericorde: mais aussi d'autre part, il faut trembler sous la main puissante de sa Iustice, en laquelle le diuin Apostre dit qu'il fait horrible de tomber. Las! cõme comparoistray ie deuant ce Tribunal où se prononcent des arrests sans appel & irreuocables, chargé de tant de crimes. Mon frere, reprit Theophore, jettez les yeux sur tant de grands pecheurs, sur lesquels la diuine Bonté a fait reluire la grādeur de sa grace, la faisant abonder où le mal auoit regorgé. Il faut que ie vous confesse, repliqua Syluestre, que mes erreurs de commission, encor qu'elles passent en nombre les cheueux de ma teste, & que leur multitude me greue autant que feroit vn insupportable fardeau, ne me pressent pourtant pas le cœur à l'egal de celles d'omission; car quand ie repasse par ma memoire la suauité des inspirations que i'ay negligees, & auec combien de malice i'ay rejetté tant de bonté, vne telle confusion me couure le visage que ie n'ose presque leuer mes yeux vers les montagnes celestes pour implorer vn secours que i'ay tant de fois mesprisé. Là dessus Theophore l'exhortant à regarder deuāt soy plustost qu'en arriere, & à rejetter ces souuenances, qui comme des oyseaux importuns ne faisoient que troubler le sacrifice qu'il deuoit faire de son cœur au Pere celeste. Mon amy, reprit Syluestre, c'est aux bonnes operations passees qu'il ne faut pas regarder, de peur que cela n'engēdre vn secret orgueil & vne vaine cōfiance; mais c'est vne chose salutaire que de repenser aux fautes cōmises pour essayer de les abolir par vne amertume volontaire prouenante de ceste souuenance. En l'estat où ie suis qu'il me soit permis de prédre la place que vous auez tāt de fois tenuë auprés de mon ame, en pressant saintement la vostre de ne differer pas d'auantage vostre Religieux dessein; puisqu'il est encor debout en vostre cœur, gardez de le laisser ny cheoir ny descheoir; ne remettez point ceste bonne œuure de iour à autre, de peur qu'vne mort inopinee ne vous saisisse cōme moy, & que vous ne descédiez au sepulchre auec les regrets qui m'accompagnent. O fausses vanitez! ô trōpeuses esperāces! ô mōde abuseur, tu m'as donc ainsi pipé & seduit pour me faire courir apres les cōuoitises du sang, des biés, & de l'hōneur; & tādis que ie regardois ces astres infortunez cause de mes desastres, ie me voy couché dās la tōbe. Allez mortels, & appuyez vous sur le bastō de roseau de la ieunesse, & fōdez là dessus de grāds projects, Dieu est là haut qui sçait d'vn clin d'œil reuerser toutes les propositiōs que vº pouuez faire. En suitte de ces eslancemens que de sainctes, que de feruētes protestatiōs fit ce pauure mourāt de se cōsacrer prōptemēt au joug Religieux, si Dieu le r'appelloit en vie. Propos que nous deuōs pieusement

O iiij

croire auoir esté agreables à celuy qui ne mesure pas tant nos seruices selon leurs effects, que selon les affections. Ie n'ay pas desseigné de vous raconter les particularitez de ce decez, pour ne faire le principal de ce qui n'est qu'accessoire en ceste narration, il me suffit de dire que rien ne manqua à ceste ame des secours & des dispositions necessaires à vn vray Chrestien pour bien mourir ; ie diray seulement qu'il auoit ordinairement ces paroles en la bouche : Mon Dieu, pardonnez-moy la negligence que i'ay apportee à l'execution de vos inspirations. O que ie me repens d'auoir contristé le sainct Esprit. O que i'eusse esté consolé de mourir dans vn habit Religieux. Tous ces traicts enfoncerent de si viues pointes dans le cœur de Theophore, qu'apres auoir fermé les yeux au deplorable Syluestre, il ne dormit iamais de bon sommeil, ny ne donna aucun repos à ses paupieres, iusques à ce qu'il eust treuué le lieu où le Ciel l'appelloit, & le Tabernacle du Dieu de Iacob. Ce qui fut cause que par vne salutaire precipitation, il pratiqua rigoureusement ce mot de l'Euangile, qui dit, que pour fuir l'abomination de desolation qui est dedans le siecle, il faut auoir recours aux montagnes & aux deserts auec tant de haste, que celuy qui sort par le toict ne doit pas descendre en sa maison pour en emporter aucune chose, & celuy qui est au bout d'vn champ ne doit pas retourner en arriere pour reprendre son manteau. Renonçant donc, non seulement au monde, & à toutes ses pompes, mais bouschant les oreilles aux murmures qu'il pourroit faire sur sa retraitte, & à tant d'autres inutiles considerations que luy suggeroit la prudence du monde, dans l'exemple de Syluestre, l'image du peril où il estoit luy estoit si presente qu'il pensoit à tout propos que la Mort le tinst au collet, & qu'il estoit deuant le Tribunal du iuste Iuge, qui luy feroit rendre vn compte seuere de ses inspirations negligees, puis qu'vne parole oysiue n'eschappera point sa cognoissance. Il se resoult donc de se desrober à la veuë des siens, & de se ietter dans vne Chartreuse; l'affreux desert de la grande qu'il auoit veuë à son retour d'Italie luy sembloit vn peu bien rigoureux, & bien froid pour vne complexion Parisienne, assez bien temperee, mais tendre & delicate; cet air luy sembla trop rude & trop fort, non que selon l'esprit il n'y fust puissamment attiré à cause de la vaste solitude & du profond oubly du monde qu'il y auoit rencontré. De se ietter en celle de Paris, il n'en eut iamais la pensee; car les visites trop frequentes des siens luy eussent osté le nom de Moyne, c'est à dire de solitaire, & n'eussent faict qu'alterer le repos qu'il cherchoit en Dieu seul : vn Religieux de la Chartreuse de Paris, auec lequel il auoit contracté vne amitié particuliere, luy suggera celle de Bonne-fontaine, luy representant ceste solitude comme fort specieuse, & fort conforme à son humeur; ce qui le fit viser en ce lieu là, où il pratiqua sa place sans faire beaucoup de bruict, par l'entremise de Dom Chrysogone, lequel cognoissant sa race & ses bonnes qualitez, & par le tesmoignage des Peres de Paris, n'eut pas plustost proposé son nom à Dom Prieur, & à la Communauté, qu'il fut aggreé de tous. Il n'estoit question que de se deffaire de ses freres qui le veilloient, & de sa mere qui le faisoit surueiller, par quelque artifice : Il feint vn voyage en Beausse, comme desireux de visiter le Temple sacré de nostre Dame des Carnutes, & de voir par mesme moyen le Pontife de ce lieu, qui le touchoit de consanguinité. Il a mesme vn frere en la compagnie des Druydes Chrestiens de ce College Cathedral; tout cela sont autant de couleurs qui leuent toute sorte de soupçon de sa retraite : mais à peine est il hors de la veuë de ce grand Paris, & laissé par vn de ses freres, qui sous ombre de l'accompagner vouloit sonder son intention, que tournant les espaules au territoire de Chartres, il vint fondre en ceste Maison, où estant attendu en bonne deuotion il fut receu sans beaucoup de delay : car son esprit desia recogneu & esprouué fit que l'on passa sur plusieurs formalitez, qui eussent esté obseruees en vne personne incogneuë ; aussi bien son aage qui le tiroit de minorité, & ce qu'il n'auoit plus de pere estoit à ceste Communauté l'apprehension de retomber dans les mesmes accessoires qui les auoient agitez à la reception de Dom Chrysogone : Cecy, mes Peres, ie le dy, parce que ie l'ay appris de vostre propre bouche, de laquelle il ne sort rien que de vray. Icy Dom Prieur appreuuant ceste verité : Ce n'est pas, dict-il, que nous n'eussions esté bien ayses qu'il fust venu auec la benediction de sa mere ; mais il nous representa tant de difficultez qu'il eust euës à surmonter auant que de l'obtenir, que nous iugions cela presque impossible ; c'est pourquoy nous procedasmes à sa vesture sans beaucoup de remise, pour adoucir par ceste grace l'impetuosité de ses desirs, qui certes estoit extreme. Et voyez, reprit Alexis, comme l'émotion de l'Esprit de Dieu est vehemente, puisque dés ceste entree celuy qui alloit à pas de plomb en toutes ses actions dans le siecle, court auec tant de vistesse quand il est question d'en sortir. Et ne sçauez vous pas, dict icy Dom Prieur, qu'vne masse de plomb qui est si froide estât eschauffee se fond tout à coup? Ceste courte & gentille parole n'interrompit pas autrement le fil de la narration d'Alexis, qui continua de la sorte : Et ie croy, mon Pere, que ceste saincte ardeur luy a duré iusques à present; car ie le treuue si ouuert & si gay, au prix de ce que ie l'ay veu dans le monde, où il estoit sombre, melancholique & triste, qu'il est aysé à voir que le doigt de Dieu est en ceste Vocation. Desia la Lune estoit au commécement de la troisiesme course, tádis que l'on pensoit Theophore estre parmy les Druydes des Carnutes; mais nouuelles estans venuës de là qu'il n'y estoit point, & que seulemét il n'y auoit pas esté, qui fut troublee ce fut sa mere, laquelle comme ayant perdu en ce fils l'esperance de son troupeau, se plaignoit desmesurément de sa retraitte, & plus encor de la façõ dont il s'estoit seruy pour eschapper de la cognoissance des siens. Elle pleuroit comme la bonne Sara mere du ieune Tobie, auec des larmes irremediables, car elle perdoit en luy la lumiere de ses yeux, & le baston de sa vieillesse. Ce n'est pas que ceste Dame ne fust vn exemplaire de vertu & vn miroir de pieté, mais en ces premiers assauts ce n'est pas la constance qui parle, (car elle est surprise) mais la douleur, & la douleur d'vne femme, & d'vne femme mere. Ie ne veux pas mettre en ligne de compte des regrets que les vents ont emportez, & que le temps & la prudence ont effacez de la memoire de celle mesme qui les proferoit. Le comble de son desplaisir est, non seulemét d'auoir perdu son fils, mais encor de ne sçauoir où il est; on le tient aux Carmes Deschaussez à Lyon, ou, ce qui estoit plus probable, en Italie, où l'on sçauoit qu'il auoit conceu ceste volonté. L'on va aux Carmes, qui nient sa reception parmy eux; mais ceste negatiue, quoy que veritable, estoit vne forte persuasion du contraire à ceux que leur inclination disposoit à ceste creance. Mille voyes destournent du blanc, vne seule y arriue; l'on se figure toutes sortes de lieux, excepté celuy où il est; là il se treuue tapy dans la cachette du visage de Dieu, & à l'abry du trouble des hommes. En fin

Dom Procureur venant à Paris, ayant sceu la tempeste & l'orage qui estoit en ceste famille à cause de ce Ionas, ayant charge de descouurir sa retraitte, mais auec prudence, ayant parlé à vn des freres de Theophore, luy descouurit qu'il estoit caché, non comme Dauid dans la cauerne d'Odollam, mais dans la Chartreuse de Bône-fontaine, laissant à sa conduitte d'en aduertir sa mere en la sorte qu'il iugeroit la plus à propos, apportât le cataplasme de ceste playe, qui cõsistoit en vne lettre que i'ay veuë à Paris, & de laquelle i'ay tiré depuis que ie suis icy vne copie que voicy des mains de Theophore. Bien qu'elle ait esté communiquee à Dom Prieur, selon la coustume de toute Communauté bien reiglee, ie croy neantmoins qu'en faueur de Menãdre & de Florimond, le recit ne luy en sera ny ennuyeux, ny desagreable. Ie l'entendray tres-volontiers, dict Dom Prieur, puis qu'elle a esté faicte par mon aduis, & par ma permission, pour cõsoler l'esprit de ceste bonne Dame, que nous auions appris estre extremement affligee, & pour tesmoigner que l'esprit de Religion n'oste pas, comme pensent iniustement quelques vns, les iustes deuoirs que les enfans bien nais doiuent à leurs parens. Ceste lettre estoit de Theophore à sa mere: Alexis la leut, & elle disoit ainsi.

IE ne doute point, ma tres-chere mere, que vous souuenant des denoirs & des honneurs que ie vous ay tousiours rendus, vous ne treuuiez fort estrange ma retraitte, & encor plus estrange la façon de me retirer; car c'est la verité que s'il y a quelque chose de criminel en vne action qui regarde le seruice de Dieu, i'ay plustost peché en la forme qu'en la matiere, en l'effect qu'en la cause. Toutesfois quand ie pense à l'effort de ce Dieu, qui en nous attirant nous presse de courir en l'odeur de ses parfums, sans regarder en arriere; il me semble que toute la raison humaine doit caler la voyle sous la Toutepuissance de ceste attraction; car en ces operations toute la raison de l'œuure c'est la grandeur de l'ouurier: Abraham, Samuel, Moyse, Elisee, les Apostres ont esté ainsi promptement, & s'il se peut dire, ainsi brusquement attirez; iusques là que le Sauueur a commandé à celuy qui retardoit de le suiure, pour vne action dont l'omission luy sembloit non tant vne inhumanité qu'vne impieté, qu'il laissast les morts enseuelir les morts; tant il veut estre & suiuy & seruy auec diligence. Et certes ce n'est pas sans raison; car si nous considerons le chant pipeur de tant de syrenes qui ne demandent qu'à retarder nostre nauiga-

tion vers le Port de salut de la saincte Religiõ,& le grãd nõbre d'escueils qui se presente à ce voyage, qui ne dira que c'est vne extreme prudence, non vne incõsideration aueuglee, de rompre comme que ce soit auec le monde, qui comme le singe ses petits, ne nous veut embrasser que pour nous estouffer. Bien-heureux qui se despestre de ses rets & de ses filets à l'Apostolique, sans autre cõsultation que de suiure la voix du Ciel : quand sainct Paul l'eut entenduë il n'acquiesça plus à la chair, ny au sang, & quoy que ses proches l'accusassent de folie, il ne laissoit d'aller son grand train au seruice de nostre Seigneur, estimant plus d'estre tenu comme insensé pour son amour, que d'estre reputé le plus sage Philosophe de la terre. Ie n'auance pas tout cecy, ma tres-chere Mere, pour r'aualer l'honneur que le ciel, & la terre, & l'esprit & le sang me commandent de vous rendre, ny pour secoüer le ioug de la tres-humble seruitude que ie vous veux rendre tout le reste de ma vie ; mais c'est pour vous remonstrer en toute humilité qu'en ce que i'ay faict ie n'ay rien operé de nouueau, ne battant en ceste fuitte, ou eschappee (appellez-la comme vous voudrez) qu'vn chemin frayé par tant de Saincts ; que de faillir à leur exemple, c'est vne faute plustost digne de loüange que de blasme, & plus digne de recompense que de correction. Nostre Seigneur mesme Prototype de toute perfection , en se sou-
strayant

strayant de sa saincte Mere à l'aage de douze ans, & de son pere nourricier sainct Ioseph, pour se refugier au Temple, ne m'apprend-il pas qu'en un temps de pleine & parfaicte majorité ie puis bien pratiquer ce que les loix ne defendent qu'à ceux qui sont en l'aage voysin de l'enfance, puis qu'estant maistre de mes biens, ie le puis bien estre de ma volonté ? Aussi ne pense-je pas que vostre pieté puisse treuuer mauuaise la resolution que i'ay prise de viure & de mourir dans ce sainct Ordre des Chartreux; ayant choisy pour mon nid, ainsi qu'vn passereau solitaire, ceste Chartreuse de Bonne-fontaine; car ie vous ay entendu loüer tant de fois ceux qui se retirent du monde pour se consacrer au seruice de Dieu dedans les Cloistres, que ie ne puis croire que le foible interest de la priuation de ma presence vous puisse faire changer de langage, au preiudice de ce que vous deuez à la foy & à la creance dont vous faictes profession. Ie ne vous laisse pas seule, mais assistee de plusieurs de mes freres, lesquels comme plus vertueux que moy, pourront vous soulager en toutes vos affaires, & suppléer par leur secours aux defauts de ma negligence : vous sçauez comme i'estois mal propre au tracas des negociations seculieres, & que i'y reüssissois si mal, que ce vous sera de l'aduantage de les remettre, sinon en vne plus

P

fidele, du moins en vne plus soigneuse main. Que si Dieu me faict ceste misericorde de me rendre auec le temps digne de le prier, i'espere que mes prieres aydées de celles de mes autres Confreres, qui seruent aux Autels en ce sainct lieu Angeliquement, auront le credit enuers sa diuine Bonté, de vous apporter beaucoup de support & de consolation. Croyez le ainsi, ma tresdouce mere, & que ie seray vne lampe incessamment ardante deuant le Throsne du Pere celeste pour vous impetrer toutes sortes de faueurs. Iamais celles que i'ay receuës de vostre amiable & vrayment maternelle main, ne sortiront de ma memoire, non pas mesme quand mon ame sortira de mon corps. Quoy? & si ie fusse mort durant mõ voyage de Rome, n'eust-t'il pas fallu emprunter dans la necissité d'endurer les coups de cette vniuerselle meurtriere, de la Constance pour endurer cette perpetuelle separation? & pourquoy ne souffrira-t'on pas ma mort ciuile pour Dieu, s'il eust fallu bon gré malgré endurer la mienne naturelle? Mais aussi n'est-ce point trop de presumption à ce chetif Religieux de s'estimer digne des regrets d'vne ame si iudicieuse cōme la vostre? Toutefois quand ie vous considere comme mere ie perds en la consideration de vostre Amour le souuenir de mon indignité. Car pour miserable que soit vn enfant il est tousiours plein d'excellence dans le cœur de ceux qui l'ont mis au monde. I'espere neantmoins tant de vostre courage, soustenu d'vne vraye deuotion, que ma perte qui vous semblera grande, quoy que d'vne personne de neant, vous sera plus supportable qu'au grand Prestre Hely celle de ses enfans, & que si son corps en fut abbatu, vostre esprit n'en sera ny renuersé ny esbranlé. A la verité si i'eusse preiugé des possibilitez à obtenir de vous vostre saincte benediction, ie ne me fusse iamais retiré de vostre maison sans la prendre, mais la crainte de vous esmouuoir ou à tendresse, ou (comme il arriue souuent aux plus doux esprits animez par vn puissant desplaisir) à la cholere, & de receuoir vne malediction au lieu de benediction, m'a leué le cœur de tenter ceste entreprise : n'esperant plus rien dans le siecle ie commençois à y redoubter toutes choses, vos douceurs mesmes m'estoient suspectes, & ie craignois que meslant leurs secrettes intelligences auec vne fausse pitié, elles ne me fissent regarder en arriere, & ainsi deuenir vne statue immobile à la retraitte, & indigne selon la saincte parole du Royaume de Dieu. Il ne faut qu'vne petite Remore pour arrester vn grand vaisseau cinglant à pleines voiles aux Isles fortunees. C'est pourquoy pour une inutile ceremonie ie n'ay point voulu me mettre au hazard de perdre une solide & veritable Vocation, telle qu'est la mienne, à laquelle quiconque s'opposera ne manquera pas de resister à l'ordonnance de Dieu, & d'attrister le sainct Esprit. Maintenant que ie reuiens par cet escrit me ietter à vos pieds, ma tres-chere Mere, resolu de ne vous laisser point sans attirer sur moy vostre desiree benediction; il me semble que vous ne pouuez bonnement me la refuser, principalement puisque ie suis couuert d'un habit tout sainct, & tout parfumé de graces celestes, & beaucoup plus considerable que celuy sous lequel Iacob remporta si heureusement celle d'Esau. Ie la vous demande par les entrailles de la misericorde de ce Dieu auquel consiste toute nostre esperance: Si c'est une faute que ce que i'ay faict pour son Amour, ceste Amour peut iustifier ceste faute, puisque la charité cache tous les defauts; & pour ceste mesme Amour vous ne pouuez ny ne deuez m'en dénier le pardon. Ainsi le Ciel prospere vos intentions, auance vostre famille, & nous face la grace à tous de nous reuoir dãs le Ciel en ce iour eternel qui n'aura point de nuict, en ceste gloire immortelle, où visent tous les desseins des ames qui ont le soin qu'elles doiuent auoir de leur salut.

Apres la lecture de ceste lettre, Serafic qui auoit en semblable occasion escrit autrefois de pareil air à ses parens, pleurant par la compassion qu'il auoit de soy-mesme: Helas, dict-il, i'ay bien eu quelquefois le courage d'escrire de telles resolutions, mais ie n'ay pas eu la force de les amener à leur perfection. Dom Prieur pour le consoler luy dict, que comme il y auoit diuerses demeures dans l'Eglise Triomphante au Ciel, aussi y auoit-il en la Militante en terre, & que tous les chemins de la vie, pourueu qu'ils fussent conformes à la loy de Dieu, aboutissoient dans l'Eternité. Il est vray, repliqua Serafic, mais il y a des dressieres bien plus courtes & plus asseurees que les voyes ordinaires. Tout homme, dict Dom Prieur, qui est ferme en sa sentinelle, fidele en sa vocation, peut aspirer à la vie parfaicte; la Religion nous met bien en l'estat des parfaicts, mais non pas tousiours en la perfection; les routes de Dieu sont inuestigables, heureux celuy qui se iette entre ses bras, & qui met en luy son esperance; vous ne sçauez ce qu'il vous reserue, sans doute si vous estes homme de bonne volonté il vous donnera dés ceste Terre des mourans la paix qu'il a promise par la voix des Anges. Ie la desire fort, dict Serafic, & qui plus est ie la veux esperer, puisque vous ne la prophetisez: mais il faudra donc que ce soit vn calme d'Alcyon qui faict son nid sur les ondes. Menandre qui escoutoit tout, apres auoir loué grandement cette lettre comme capable d'amollir le cœur le plus obstiné en son desplaisir: Mais quel en fut l'effect, dict-il à Alexis? Si heureux, respondit il, que

L'eau chaude ne reconforte
Les membres las de la sorte,
Comme ce pieux escrit
Adoucissant cette mere
Appaisa dans son esprit
Le despit de la cholere.

Elle leut & releut ces lignes, où la pieté de son fils la faisoit rendre à la pitié, & comme changee en vn instant de ce qu'elle estoit auparauāt que les auoir consideree, elle redonna à ses yeux la clairté, à son ame la paix, le repos à son esprit, & la tranquillité à sa poitrine, par vne trefue de souspirs. Elle benit Dieu inspirateur de son fils, elle benit son fils fidele executeur des inspirations de Dieu. Le frere de Theophore voyant en elle vn tel changement, & y rencontrant tout le contraire de ce qu'il pensoit, ne peut faire autre chose qu'admirer la main de

Dieu qui tourne nos cœurs comme bon luy semble. Il en auertit Dom Chrysogone, qui vient visiter cette mere, & au lieu de la consoler, il la congratule du bonheur arriué à son fils d'estre couché sur l'estat & sur les gages du Roy des Rois fondez sur le vœu de la saincte Pauureté. Depuis ce temps là, cette mere n'a eu que consolation en son cœur, que prosperité en ses affaires, que bon succez en sa maison, attribuant toutes ces felicitez aux prieres de son Chartreux. Lequel resiouy outre mesure de ce que Dom Procureur luy rapporta cette benediction que son ame desiroit & attendoit auec vne suspension merueilleuse, benediction confirmée par des lettres fort gratieuses & pleines de consolation, c'estoit auec vne saincte impatience qu'il aspiroit au iour heureux, qui le rendant Profez le tireroit de la captiuité de l'Egypte du monde, pour le loger dãs ce sacré desert, iusques à ce que le Iourdain de la mort & du Iugement estant passé, il peust estre introduit par le vray Iosué, nostre Seigneur IESVS, dans la terre des viuans, coulant le laict & le miel de l'immortelle Gloire. Cette profession se fit au contentement de toute la Congregation au milieu

P iiij

de l'assemblee de tant de Saincts; quelques vns de ses freres y assisterent, qui en furent extremement edifiez, & qui en firent le rapport à ceste genereuse mere, laquelle ayant emprunté de Dieu vn courage viril, le consacroit franchement à l'Eternel, comme si elle eust esté vne autre Iephthé. Depuis cela le temps de promouuoir aux Ordres sacrez Dom Theophore, estant arriué, il fut à Paris recevoir ce sainct caractere, où visité de ses parens il eut permission de les aller voir, & aussi d'entretenir assez souuent sa bonne & chere mere, dont il essuya les larmes, la comblant de toute spirituelle consolation; il la reuoit souuent par ses lettres, (inuention qui rend les absens presens) lettres qui satisfont tellement ceste bonne femme, qu'elle en faict son plus riche thresor, & elle m'en a quelquefois monstré de dignes d'estre soigneusement conseruees, car elles ioignent à vne solide science vne profonde pieté : & ie dis cecy auec d'autant plus de liberté que ie suis escarté de sa presence, & plus en consideration de la verité qui m'y oblige, que pour l'affection de nostre alliance; car ie ne suis pas homme qui bastisse la Syon du merite sur la chair & le sang. Voyla ce que ie sçauois de la retraitte de Theophore : mais pour la clorre par où i'en ay commencé le recit, tout ce que i'admire en ce bon Religieux, c'est le changement de sa façon de proceder enuers le prochain; car ie le treuue incomparablement plus doux & plus traictable qu'il n'estoit dans le monde; de sorte que le desert qui semble rendre les hommes plus sauuages l'a fait plus condescendāt dans la professiō de son siléce; vous diriez qu'il a repris la parole, & dans la melancholie compagne ordinaire de la solitude, qu'il a treuué la ioyeuseté cōme vne trace d'eau douce dans l'amertume de la Mer. Aussi, dit Chrysogone, a-t'il voüé la conuersion de ses mœurs, ie ne parle pas, reprit Alexis, de sa conuersion, mais de sa conuersation; car ie l'ay tousiours cogneu si vertueux, que s'il s'est conuerty, ce n'est pas de mal en bien, mais de bien en mieux; que si vous l'auiez veu comme moy dans ses resueries passees, comme vous le considererez dans ses ioyes presentes, vous auriez vne iuste occasion d'estonnement. C'est que lors, dit Dom Prieur, il n'auoit pas son conte, & ce poinct d'estre Religieux manquoit à sa felicité, maintenant qu'il est en son vray centre, il a rencontré la vraye ioye qui ne peut estre que dans la tranquillité de l'esprit. Or il y a gousté le repos & il l'a treuué bon, & le fruict qui s'y recueille delicieux au palais de son cœur, il se plaist en ce Thabor mystique, où il a fiché son tabernacle, iusques à ce qu'il passe en l'admirable maison de Dieu. Certes, mon Pere, dit Alexis, il peut bien dire qu'il va dés ceste vie moyssonnant en allegresse ce qu'il a semé autresfois en tristesse & en pleurs : ô que bien heureux sont ceux qui gemissent ainsi apres les estédards de la Penitence, car ils seront consolez; aussi ne peut-on douter que la fin d'vn dessein si salutaire ne soit, comme dit le diuin Apostre, vne ioye & vne paix au sainct Esprit, mais paix de Dieu qui passe tout sentiment & toute intelligence. Mais d'où vient que d'vne cause presque semblable & d'vne pareille entreprise naist vn effect si different en Dom Basile, qui de si gay & de si resueillé qu'il estoit dans le siecle est deuenu si morne, & si ie l'ose dire si reuesche & si farouche dans le cloistre parmy tant de pratiques de suauité & de douceur? sçauez-vous point d'où luy vient ceste estrange metamorphose? Là dessus Dom Prieur, Il faut que ie vous auoüe qu'vne humeur retiree est tres-bonne pour vn Chartreux, mais elle est tres-incommode pour vne communauté, en laquelle pour estre & vtile & agreable, il faut auoir la mesme souplesse & la mesme condescendance qu'ont les membres pour le seruice du corps. Et puisque la Religion meine à la vie Apostolique, il faut que ceux qui sont appellez soient comme le sel qui se mesle suauement, donnant vn certain goust & vne certaine poincte qui preserue de la corruption; ainsi est-il bon de laisser quelque goust de soy, & selon l'aduis de l'Apostre, vne bonne odeur en IESVS-CHRIST en l'esprit de ceux qu'on frequéte: c'est pourquoy le mesme Docteur des Nations exhorte si souuent les fideles d'auoir esgard de rendre leur conuersation bonne, douce & gracieuse, afin d'attirer par ceste voye les mescreans à la cognoissance de la verité. Or ie ne dy pas cecy pour couurir d'vn grand blasme les façons de faire si retirees & si abstraittes de Dõ Basile, car ie le tiés pour bõ & ferme religieux, pour vn vray pilier de Cloistre, & pour vn rigide obseruateur de nostre Regle: mais s'il auoit vn peu dãs le fer de sa constance de la trépe douce de Dom Theophore, il me semble que cet acier le rẽdroit plus ployable & plus maniable; ie luy en ay souuent dict ce qui m'en semble: mais il a fait nature de ceste humeur, & vous sçauez que la nature reuient tousiours, comme dit cest ancien, quoy que pourchassee à coups de fourche; si c'est la volonté du Ciel, ie consens qu'il demeure ainsi, ceste sorte de procedure a non seulement ses excuses, mais ses vtilitez; les plus sauuages Moynes ne sont pas les pires, la condescendance en la frequentation est vne large porte à la relaxation; le feu caché sous la cendre conserue longuement sa chaleur, descouuert il s'euapore & est de peu de duree: ceux-là sont bien auisez qui cachent leur vie en Iesvs-Christ, en Dieu, il n'y a que le grain caché sous la terre qui profite: seulement il ne faut que craindre l'extremité, car elle panche tousiours vers le vice. Ce n'est pas que nous ne treuuions dans les vies des Peres des deserts d'Orient escrits par S. Hierosme, dans l'histoire appellee Lausiaque, & dans les conferences de Cassian, de bien plus farouches humeurs que celle de nostre Basile en des Religieux renommez de grande Sainteté; mais en fin la mediocrité que cet ancien appelle dorée, c'est à dire accomplie, est requise en tout & par deſſus tout. Mon Pere, dit Alexis, ne nous ſçauriez vous point apprendre la cauſe d'vn tel changement en ce bon Religieux: Dieu ſeul qui l'a fait s'en eſt reſerué la ſcience, reprit Dom Prieur; pour moy ce ſont lettres cloſes, tout ce que i'en puis dire eſt que cet homme eſt fort' retiré: la ſolitude a aſſez d'autres incommoditez, comme diſoit Caton de la vieilleſſe, ſans la ſurcharger de chagrin & de Myſanthropie; il en eſt de ces humeurs abſtraittes & impenetrables comme des abeilles, leſquelles miſes dans vne ruche de verre l'encrouſtent incontinent & l'enduiſent de cire par le dedans, de peur qu'on ne penetre dans la cognoiſſance de leur meſnagerie : il y a des ames ſerrees qui tiennent leur ſecret à elles, qui le cachent comme les cerfs leur bois, & qui de peur de perdre le miel & la douceur de leur deuotion, l'enferment dans les cellules non ſeulement du cloiſtre, mais de leurs poitrines; elles ſe cacheroient à elles meſmes, ſi elles pouuoient, ſçachant qu'Ezechias pour auoir vanté & euenté ſes threſors les perdit : le vin ſe pert par l'euent, & la pieté par la vanité, c'eſt vn baume qui ſe conſerue dans vn vaiſſeau bien clos : la bouche qui parle trop perd la suauité du parfum de l'interieur. A ces mots Alexis estima que le Pere Prieur gauchissoit au coup de son enqueste, pour n'estre obligé de respondre de l'humeur d'vne personne dont il gouuernoit la conscience, c'est pourquoy se retournant deuers Serafic, C'est à vous, dit-il, mon cousin, de nous dire ce que vous sçauez de l'exterieur de ce personnage, lors qu'il estoit plus visible & plus ouuert dedans le monde, car Dom Prieur ne le cognoist que depuis qu'il s'est rendu mescognoissable, & peut-estre qu'il sera bien ayse de sçauoir quelle medaille il possede par son reuers: car iamais le cheual renuersé du peintre ne representa mieux vn cheual courant, que Basile mondain fera voir l'extreme difference de Basile Religieux; car bien que ce soit vn mesme homme, quant à la substance, il est tellement changé quant aux accidens, que si les traicts du visage changeoient aussi aysément que ceux de l'esprit, on le pourroit dire vne autre personne, & comme d'Hector:

Combien est-il changé de ce qu'il souloit estre,
Quand braue aux yeux des Grecs il se faisoit parestre.

Si ie pouuois, dict Serafic, auec autant de grace & de facilité faire entendre à la compagnie le changement extraordinaire que Dieu a operé en Dom Basile, comme vous nous auez sceu depeindre la vocation de Theophore, ie receurois volõtiers ce boucquet de vostre main, mon cher Alexis; mais si vous pouuiez m'en donner la puissance aussi bien que la commission, ie tiendrois vostre semonce à beaucoup de faueur. Ces trois paroles, dit Menandre, que vous venez d'auancer ne vous descouurent que trop suffisant pour cela: mais vostre pudeur ingenuë ressemble à celle de ces filles bien nées qui pour iuste, gentille & legitime que soit leur flamme, ne se rendent iamais à la recherche d'vn sainct mariage, que par quelque espece de commãdement & d'auctorité superieure. Ie croy toutesfois que la reuerence de Dom Prieur iointe à nos cõmunes prieres & à l'amitié d'Alexis vous presseront doucement, & neantmoins fortement, & comme ie pése efficacement, de nous faire sçauoir ceste fameuse mutation, & de vous faire cognoistre par la parole tel que vous estes, en nous dõnant la cognoissance des graces que Dieu fait à autruy: vostre capacité ne nous est pas incognuë; vostre voix s'est quelquesfois fait entendre en ce celebre Barreau du Parlement de Paris: que si la Cour en corps n'a point esmeu vostre hardiesse, ie pense qu'vn chetif & indigne membre de ceste graue Compagnie n'aura pas grand ascendant sur vostre courage, pour arrester vostre discours: si donc lors vous auez esté soigneusement escouté, traittant des affaires du monde, vous ne le serez pas icy moins serieusement ny moins auidement, parlant de celles de Dieu.

FIN DV TROISIESME LIVRE

ALEXIS

ALEXIS.
PARTIE SECONDE.
LIVRE QVATRIESME.

SOMMAIRE.

1. *Histoire de Basile.* 2. *celle de Polixene, d'Antere, & de Calixtin.* 3. *Amitié de Lindamee & de Polixene.*

CE discours & à ceste gratieuse semonce, à laquelle enclinoit toute l'assistance, Serafic recognut bien que ce seroit en vain opposer des excuses, lesquelles ne paroistroient pas seulement inutiles, mais inciuiles, & peut-estre afferees, nulle chose estant plus cherement achetee que celle qui se rend ou plustost qui se vend à beaucoup de supplications: c'est pourquoy se soumettant auec humilité à la loy qui luy estoit prescritte, comme enfant d'obeyssance, il commença l'histoire de la Conuersion de Basile de ceste façon. Bien que le silence prattiqué dans le Cloistre par l'espace, (helas trop petit) de dix mois, & repris dãs ces bois depuis quelques iours que mon bon-heur m'a amené en ceste solitude, m'ait cõme desaccoustumé de parler longuement & tout d'vne haleine, neantmoins vostre commun desir qui tient lieu de commandement à la soumission de ma volonté me fait hazarder de vous dire ce que ie sçay, ce que i'ay eu & ce que i'ay recogneu dans le siecle de la fortune de Basile, qui touche de parenté vn de mes beaux freres, & auec lequel i'ay eu de grãdes familiaritez, & vne amitié si particuliere, que peu de ses intẽtions ont eschappé de ma cognoissance. Il me semble que nous entretenõs ce tapis à l'imitatiõ de ces courses de l'Isthme, où les contendans se donnoient des flãbeaux en courant auec beaucoup de dexterité; car Alexis m'a sceu si accortement donner le sien, que si i'auois autant de clairté d'esprit que luy, il me semble que i'ay vne aussi specieuse carriere pour pousser mon imagination, car si en la narration de Theophore il vous a fait voir vne nuict changee en iour, i'ay par vne merueilleuse vicissitude à vous faire voir vn iour esclattant & brillant dans le monde, changé aux tenebres d'vne vie qui toute sombre qu'elle paroist, si est-elle comme la nuict allumee de mille feux, & peut-estre que ces obscuritez vallent bien autant que l'esclat d'vne grande splendeur. La vie du monde est toute pour l'ostentation & pour la monstre: mais en la Religion celuy-là vit le mieux qui se cache le plus. Du bon Religieux comme la bonne femme, on peut dire celuy-là le meilleur dont on parle le moins. Que si c'est vn miracle de Dieu de tirer la lumiere des tenebres, côme il a fait en Theophore, la merueille n'est pas moindre de changer le iour de l'Egypte en des tenebres palpables, à trauers lesquelles le vray Israëlite se sauue de captiuité dans les deserts. Qui eust iamais pensé que l'ame de Theophore si serree & si sombre dans les conuersations de la vie ciuile, se fust tellement ouuerte & renduë côplaisante & sociale en la retraitte monastique : & que Basile la gentillesse de la Cour, & l'accortise mesme, fust deuenu si sauuage & si hagard, que mesme la closture perpetuelle de ceste maison luy semble trop large, tât il est tousjours recueilly en soy ou plustost en Dieu. Mais il faut auoüer que ces effects qui nous sont euidés ont vne cause qui nous est incognuë, cestui-là côme le soucy s'espanoüit au

Q ij

Soleil de la presence de Dieu, cestuy-cy comme le lys violet appellé du nom de Glay ou de flamme se resserre à l'aspect de ce mesme astre, & tout cela est de Dieu, & tout cela est bon, ains tres-bon, & tout cela tend à la perfection, mais par diuerses routes. Il faut auoüer qu'auec la grace diuine les choses se rangent à la mercy de nos volontez, nous deuenons tels qu'il nous plaist d'estre, chacun estant artisan de sa fortune & maistre de son humeur. Il me souuient qu'estant vne fois en compagnie auec Basile, il s'y rencontra vn de ces gens qui font profession de faire des coniectures sur l'inspection du front, & il dit de ce Gentilhomme qu'il seroit vn iour dans vne profonde melācholie, s'il n'y auisoit : tous ceux qui le cognoissoient se mocquerent de se deuineur, non pas Basile qui auoüa que de nature il estoit grand resueur, & la resuerie est vne large porte à la tristesse. Cela me fit souuenir de celuy qui à la physionomie de Socrate, le plus seuere & rigide Philosophe de l'ancien temps, iugea qu'il estoit d'vn naturel fort enclin à la desbauche; de quoy estant sifflé de tous ceux qui l'entendirent, Ne vous en riez pas, dit Socrate, car il est vray que mes sens sont tels qu'il les depeint: mais ma raison estant la maistresse a dompté toutes ces mauuaises habitudes. C'est ce qui fait que les Astrologues qui se meslent de tirer des iugemés des astres sur leur situatiō, au poinct de la naissance des hommes, ont pour vne maxime cōmune, que la sagesse domine sur les planettes, comme les influences des estoilles ont vn ascendant sensible sur les corps: car il est sans doute en bonne Philosophie que la partie superieure peut ranger comme il luy plaist, aydee de la grace d'enhaut, les reuoltes de l'inferieure: car il est escrit que l'appetit est inferieur à la volonté, & qu'il peut estre dompté par ceste principale faculté de l'ame. Certes il me fasche de voir, (& ie croy que Dom Prieur n'est pas exempt de ceste peine,) que Dom Basile s'abandonne trop à ceste sombre inclination qui le rend moins commode en la societé, pouuant par la force de son iugement venir à bout de ceste fascheuse humeur : mais aussi d'autre part, que sçay-ie si ce n'est point par raison, par pieté ou par inspiration qu'il est si jaloux de sa retraitte, i'ayme mieux suspendre mon opinion que de decider ce different auec temerité: pour ne point errer, dit S. Augustin, en vne matiere graue, il se faut retenir de iuger. Donc pour venir simplement au faict, ce nom de Basile est celuy-là mesme de sa famille, laquelle estant de Paris y est assez cogneuë, ceux de ce lignage tenant des rangs notables dans le Conseil du Roy & dans les affaires de l'Estat: son Pere mourant laissa sa mere, que nous appellerons Sebastie, en aage de pouuoir tenter vn second naufrage; mais le soin de quatre enfans masles & d'vne fille luy firent rejetter vn second lien pour se donner toute à l'eleuation de leur ieunesse, ce qu'elle fit auec beaucoup de zele & de solicitude, soustenant toute sorte de despéce pour meubler leurs esprits de bonnes instructions, en quoy certes ils luy ont tous beaucoup d'obligation, tenans d'elle non seulement l'estre, mais le bien estre; & ce qui n'est pas peu c'est qu'elle les esleuoit auec beaucoup d'egalité, ce qui n'est pas trop ordinaire en l'inegalité de l'esprit des femmes: Et c'est à quoy doiuent principalement auiser les parens, de traitter leurs enfans d'vne façon constante & égale, estant raisonnable que ceux qui ne sont que mesme chair & mesme sang, & participans d'vn mesme heritage, soient traittez vniformement. Si Iacob eust gardé ceste reigle, il n'eust pas par ses extraordinaires mignardises enuers Ioseph attiré sur la teste de cet innocent l'enuie de ses freres, enuie source des trauerses qui l'accueillirent au courant de ses iours. Ce n'est pas que dans ceste egalité l'esprit ne puisse pancher vers quelqu'vn, comme l'aigle regarde plus tendrement l'aiglon esclos le plus prés de son cœur, mais cela ne doit estre qu'en certains accessoires indifferens, non au principal. Ainsi en vsoit Sebastie, cherissant tous ses enfans comme si elle n'en eust eu qu'vn, & en aymant vn autant que tous : sa fille object continuel de ses yeux fut sa fauorite, mais c'estoit sans la jalousie de ses freres, qui tous en leur extreme concorde n'auoient que ce discord, à qui cheriroit le plus leur mere & leur sœur. Or voyez comme la nature, ou plustost le Dieu de la nature se jouë en la difference des naturels, ces quatre freres comme les quatre fleuues d'Eden qui prouenans d'vne mesme source tiroient vers les quatre parties du monde, quoy que sortis d'vn mesme ventre, choisirent neantmoins, estás en aage de discretion, quatre Vacations, toutes aussi differétes l'vne de l'autre, que l'Oriét, l'Occident, le Midy & le Septétrion sont distinguez, Dieu se plaisát a embellir ceste famille par ceste agreable varieté: estás tous de bon esprit, ils l'apliquerét diuersemét; éleuez aux lettres & en la crainte de Dieu, ils apprindrent en mesme temps la Bonté, la Discipline & la Science. Ces quatre Elemens se partagent l'Vniuers, faisans voir en leurs conditions comme quatre saisons differentes: ce sont quatre nauires qui sortent du port pour cingler sur la mer du monde sous vn mesme vent, qui prennent de diuerses routes. Il me semble que ie voy les quatre animaux d'Ezechiel, tous auec les aisles de l'estude, ils ne pouuoient que reussir en leurs entreprises. L'vn embrassant la Iustice se mit à rendre les oracles de Themis; l'autre à suiure les Finances, pauures finances que tant de gens poursuiuent & peu attrapent, ce qui donne à l'or ceste pasle couleur qui luy est naturelle à cause des embusches qu'on luy dresse de toutes parts. Vn autre à l'ombre d'vn Benefice digne de son employ embrassa l'estat Ecclesiastique; & nostre Basile releuant son courage par dessus son sçauoir, prit l'espee pour son partage, & la Court pour son Element. Ils viuoient ainsi dans le monde en la meilleure intelligence qui se puisse dire, seruans comme de quatre rouës au chariot triomphant de Sebastie, laquelle parée de ses enfans ainsi que d'vne belle couronne, les voyoit autour de sa table comme vn beau complan d'oliuiers. O la belle chose, dict le Sage, que la concorde des freres; c'est la gloire d'vne maison: quand vne sincere liaison les rend vnanimes, dict le sacré Psalmiste, leur famille ne manque iamais de prosperer: c'est vn trousseau de fleches qui ne se peut rōpre tant qu'il est serré: c'est le parfum d'Aaron dont l'odeur coule du chef sur la barbe, & de là se respand iusqu'aux extremitez du vestement. Mais laissant les autres aller leur cours, comme n'ayant pas entrepris de parler de leur succez, ie m'areste à la fortune de Basile, qui sembloit si riante, que l'on commençoit (tant sont friuoles les augures des humains) à en presager l'auancement de tous ses freres: car c'estoit au temps que la grande MARIE DE MEDICIS restaura par son courage, comme par vne medecine salutaire, tout le corps de cet Estat, qui sembloit estre tombé en syncope par la perte deplorable du GRAND HENRY. Elle seruit de Diane dans les tenebres de ceste eclypse, & par le Trident de sa prudence, de sa liberalité & de sa clemence, elle calma tous les orages qui menaçoient ceste Monarchie non seulement de tempeste, mais de naufrage. Tandis que la minorité de nostre ieune Orient sorty des flancs de ceste Aurore donnoit vne espece d'absoluë majorité à sa Regence, tout ne ployoit pas seulement sous la gloire de sa puissance, mais mesmes sous le pouuoir de sa simple faueur: ceux qu'elle regardoit estoient estimez, car qui n'eust tenu pour considerable ce qui estoit tenu en consideration par vne si iudicieuse Princesse? Les principaux astres fortifient les influences des moindres, & les Grands font telles qu'il leur plaist les destinees des petits. Basile qui auoit des sources d'accortise & de getillesse, auec des qualitez qui n'estoient pas vulgaires, entra par l'étremise d'vne faueur relatiue dãs la maison & sur l'Estat de ceste auguste Reyne: & comme il est malaysé de porter de la lumiere sans qu'elle esclaire, il n'y fut gueres de temps sans estre recogneu pour Gentilhomme de valeur, tant elle estoit sçauãte à discerner le vray merite des personnes, & prompte à la recompense de la vertu. Sa charge estoit importante & honorable; mais par la suitte de diuers employs de consequence ses esperances commencerent à le flatter de quelque condition si grande, que celle qu'il exerçoit ne luy sembloit plus qu'vn marche-pied. Comme le moindre rayon de faueur est le Soleil de mille petits Heliotropes, il fut desiré pour gendre de plusieurs Seigneurs d'eminente qualité, & auec des propositions de richesses & de dottes immenses : Tout le present est peu, dict vn iudicieux Historien de l'antiquité, à qui attéd de plus grandes choses ; ceste attente luy faisoit escarter toutes ces propositiōs : aussi le fromage mol, dict l'ancien Prouerbe, se tire malaysément auec vn hameçon ; & c'est en vain que l'on tend des rets pour attrapper des oyseaux dõt le vol est esleué. Ce Daphnis exalté sur le faiste de l'Olympe d'vne belle esperance, voyoit au dessous de ses pensees toutes ces auantageuses propositions, grandes certes, estans proportionnees aux facultez que sa naissance luy donnoit ; mais qui ne se pouuoient mesurer à l'estenduë des apparences qui luy estoient infaillibles selon le iugemét humain. Glorieux neantmoins de se voir de recherchant recherché, contre la coustume des personnes de sa sorte, & de demandeur deuenu defédeur, il estoit bien ayse de voir que ces agreables importunitez & ces offrādes volōtaires fussent autant de presages de son exaltatiō future. Luy donc qui ne vouloit pas comme font plusieurs du mestier qu'il professoit, chercher sa fortune dans vn mariage, mais plustost qui vouloit que sa fortune treuuast vn mariage capable de la soustenir, non de luy donner l'estre, auec des accortises & des subtilitez dignes de son esprit, sçauoit si d'extremét parer ces coups,

que la courtoisie de ses refus laissoit les es-
conduits auec plus de douceur que d'a-
mertume, s'en retournant sans confusion,
mais auec plus de regret que de despit ; car
il auoit vne certaine grace respandue en ses
leures si esloignee de l'arrogance & de l'insolence, que ceux qu'il ne pouuoit contenter d'effect, il les satisfaisoit de parole : de
maniere que ce mot du plus excellent
Poëte d'entre les Latins luy conuenoit assez bien:

Que les plus eminens te desirent pour gen-
dre,
 Et que la vierge tendre
 Cherissant tes appas
Voye naistre les fleurs sous chacun de tes
pas.

De cet effect ie vous prie de remonter à la
cause du merite de nostre Cheualier, lequel
aux qualitez de sa personne & de son courage, ioignoit l'espoir d'vne fortune nais-
sante, qui comme vne Aube qui se leue
promettoit de grands esclats en son plein
iour : mais le tourment de l'ambition qui
tyrannise les plus nobles courages estant
plus fort dedans son cœur que celuy de ces
molles passions qu'vne volage flamme allume dans les ames attachees à la chair & au
sang, fit que côme vn cloud chasse l'autre,

il auoit moins d'attention aux plaisirs, desirant auec plus de contention les honneurs, faisant comme ceux qui mirent, lesquels pour viser plus droictement au but ferment vn œil, pour ramasser & reunir leurs rayons visuels en l'autre. I'en parle ainsi comme sçauant, puisque me communiquant la plus part de ses affaires il me côfessoit ingenumét que l'astre de la gloire auoit vn plus fort ascendant sur luy que l'estoile qui influe les delices. Ce n'est pas pourtant que ie le vueille canoniser auant terme, ny dire en offençant la verité pour fauoriser sa vanité, que ceste poincte d'honneur occupast tellement son ame, qu'il n'y eust point de place pour ces flateuses & chatoüilleuses idees, que le sens aydé de la corruption de nostre nature reuele, ou plustost resueille en nous, souuent contre le côsentement de la volonté : l'honorable n'auoit pas esteinct en luy le sentiment du delectable & de l'vtile ; car estant dans le monde, & ces trois conuoitises estans les pilotis qui luy seruent de fondement, il n'eust pas esté tout à fait mondain côme il estoit s'il n'eust esté frappé que d'vne atteinte. Il me seroit facile de vous rapporter icy quelques volages affectiôs qui ont tracassé dans son cœur, aucunes plus secrettes, d'autres plus vulgaires, & toutes cogneuës de plusieurs, mais cōme ce sont erreurs de ieunesse, qu'il prie tous les iours Dieu de les vouloir oublier; pourquoy à l'imitation du Pharisien reprochant à la Pecheresse Penitente des fautes effacees, r'appellerions-nous au souuenir des hōmes ce qui n'est plus en la memoire de Dieu; non qu'il puisse estre subjet à l'oubly, mais parce que luy-mesme promet de ne s'en souuenir plus, cela s'entend pour les chastier: Et puis vostre presence qui ne respire que saincteté, & ce que ie dois à la modestie, me conuie plustost à enterrer ces menus feux sous la cendre du silence que de les abandonner à vn recit non seulement inutile, mais qui pourroit former des impressions dangereuses: plusieurs choses sont bōnes à sçauoir qui ne sont pas bōnes à dire; & à quel propos vous apprendre ce que ie voudrois pouuoir oublier; car il y a certaines choses qui s'attachent d'autant plus fortement à nostre memoire, que nous desirons auec plus d'ardeur les en effacer; c'est pourquoy Socrate à ce Charlatan qui luy demanda quelque somme pour luy apprendre l'art de memoire, Ie te dōneray le double, luy dict-il, & apprends-moy celuy d'oublier: car ce que S. Paul disoit de sa volonté nous le pouuons bien plus iustement dire de noſtre ſouuenance; nous ne nous ſouuenons pas du bien que nous voulons, mais nous nous ſouuenons trop ordinairement du mal que nous ne voulõs pas. Ie tire donc le rideau du ſecret ſur ces petites licences, mettant ſur mes leures l'anneau qu'Alexandre appoſa comme vn cachet ſur celles d'Hepheſtion; ſeulemét ie vous laiſſe à conjecturer s'il eſtoit comme les enfans de la fournaiſe dans les roſees au milieu des flammes : & n'eſt-ce pas eſtre dans les flammes que d'eſtre dans vne Court toute cõpoſee de femmes? euſt-il eſté poſſible viuãt cõme il faiſoit dans la licence que ſa charge & ſa condition luy donnoient, que parmy tant de feux quelque eſtincelle ne ſautaſt dans ſon ſein, & que parmy tant de fleurs d'elite ſon œil ne s'arreſtaſt ſur quelque object qui luy donnaſt, ſinon de l'Amour, au moins quelque ſorte de complaiſance? Ie ſçay bien qu'alors il n'auoit pas les yeux ſi reſeruez que ce bon Perſonnage qui diſoit qu'il auoit faict paction auec les ſiens de n'admettre en ſon cœur aucune mauuaiſe penſee; car bien que ie ne puiſſe pas penetrer dans le ſecret de l'interieur dont Dieu s'eſt reſerué la cognoiſſance, ſi eſt-ce que par les effects ie puis ſans temerité iuger de ceste cause, & luy-mesme ne me celoit pas ses inclinations, ioint que parmy les galands de la Court c'est vne espece de honte, & vn tesmoignage de peu de merite ou d'insensibilité, de n'auoir ou aucun dessein qui tēde au profit, ou aucun desir de gloire, ou aucun object auquel auec honneur on puisse addresser ses affections; vn Courtisan sans cela est reputé pour vn Apoticaire sans sucre: Car de quoy voulez-vous que ceux qui suiuent les ardans infortunez de la Court emplissent la vacuité de leurs esprits, sinon de ces viandes creuses, & de ces amusoirs friuoles qui composent la figure passagere du monde. Et ce n'est pas que ces passions estans bornees dans les termes de la bienseance & du deuoir, puissent estre blasmables; car n'estans vicieuses qu'en leur excez qui s'appelle Auarice, Ambition, ou Volupté, tout homme de bon sens iuge qu'il est loysible de rechercher modestement son auantage en ce qui regarde vne iuste acquisition des biens de fortune, de s'auancer aux charges & aux honneurs par les degrez du trauail, du merite, & de la vertu; & mesme de rechercher des delices auctorisees de l'aueu d'vn Sacrement appellé grand par vne bouche Apostolique. Entre faire la Court & faire l'Amour il y a peu à dire, puisque

que mesme le mot de Courtiser se prend pour rechercher la faueur & la bienueillance de quelque personne. Or chacun sçait (ie dy de ceux qui considerent le train du monde) que durant ceste fameuse Regence la plus heureuse en son cours, & la plus iudicieusement conduitte que l'on puisse imaginer, & durant ceste espece de Gynocratie qu'elle nous a faict voir, les bonnes mines estoient fort de requeste & grandement de saison, la pōpe & l'apparat estant lors en son iour & en son plus haut lustre. Nostre Basile assez auātagé de graces naturelles & de belle presence, perfectionnant sa forme d'vn long art, paroissoit beaucoup entre ceux de son rang: il auoit vn beau naturel, ce qu'ont beaucoup de Courtisans, ioint auec l'acquis, ce que n'ont pas beaucoup de Courtisans: Et bien que la brutalité de quelques temeraires qui mettent la valeur en l'insolence, & qui font gloire de leur ignorance, vueille persuader que le sçauoir & le courage soient deux benefices incompatibles, si est-ce que les plus considerez ne laissent pas de cognoistre la fausseté de ceste maxime desmentie par Cesar mesme, le plus sçauāt cōme le plus vaillāt hōme de son siecle. Et c'est cela qui releuoit l'essor de nostre Basile sur plusieurs de sa volee;

R

estant au poil & à la plume, prest à faire & à dire, homme de langue & de main. Ie l'ay veu en ses belles humeurs tout à faict agreable, & de la meilleure cōpagnie qui se pouuoit souhaitter, principalement parmy les Dames, auec lesquelles sa charge fauorable à son inclination l'obligeoit de conuerser; mais quelles Dames, celles de la Court, qui n'ont rien de femelle que le corps, leur esprit estant aussi elleué par dessus les vulgaires de leur sexe, que leur sexe est deuancé par celuy des hommes. Il en estoit differemment bien uoulu, parce qu'officieux enuers toutes, & par sa propre courtoisie, & par le deuoir de son Office il les sçauoit obliger toutes sans s'obliger, ny se lier à aucune. Il auoit outre cela vn charme ineuitable en sa conuersation composee d'vne douceur si molle & si pleine d'attraicts, qu'il estoit capable de rendre toutes sortes de cœurs participans de ses passions, & susceptibles de ses pensees. Il se passa peu d'actions de magnificēce & de parade où il ne se fist remarquer, entre lesquelles il n'y en eut aucune qui égalast les triomphes somptueux & les resioüissances publiques que fit faire la genereuse MARIE aux nopces de son fils, le premier Roy de la Terre, auec la premiere

& plus Auguste Princesse de l'Vniuers. Il s'y fit des despences immenses; mais comme il arriue ordinairement que les choses les plus industrieusemét elabourees ne sont pas de matieres si precieuses, aussi la grace, la politesse & l'art surmótent quelquefois les plus excessiues despenses: aux grandes assemblees ce ne sont pas tousiours celles qui sont plus chargees que parees de pierreries qui paroissent le plus, mais bien les plus proprement ajancees. Ce n'est pas que la despense que fit Basile en cette occasion ne fust trop grande pour luy, mais comme il ne pouuoit trop esperer de la munificence de sa grande Maistresse, dont le courage ne sçauroit faire de petits biens, aussi estimoit-il que pour moissonner amplement il falloit semer abondamment, & non auec la main, comme vouloit la Musicienne Cocynna, mais à pleine poche. Il y parut donc auec ses egaux, non comme des plus richement parez, mais comme des plus braues. Peut-estre direz vous que i'abuse icy de vostre loisir & de vostre patience en vous entretenát de ces choses qui paroissent grandes deuant les yeux des módains, & des bagatelles deuant les vostres: mais tout ainsi que les astres qui nous semblent si petits ne laissent pas d'estre bien grands, de mesme ce que i'auance est comme le fonds du tableau sur lequel nous ferós voir les couleurs d'vne estrange metamorphose. Assez des qualitez corporelles de Basile; entre les spirituelles, i'ay desia dict qu'il sçauoit beaucoup, & ce sçauoir suppléoit au defaut de l'experience; defaut qui faict faire à la ieunesse beaucoup de naufrages sur la mer du monde. Il estoit franc & libre, qualitez rares en vn Courtisan; mais le iugement regloit en sorte ceste franchise, que ses veritez n'estoient point odieuses, ny ses libertez arrogantes: l'ingenuité de ses propos en excusoit la viuacité. Au demeurãt grand parleur, que ie ne die causeur, & si grand que luy seul a tenu teste à plusieurs femmes; cela c'est dire beaucoup: en quoy ie ne puis comprendre, sinon par l'admiration, ce prodigieux, diray-je cet obstiné siléce qu'il obserue maintenant, comme s'il auoit pris à tasche, à l'imitation de Pambo, de pratiquer ce verset de Dauid à la lettre, I'ay dict ie prendray garde à mes voyes, & à ne point errer de ma langue. Et ne se faut pas estonner si sçachant cajoller si pertinemment il estoit bienuoulu d'vn sexe que la sympathie & la ressemblance luy rendoit par ce moyen plus docile; car il faut auoüer que les Dames ressemblent aux oyseaux qui se prennent par le chant, parce qu'on les enchante par l'oreille : ce qui a faict naistre ceste feinte dans le cerueau des Poëtes d'Adon, qui signifie le chant aymé par la mere des Amans : vanité qui ne se treuue que trop veritable par l'experience, qui fait voir que la cajollerie en la conuersation endort & enjolle à la fin les plus auisees. Il pourra estre que vous vous imaginerez que sous le nom emprunté de Basile ie vueille donner carriere à ma langue, & luy laisser la liberté de vous depeindre par forme de digression vn Courtisan accomply ; mais tant s'en faut que i'augmente par mon discours le merite des qualitez qui le rédoient aymable & recommandable dans le siecle, qu'au contraire ie les rauale, & ie n'en dy rien qui ne soit au dessous de leur iuste prix. Tandis donc que soustenu de sa propre valeur, il est bien veu de son Auguste Reyne, à laquelle seruant fidelement en sa charge, il se frayoit le chemin à vne des principales de sa Maison, fauorisé en cela par la faueur, qui est tout dire. Tandis qu'vne promesse irreuocable luy faict tenir côme en la main ceste dignité que i'appellerois le comble de sa fortune, si la fortune auoit quelque sommité, & si elle ne ressembloit point à ces montagnes sourcilleuses, qui non seulement cachent leur front dans les nuages, mais qui le portent iusques aux estoiles; Dieu destachant vne pierrette d'vn haut rocher sans main d'hommes, la fit donner contre le pied de terre de ce Colosse bigarré de mille differentes pretensions, toutes dorees & argentees. Ie veux dire qu'il lascha sur son cœur vne inspiration si forte & si efficace, qu'elle luy fit donner du pied au monde, en renonçant à toutes ses pompes & à toutes ses vanitez. Ce qui se fit d'vne façon d'autant plus admirable qu'elle est extraordinaire.

2. Nous vous auons desia dict que les quatre freres auoient vne sœur vnique, que nous vous ferons cognoistre sous le nom de Polixene, c'estoit l'idole de leur mere Sebastie, & toute la consolation de son cœur; mais elle estoit bien encores l'idole d'autres cœurs que de celuy de sa mere. Ie n'ay pas le desir de vous representer les graces de son corps, ny les merueilles de son esprit; car il seroit aussi messeant à moy de les despeindre qu'à vous de les entendre. I'en diray seulement ce petit mot, l'ayant veüe mille fois, que c'estoit vn ouurage de Dieu,

capable de ravir les yeux en admiration; vn seul defaut ternissoit l'assemblage de tant de qualitez recommandables, la couleur de ses cheueux, qui tant vantee par l'antiquité est desagreable en nostre climat, & comme l'opinion pousse tousiours dans l'impertinence qui accuse l'esprit de ceux qui l'ont semblable de peu de sincerité. Ie dy cela tout naïfuement, parce que ie ne voy personne en la cōpagnie de ceste odieuse teinture. Sebastie superbe (comme c'est l'ordinaire des meres) de voir sa fille adoree de tant de poursuiuans, qui selon les reigles de l'honneur aspiroient à sa legitime possession, fauorise diuersement ces honnestes recherches, selon la varieté de ses inclinations; elle est dans vn grand parterre, où la multitude des fleurs luy en oste le choix; car chacune attirant son œil pour quelque consideration particuliere, elle demeure pauure dans l'abondance, ne pouuant se resoudre à quel party elle rangeroit sa fille. La grace de l'vn, la noblesse de l'autre, les vertus de cettuy-cy, les richesses de celuy-là, la dignité de cet autre, tout cela partage merueilleusement son esprit; ses enfans luy parlent diuersement selon la difference de leurs passions,

R iiij

tantost pour l'vn, tantost pour l'autre; l'excez la mettoit en disette, & sa fille n'estoit pas pourueuë parce qu'elle estoit trop recherchee: l'esprit de Polixene estoit vne boule de cire entre ses mains; semblable à ces machines qui ne se meuuent pas d'elles-mesmes, mais selon les ressorts de ceux qui les poussent: elle est en grande perplexité, souuent elle s'en r'apporte au choix de sa fille, laquelle n'ayant point d'yeux qu'en la teste de sa mere, ne veut que par sa volonté; c'estoit vne table rase, & la mesme indifference. Neantmoins comme il est mal-aysé de demeurer long-temps en vn grand banquet sans s'attacher à quelque mets, ainsi parmy tant de partis qui luy offroyent leurs vœux, elle accepta plus fauorablement ceux de Calixtin, ieune & braue Gentilhomme, mediocrement toutesfois honnestement pourueu des biens de fortune, mais fort auantagé de ceux du corps & de l'esprit; car c'est la coustume de ceste marastre de traitter illiberalement le merite des personnes de valeur: quand ils estoient ensemble, il n'y auoit œil si ialoux qui n'auoüast que c'estoit vn pair d'vnions que l'vnion maritale eust parfaictement bien vnis ensemble; mais le sort aueugle, ennemy irreconciliable de la vertu, & des plus sainctes amitiez, ne leur voulut pas conceder tant de bon-heur; desja il auoit vne particuliere prerogatiue par dessus ses competiteurs, & l'accueil que Polixene luy faisoit marquoit vne expresse singularité, tant il est difficile de cacher si bien vn feu qu'il ne s'en monstre tousiours quelque rayon ou quelque estincelle. Chacun donnoit ceste preéminence à l'auantage de sa forme qui a de coustume de donner dans les yeux des filles plus retenuës; mais l'enuie d'autre costé le depeignoit si dépourueu de moyēs que la mere qui ne pensoit qu'à mettre sa fille dans l'opulence, cóme c'est l'ordinaire des personnes aagees, le goustoit aussi peu qu'il estoit bienuoulu de la fille; mais au defaut de ceste bonne femme, il estoit tellement aux bonnes graces de Basile, qui le fauorisoit ouuertement en la recherche de sa sœur, qu'il croyoit, ayant ce poinct pour asseoir, ie ne diray pas ses machines, mais ses desseins, de venir à chef de son entreprise. Et l'apparence en estoit grande, car Basile estant lors pour le credit qu'il auoit à la Court, comme l'esperāce de toute sa maison, non seulement ses freres l'adoroient comme vn autre Ioseph, mais encor sa mere deferoit beaucoup à ses desirs, desireuse qu'elle estoit de luy complaire, afin qu'il fist espaule à l'auancement de ses freres. Or parce que ces ieunes & neantmoins honnestes & legitimes affections ne sont qu'vn incident en mon Histoire, ie n'enfonceray point d'auantage les particularitez que i'en sçay, comme tesmoin oculaire, pour arriuer plustost à ce qui regarde la vocation de Basile au seruice de Dieu. Comme la pauure Polixene sous l'aueu de son frere, & ce sembloit sous la tolerãce de sa mere, alloit peu à peu s'engageant dans la complaisance de la cõuersation de Calixtin, & puis apres dans vne bienueillance toute formee, estimant que la confiance que Basile auoit en luy seroit cause par ceste alliance d'attacher la fortune de celuy qu'elle regardoit aucunement comme mary auec celle de son frere; elle accepte son seruice, aggrée sa recherche, & par le froid accueil qu'elle fait aux autres, elle leur donne sourdemẽt à entẽdre que sõ cœur est engagé quelque part: ce degagemẽt estoit vn grãd engagemẽt pour Calixtin, qui cõme s'il eust gaigné vne glorieuse victoire, triõphoit desia en esperance de ceste toisõ d'or. Mais sa nauire eschoüa, cõme l'on dit, auprés du port, & du milieu d'vn calme profond, ce qui est ordinaire dans le monde, cõme sur la mer, vne tẽpeste l'emporta dãs des escueils où son amour fit naufrage. Vn vieux Richard dõt la fortune plus que suffisammét establie sēbloit ne desirer autre chose pour le cōble de sa felicité qu'vne femme dõt la beauté cōtentast ses yeux & le fist pere d'vne lignee qui possedast ses acquisitiõs par heritage, & dõt la vertu pust cōseruer ses thresors. Ce fut vn hōme de ceste sorte qui vint troubler toute la ioye de ces Amãs, & geler leurs cōtentemés qui n'estoiét encor qu'en cotõ & en bourre. Nous voylerõs son nõ sous celuy d'Antere, puis-qu'il auoit toutes les qualitez contraires à ceste passiõ qui prouoque à la bienueillāce, & pour ne donner aucune place à la coniecture, nous espargnerõs les circōstances de sa condition. Voyla le mariage du Roy des Ciclopes & de la Reyne de Cythere renouuellé: Car il esblouyt de l'esclat de tāt de dignitez & de Seigneuries & d'or les yeux de la bonne Sebastie, qui luy eust esté (que ce mot m'eschappe) plus sortable que sa fille, que ny Calixtin ny aucun autre luy fut cōsiderable à cōparaison d'Antere. L'extreme disproportiõ de l'aage ne la touche aucunemét: car elle disoit que l'innocéce de sa fille cōuenoit à cest aage doré, & que la ieunesse si verte ne possedoit qu'en espoir, en herbe & en fleur, ou plutost en vét, ce que cestui-ry possedoit en gerbe & en fruit, qu'vne maisõ, & vne fortune faite valloit mieux qu'vne à faire, que le contentement n'estoit pas dans l'imaginatiue, mais dans l'aise inseparable de l'opulence & de l'honneur; elle attira à son opinion ses trois enfans, qui estoient d'autant plus assidus auprés d'elle qu'ils n'estoient pas comme Basile, embarquez dans les embarrassemens de la Court: ce triple lien adjousté à l'auctorité de la mere fut vn nœud Gordien qui ne put estre tranché par l'espee de nostre Alexandre, ny par les subtilitez de Polixene qui ne peut trouuer dans son Amour, (quoy que pere des inuentions) assez d'artifices pour escarter ce vieux poursuiuant, & tenir ferme pour Calixtin. I'aurois icy vne ample carriere pour depeindre les tristesses desesperees de ces ieunes Amans, que la maligne influence de l'estoile sombre de ce vieux Saturne comble d'ennuis & de gemissemens. Ie pourrois representer leurs doleances & leurs plaintes, & semer deuant vous comme autant de perles, les rosees qui couloient de leurs yeux. O si Polixene n'eust esté tout à fait consacree à l'honneur & à la modestie; combien de fois son Amour luy suggera-t'il de suiure son Amãt qui luy en faisoit des ouuertures tres-faciles, se promettant par la faueur de Basile que tout reussiroit à leur contentement: mais si elle escouta ces propositions, ce fut pour les rejetter, & tāt s'en faut qu'elle y acquiesçast, que mesme l'extremité de son affection ne peut iamais tirer de sa bouche vne parole nō de desobeyssance, mais de contradiction. Ceste simple brebis faisant si peu de resistance, à l'aspect de Calixtin, (à qui le respect qu'il deuoit & à la sœur & au frere lioit les mains) luy est ostee selon la saincte parabole, & cependant, tant l'honneur & la reuerence auoient d'Empire sur sa passion,

Il s'impose vn fascheux silence
　En la cruelle violence
　　Que luy fait sentir la douleur,
　Encores qu'il pleure & souspire,
　N'oser euenter son martyre,
　　Est le comble de sa douleur.
Il deuient sec comme vn squelette,
　Et la gelee violette,
　　Qu'vne rigoureuse saison,
　Ou que le soc a retranchee
　De sa peau toute desseichee,
　　Est la triste comparaison.
Quelle dure pointe de rage
　Ressent son genereux courage,
　Et quelle atteinte de despit,
　De voir qu'on offre en sacrifice
　Vne innocente à l'auarice,

D'vn aage presque decrepit.
O deplorable Polixene,
 Object de sa dolente peine,
 L'as! quel impitoyable sort,
 Par qui vous luy estes rauie
 Cheriroit encores sa vie,
 S'il la retranchoit par la mort.

Me permettez-vous de vous dire ceste petite particularité, il touchoit parfaitement bien vn luth, & sçauoit conduire sa voix auec vn grand art, voix qui pour auoir mué n'estoit pas si agreable en son ton, comme par la beauté de son air & de sa bonne conduitte. Or comme il sçauoit que i'aymois la musique esperdument, nous concertions souuent ensemble; & ie me souuiens que comme il estoit dans les mortelles agonies de la perte de sa proye, que sãs oser se plaindre il se voyoit enleuer des mains, il souspira vne fois ces paroles, qu'vn des rares Poëtes de nostre France auoit dressees pour vn grand sujet.

O vous de qui la volonté
 Regne dessus ma liberté,
 Et preside à ma destinee,
 Pourquoy n'est comme la toison
 Vostre conqueste abandonnee
 A l'effort d'vn autre Iason.

Quels feux, quels dragons, quels taureaux,

Liure quatriefme.

Quelle horreur de monstres nouueaux,
Et quelle puissance de charmes,
Pourroit empescher qu'aux enfers
Ie n'allasse auecque mes armes,
Rompre vos chaisnes & vos fers?
N'ay-ie pas le cœur assez haut,
Et pour oser tout ce qu'il faut,
Vn assez grand desir de gloire?
Si le combat estoit permis
I'espererois ceste victoire
Au milieu de mille ennemis.
Mais le destin dont la rigueur
Retient mon esprit en langueur,
Domine auec tant de malice,
Qu'il faut perdant tout mon bon-heur
Que ie l'immole en sacrifice,
Aux seueres loix de l'honneur.

Mais pourquoy m'arrestay-ie à ces molles pensees deuant des gens qui ont l'austerité mesme peinte sur le front? Tant y a que nonobstant tous les pleurs & toutes les remonstrances de Polixene, qui n'auoit pas assez de courage pour contredire à sa mere & à ses trois freres (car iamais Basile ne presta son cōsentement ny sō assistāce à ce cōtract, plus par excez d'amitié que de hayne enuers sa sœur,) ny assez d'asseurance pour manifester ses secrettes, bien que pudiques

affections auec Calixtin, on passe outre en ce mariage le plus infortuné qui fut iamais, si encor il fut mariage. Si ie parlois deuant des gens qui n'eussent pas assez en horreur ceste sorte de contrainte, en la liaison la plus libre & la plus volontaire qui doiue estre en l'humaine societé, i'aurois vn spacieux champ pour inuectiuer contre ces cruautez plusque barbares: car ie tien ceste sorte de tyrannie pire que la mort; puisque c'est engager des ames franches en vn esclauage qui leur fait trainer vne vie mourante, & mourante d'autant de morts qu'elle a de momens. Diray-ie que ce furent des torches noires ou blanches qui furent allumees à cet Hymen: si nous regardons la douleur qui accompagna inseparablement la desolee Polixene nous les noircirons, mais si nous nous arrestons à l'opinion commune, nous les blanchirons, puis que l'on a creu que cet homme, ou par le malefice des ans, ou par les excez de sa ieunesse, ou par quelque sorte d'infirmité n'estoit pas propre au mariage. De maniere, (si cela est,) que nostre Polixene fut de la part de ceux dont parle l'Apostre qui sont mariez, comme ne l'estans point; & pleust à Dieu qu'elle eust esté aussi de la bande de ceux qui vsent de ce monde, comme n'en vsant
point

point, parce que sa figure se dissipe & sa cō-uoitise passe. Mais il n'en alla pas ainsi: car se voyant dans les richesses & dans les pierreries, iusques à la gorge, elle se mit bien auāt dans les vanitez, & si fort que l'on ne parloit que de ses perles, de ses brillans & de ses pompes: nulle despense luy estoit impossible; car les grands reuenus du vieillard qui estoit transporté de son amour ne pouuoiēt estre espuisez par ses plus somptueuses inuentions: elle auoit beau se faire braue, il la vouloit tousiours plus paree, elle estoit en vn aage si tēdre & si voisin de l'enfance, que ces bagatelles la rauissoient, & luy ostoient toute autre pensee que celle de se parer. Desia les brillans auoient fait esuanoüir de son souuenir l'image de Calixtin, comme quand le Soleil efface les astres à sa venuë, lequel ne pouuant supporter ce cruel rauissement, (car c'est ainsi qu'il appelloit ces funestes nopces) s'estoit retiré de la Court, passant vne vie sombre & melancholique en sa maison de la Campagne.

Là d'vne pitoyable voix
  Au morne silence des bois,
  Il disoit ses viues attaintes,
  Et son visage sans couleur,
  Faisoit paroistre que ses plaintes
  Estoient moindres que sa douleur.

La France qui comme la mer à cause de son inconstance naturelle, est sujette à de frequens mouuemens, fournit alors à ce miserable Gentilhõme le moyen d'estouffer ses regrets dans l'exercice de Mars, au premier son de trompette il monte à cheual, resolu de mourir dedãs les armes, ou de suffoquer l'amour qui le tourmente dans vn plus aspre tourment, qui est celuy de l'ambition. Ce desespoir luy faisant mespriser le soin de sa personne, luy fit acquerir beaucoup de gloire, & le signala en beaucoup d'occasions, où s'il n'eust esté animé, pour trop aymer, de la haine de soy-mesme, il ne se fust pas precipité; ce n'est pas qu'il n'eust beaucoup de valeur, mais sa vertu naturelle picquee ou plustost outree de ceste pointe, luy faisoit produire des effects extraordinaires, que tous ses compagnons attribuoient à son seul courage, encor que la plus grande part fust deuë à la fureur. Tandis qu'il cherche la mort auec impatience, & qu'à force de tenter Dieu il treuuera les chastimens de sa temerité dans vne furieuse rencontre, reuenons à Paris voir comme il va du cœur de l'innocente Victime, innocéte l'appelle-ie encor, puisque la foiblesse de son aage, & la simplicité de sa nourriture la tenoit dans vne si profonde ignorance de l'vsage du Sacrement où elle estoit engagee, qu'elle estimoit qu'il en fust des autres mariees comme d'elle mesme, semblable en cela à la femme de l'ancien Hieron qui ne se plaignoit point de la mauuaise haleine de son mary, estimât que tous les autres hommes l'eussent ainsi forte. Comme l'on amuse les enfans auec des jouets & des petites poupees, ainsi s'entretenoit cet esprit non encor déniaisé par des jeux, des promenoirs, des confitures, des danses & des piaffes ; le vieil Antere deuenoit comme vn autre Caton, enfant auec elle, tant il en estoit espris. O ! que la flamme est ardante dans vn bois sec, & que l'Amour qui fait filer les Hercules tourne de testes bien faites. Mais en fin ces amusemés ne purent pas longuement durer, car soit que l'aage par vne secrette mais non insensible leçon, luy enseignast ce qui n'est pas ignoré des nations les plus barbares, ny des cõplexions les plus endormies, nostre nature corrompuë n'estât que trop encline aux plaisirs sésuels, soit que la libre frequétatiõ qu'elle auoit cõme mariee auec les femmes qui l'estoiët, luy aprist des choses qu'elle ne sçauoit pas, les tayes de la simplicité tõberét de ses yeux, lesquels furét ouuers cõme ceux

S ij

d'Adam & d'Eue apres leur innocence perduë, & lors comme il ne faut qu'vn peu d'amertume pour alterer beaucoup de douceur, toutes les vanitez & toutes les opulences dont elle se paissoit auparauant luy vindrent en horreur. A ce dégoust de ces friuoles contentemens succeda vne secrette horreur de ce vieux Tithon, qui effaça dãs peu de tẽps les roses vermeilles du teint de ceste Aurore, pour n'y laisser que des lys blanchissans, qui deuenans dorez laisserent vne iaunisse oliuastre sur son visage, qui donnoit à sa peau vne couleur presque semblable à celle de sa cheueleure. Apres ceste auersion du mary, se ressuscita dans son ame l'ancienne affection de Calixtin, que sa memoire remit en son imagination, en vne forme plus specieuse & plus exquise que la sienne naturelle. L'ingratitude dont elle auoit payé ses seruices luy donnoit vn horrible creuecœur ; ce lasche oubly, dernier periode des ames ingrates, la trauersoit de mortels repentirs, & ses infelicitez presentes luy faisoient paroistre beaucoup plus douces celles dont elle pensoit en se flattãt qu'elle eust iouy si son sort l'eust reserué pour Calixtin. Mais l'affront qu'elle luy a fait de le quitter pour vne persõne de si peu de merite, le peu de courage qu'elle a tesmoigné pour resister à la recherche d'Antere, la ruine d'vne si belle amitié, l'impossibilité de reconquerir son esprit, les entraues de ceste fascheuse alliance, ce qu'elle deuoit non seulemét à l'honneur, mais à la modestie; tout cela mis ensémble rauageoiét si cruellement son cœur, qu'il n'estoit point capable de soustenir vn si rude assaut. Dans ce Labyrinthe de pensees où sa raison perduë ne se pouuoit retreuuer, elle ne pouuoit rencontrer d'autre consolation qu'en ses souspirs, autres allegemens qu'en ses larmes; son repos estoit de se tourmenter & sa paix de se faire la guerre. Quelquefois pour soulager sa peine elle s'allegeoit, en s'alleguant à soy mesme la contrainte de sa mere & de ses trois freres; car que pouuoit vne simple fille côtre tant d'attaquans: elle proteste que si elle a iuré, c'est seulement de la lãgue, non du cœur, car comment eust-elle assis ses affections sur Antere, qui n'auoit rien qui ne fust côtraire à ce qui fait aymer, n'ayant rien de recommendable que les tresors de ses coffres, mais tout cela se passe dans son interieur: car quand elle vient à songer à l'esclat que feroit sa plainte, elle se resout à perir plustost dans le silence qu'à se soulager par vn remede qui luy semble pire que son mal. Que dira le monde, voyla

S iij

son grand frein, elle n'a point assez de front pour soustenir les discours dont elle seroit le sujet, il n'est supplice qu'vn grand courage ne supportast plustost que de se voir la fable du peuple. Or comme le feu serré est plus aspre, aussi vne fascherie celee se rend plus cuisante & moins supportable.

Car si n'oser se plaindre augmente la douleur,
C'est vn heur de pouuoir souspirer son malheur.

Cependant elle presse dans son cœur ceste cruelle playe, & ne pouuant s'en oster le sentiment, elle veut au moins en retrancher les apparences, protestant

Que iamais nul ennuy ne la pourroit contraindre,
De faire par ses pleurs son mal apperceuoir,
Faisant voir au malheur qu'il auoit le pouuoir
De la faire souffrir, non de la faire plaindre.
Elle bannit de soy les souspirs & les larmes,
Grauant sur sa prison le nom de liberté,
Combattant d'vn esprit remply de fermeté

Liure quatriesme.

Ceste fiere douleur auec ses propres armes.
Elle n'appelle point la fortune mauuaise,
Surmontant son destin & vainquant son malheur,
Encor n'est-ce pas peu de vaincre sa douleur,
Et dans le desplaisir pouuoir feindre de l'ayse.
Toute ceste contraincte qu'auec vne violence suggeree par l'image de l'honneur elle se faict à soy-mesme, ne peut pas empescher,
Qu'estant dedans le cœur puissamment trauersee,
D'vn fascheux desplaisir qui range sa pensee,
Bien qu'aux yeux d'vn chacun elle l'aille cachant,
Ne face voir son teint peu à peu dessei-chant,
Car le soin importun qui son cœur n'abandonne,
Aucun repos tranquille à ses membres ne donne:
Des-ja de ses regards les ris sont arrachez,
Elle ne se plaist plus qu'aux lieux les plus cachez,

Et un regret secret cause de tant de peines,
Vit dedans sa poictrine & consume ses
veines.

Ie me respans volontiers en ces belles Poësies, parce qu'il faut auoüer que pour representer naiuement les passions humaines, specialement les affectueuses, il n'y a point de tels pinceaux que ceux des Poëtes, & parce que ie sçay combien cet art est agreable à Alexis, & peut estre à Menandre. Ne dittes point peut estre, dit Alexis, car c'est la verité que Menandre cherit passionnément les vers quand ils sont beaux, tels que ceux que vous venez de reciter : & qui n'aymeroit de si agreables peintures en des paroles si choisies ? diroit-on pas que ce sont des portraicts en taille douce, à voir les moüuemens que vous nous representez auec ce burin. Adioustez encor Florimõd, dit icy Menandre, car si la poësie me plaist, elle le rauit tout à faict : Ie le cõfesse, dit Florimond, & qu'vne belle piece de ceste sorte de marchandise me transporte, mais il en est si peu de bonnes que leur rareté en rend le prix inestimable. Icy Dom Chrysogone, Et les Chartreux, dit-il, ne sont pas encor si barbares, que leur reformation ferme la porte à cet art, qui tient vn rang principal entre les liberaux ; au contraire il semble que les Vers ayment la retraitte pour y resuer tout à l'ayse, & que la Solitude & la Poësie s'entreprestent la main, puisque la Solitude recueillant l'esprit ayde à la production de la Poësie, & la Poësie reciproquement charme par sa douceur ce que la vie solitaire a de rude & d'ennuyeux : & d'effect Orphee ce sçauant Poëte, est dict auoir dans les deserts charmé les hommes sauuages comme des bestes ; & Amphion est dict auec ses carmes comme auec des charmes, auoir trainé des rochers apres soy. Et puis ces paroles que le deuotieux Serafic a recitees, sont si pures & si honnestes, qu'il faudroit auoir le front plus seuere qu'vn Caton & qu'vn Heraclite pour en destourner ses oreilles. Adjoustez à cela, dict Dom Prieur, que la Poësie est comme le langage des Anges, ainsi que la Prose est celuy des hommes ; car les Vers qui ne semblent faits que pour chanter, representent en terre les eternelles loüanges que ces bien-heureux Esprits entonnent côtinuellement deuant Dieu dedans le Ciel. Et d'effect, qui ne sent que dedans les cadences nombreuses des Vers il y a ie ne sçay quoy qui touche & qui picque l'ame plus viuement qu'en l'oraison libre ; ne plus ne moins que le souffle passant par l'estroict canal d'vne trompette frappe l'oreille d'vn ton bien plus esclatant que celuy d'aucune voix humaine: ce qui faict que comme naturellement tout animal ayme la Musique, excepté le tygre, dont la rage s'augmente par l'harmonie; de mesme il n'y a esprit si grossier qui ne tire quelque delectation de la Poësie; les villageois mesmes qui degoisent des chansons rimees monstrent, quoy qu'ils l'ignorent, de la complaisance en cet art. Et puis estant auctorisé par tant de riches pieces de l'Escriture saincte escrites en Vers, il me semble que blasmer ceste inuention est s'attacquer à Dieu mesme qui l'a inspiree à ces diuins Chantres. Et disoit cela Dom Prieur, comme il le sentoit; car il estoit personnage poly, & de diuerse literature. Serafic estant bien ayse d'entendre ces propos, & plus encor de ce qu'ils luy prestoient vn petit loysir de reprendre son haleine, continua ainsi son discours. La dolente Polixene trainoit ainsi sa vie languissante; mais en quoy languissante, ce me direz-vous, puis qu'elle est dans l'opulence iusques à la gorge, idolatree de son mary, & honoree de tout le monde pour son rang & pour sa qualité; contentez-vous que son habit est beau, sans sçauoir où il blesse, sans me faire reueler le secret des tenebres, & manifester ce que l'honnesteté luy faict cacher & me fait taire: mais comme l'on dict que les aueugles sont ordinairement mutins, on tient que ceste espece d'hommes sont naturellement ombrageux, & démesurement ialoux. C'est pourquoy apres ces tristes nopces, bien qu'auec des termes fort adoucis, neantmoins imperieux & fermes, la veuë de Calixtin fut interdite à Polixene, laquelle comme nous auons dict, noyee dans l'abondance & la pompe, supporta ceste interdiction côme venant de sa mere, qu'elle sçauoit n'aymer pas beaucoup Calixtin, plustost que de son mary : & puis elle voyoit que c'estoit pour esteindre par l'absence ce feu qui se nourrit par la preséce, & qui s'enflamme par ses regards. Elle qui est toute vertueuse, ne voulant que ce qu'elle doit, ne pouuant plus estre à ce Gentilhôme, côsent volontiers d'en effacer l'idee de sa memoire, en soustrayant sa face de deuant ses yeux ; car rien n'irrite tant le desir que l'object aymé, & il n'est point de tourment égal à celuy qu'on souffre en voyant ce que l'on cherit, sans oser par la bouche manifester les pensees du cœur. Par la morsure de la pomme faicte par nos premiers Parens, il est aysé à iuger combien est pressant l'object d'vne chose defenduë. Elle sçauoit qu'il luy seroit impossible de voir Calixtin sans l'aymer, & l'aymer sans le desirer : or cecy estant defendu, pour empescher l'autre, il n'y auoit point de meilleur remede que de se priuer de sa veuë : l'ambition & la gloire, & tant d'autres diuertissemens dont on entretenoit sa simplicité, sucrerent l'amertume de ceste priuation. Il n'en est pas ainsi de Calixtin, qui demeure dans des tenebres palpables, priué de la seule lumiere qui plaisoit à ses yeux, abandonné aux ennuis & aux regrets, & outré de l'ingratitude de ceste Rachel qui le quittoit pour vne Mandragore : il se plaint sans consolation & sans conseil, d'vn mal qu'il estime sans remede.

Il rejette tous ces discours,
   Qu'apres les nuicts viennent les iours,
   Et le repos apres l'orage,
   Autre sorte de reconfort
   Ne luy satisfaict le courage,
   Que de se resoudre à la mort.

Antere qui sçauoit par sa propre experience combien estoient puissans les attraicts de Polixene tout vieux qu'il estoit, deuient clairuoyant côme vn Linx, & sçachant qu'il estoit marié à vne fême dont l'emerueillable beauté faisoit à plusieurs incôsiderez autant d'enuie que luy de pitié, se resout de la conseruer par la ialousie, compagne ordinaire de ceux qui contractent des mariages auec tant d'inegalité, que ie ne die plus. Tout luy faict ombre, & les ombres mesmes luy font des corps,

Si quelque papillon voltige à l'entour d'elle,
Il veut sçauoir soudain s'il est masle ou fe-
melle.

O Dieu, que c'est vn horrible monstre que la ialousie, & que ceux qui la prenent pour vne marque de vraye Amour sont abusez; car si c'est vne marque d'Amour, c'est donc d'vne Amour extrauagante, desreiglee, furieuse, qui n'est plus vraye Amour quand elle pert le iugement : car la ialousie vient de la deffiance, qui est le coupe-gorge de l'Amour, qui presupose la vertu en la chose aymee, & en suitte vne necessaire confiance: aussi ceste sorte de fievre, ou plustost de frenaisie, ne se prend-elle volontiers qu'en des ames viles, basses, soupçonneuses, imparfaictes & embourbees dans la chair & le sang, non en des esprits francs, genereux, esleuez & bien faicts. Imaginez-vous quelle deuoit estre la vie de Polixene obsedee d'vn tel Demon, & combien cela augmentoit sa douleur de sentir la peine d'vne coulpe qui n'estoit pas seulement en son imagination. Peu à peu son humeur melancholique luy forgea des liens qui par traict de temps se rendirent indissolubles. Si elle se retiroit des conuersations, cela plaisoit extremement au vieillard, qui craignoit sans cesse que dans Paris quelque Paris ne luy enleuast son Heleine; de sorte que sans y penser elle se treuua enueloppee des rets de ce Vulcan, mais non pas auec son Mars: ce qu'elle fit au commencement par inclination de chagrin se tourna en coustume, & ceste coustume deuint vne loy par l'empire de ce mary. Les conuersations ostees à Dieu, la vanité des habits, puis qu'on ne s'habille pompeusement que pour paroistre dans les compagnies, & ce diuertissement osté, ceste ame commença à faire de profondes reflexions sur la misere de ses entraues, & à maudire sa captiuité & ses liens, encor qu'ils fussent d'or. L'image abhorree de ce vieux Antere, que la presence luy conuertissoit en spectre, r'appelle dans son imaginatiue celle de Calixtin, d'vne façon meslee de ioye & de douleur:

Dedans vn cabinet aux tristesses ouuert,
Seulette, sans tesmoins, comme dans vn desert,
Elle va souspirant sa fiere destinee,
Absent absente l'oyt, & le void esloignee.

Tantost son nouueau despit r'allume son ancienne amour, tantost la consideration de l'hōneur esteinct, ou pour le moins couure & assoupit ceste flamme, qui la deuore d'autant plus qu'elle est plus resserree. Mais quoy qu'elle la chasse, ceste doléte & plaintiue image neantmoins aussi agreable que iamais, luy liure mille assauts, & luy leue la tranquilité: si bien qu'elle eust peu dire aussi bien que ceste Reyne de Carthage:

Ie sens dedans mon cœur des attaintes nouuelles,
Et de mon premier feu les viues estincelles.

Pauure qu'elle est, hé! qui la deliurera du sentiment de ces mortelles agonies? Toutesfois elle releue son courage, & prenant comme vn Antee vne plus forte vigueur de l'abatement de son desastre, elle resiste genereusement à ces flatteuses idees, ne voulant pas que son honneur endurast aucune flestrisseure, ny la moindre tache, non pas en effect, mais seulement aux apparences. En fin Dieu voyant ceste braue resistance, & le puissant effort qu'elle faisoit contre soy-mesme, voulut estre de la partie, & selon sa parole estre auec elle en sa tribulation, pour l'en deliurer & l'en glorifier; tant cet axiome est vray, qui dict qu'à celuy qui faict son possible Dieu ne dénie iamais sa grace. Vne bonne & solide deuotion la tira de tous ces oppressemens interieurs & exterieurs, pour accomplir la verité de cet Oracle diuin, prononcé par la bouche du Psalmiste, Dieu exauce ceux qui le reclament en leurs calamitez: & qui ne sçait qu'Israël sous l'esclauage de Pharao, & parmy les serpens du desert, ayant recours à Dieu, fut deliuré par des prodiges qui ne pouuoient sortir que du bras releué & de la main puissante de Dieu: ce qui faisoit dire au diuin Chantre, quand Dieu les tuoit, ou leur tenoit le glaiue dans la gorge, ils reuenoient à luy, & ils le cherchoient de bon matin & à grande diligence. Il est fort asseuré que le plus doux lenitif des afflictions c'est de faire rencontre du sein d'vne ame fidele, qui puisse prendre part à nos desplaisirs & à nos ioyes; car comme celle-cy se dilatte & s'amplifie par la communication, la tristesse se diminuë par la condoleance.

3. Le Ciel accourut au secours de ceste desolee, par la compassion qu'eut de sa misere vne fidele amie: & qui a treuué l'amy fidele, dict le Sage, a rencontré vn inestimable tresor.

tresor. Nous l'appellerons Lindamee (qu'il me soit permis d'arranger ainsi les lettres de son nom, qui est celuy de la saincte & renommee Penitente) & c'estoit vne Dame du pays & du lignage des Mystes des anciens Gaulois, qui tiroient leur nom de ces vieux chesnes où ils cueilloient auec tant de ceremonies ce Guy si recommandé en leurs Mysteres. Ceste ame douce & pieuse mariee à vn personnage plein de iugement & de probité, & pourueu d'vne charge releuee; de plus voysine & aucunement alliee de nostre Polixene, fut la Panacee de ses douleurs. A elle seule, mais sous l'inuiolable sceau du silence, elle ouurit les plus secrets replis de son cœur; & tout ainsi que l'on espere bien de la guarison d'vne playe quand elle suppure facilement & entierement sa sanie, ainsi en est-il de celles de l'ame, quand par la parole elles se peuuent manifester à vne oreille confidente, l'on en peut attendre vne prompte santé. Tandis que Lindamee tire à soy par la condoleance, qui est si naturelle à la vraye amitié, vne partie des desplaisirs de sa compagne, elle l'en soulage d'autant; mais ne treuuant en terre aucun remede pour l'appaiser tout à faict; les consolations humaines aux grands

T

desastres estans de pures desolations, elle luy fit leuer les yeux vers celuy qui habite sur les voutes celestes, & vers ces montagnes diuines, d'où nous vient tout secours & tout ayde : car tout ainsi que ceux qui sont saisis de la tempeste en haute mer, n'ont attention qu'aux estoilles, leurs vœux estans addressez aux feux qui sont allumez dans le Ciel; ainsi ceux qui sont tourmentez d'afflictions irremediables ne peuuent attendre de soulagement que de celuy à qui nulle parole est impossible. Voyla donc nostre Polixene par la persuasion de sa chere Lindamee, tout à faict dans la deuotion, la soye & la broderie ne couurent plus son corps, le defaut de ses cheueux n'est plus reparé auec l'Iris & les brillans, les perles tumbent de son col, encor qu'elles demeurent en sa bouche, ses mains ne sont plus empestrees de tant de bagues, elle n'a plus des manottes d'or & de pierreries en ses poignets, ie veux dire des bracelets; sa beauté est negligee, parce qu'elle n'a plus tant de trafic auec la glace de son miroir: d'esclaue elle deuient libre, renonçant à tant de chaisnes; ses oreilles ne sont plus chargees de pendans, vne grande escharpe au lieu de voyle cache comme sous la cendre le feu de ses yeux & la neige de son teint, & vne simple robe couure son corps, & tout cela sans affectation & sans affetterie. Tout le monde admire l'effect de ce changement, & il n'y a que Lindamee qui en sçache la cause; mais à la fin ceste deuotion deuint le principal entretien de la vie de nostre Polixene, qui n'en estoit qu'vn accessoire au commencement. Comme la femme forte de l'Escriture elle en gousta, & elle vid que ceste negotiation estoit bonne, puis qu'elle faisoit acquerir ceste celeste demeure, où la gloire & les richesses sont immortelles. Tout le monde s'estonne de l'eclypse de ceste Lune, & ceux qui l'auoient admiree au plein lustre de ses magnificences, l'admirent encor d'auantage au mespris qu'elle en faict; d'autres s'en mocquent, comme c'est l'ordinaire des mondains de blasphemer ce qu'ils ignorent, & de peruertir par de mauuaises & sinistres interpretations ce qu'ils sçauent estre loüable. Le monde est tousiours fauorable à ses enfans, & inegal enuers ceux qui faisans banqueroute à ses pōpes se rāgent au sort des Saincts en la part de la lumiere de la grace. C'est vn loup qui ne regarde point si les oüailles sont blāches, noires ou tauelees pour les manger; faictes tout ce qu'il vous plaira, si vous abandonnez les rangs de sa milice, sa malice ne manquera pas de vous deschirer par des mesdisances. En voicy vne sanglante, que la patience de nostre Polixene ressentit aussi peu que la genisse de bronze de l'ancien Sculpteur Myron la poincture de l'abeille qui la prenoit pour vne chose animee. Que c'estoit pour tromper plus finement le vieillard, & sous pretexte de pieté, pour destourner ou dissiper sa ialousie, qu'elle contrefaisoit la deuote. Ainsi le monde qui ne vaut rien, par vn iugement aussi meschant que temeraire, ne pouuant pincer sur les actions des personnes deuotes, se contente de les faire soupçonner d'hyppocrisie. Les mocqueurs disoient qu'elle ressembloit à Sichem, qui s'estant circoncis pour posseder Dina, se repentit trop tard de s'estre abandonné à des mortelles douleurs; aussi que s'estant par ambition & par auarice attachee à vn aage disproportionné au sien, elle perissoit de desplaisir d'auoir preferé les richesses & les honneurs à l'vsage d'vn plus égal Hymenee. Et ceste mocquerie estoit bien aussi mordante que la calomnie des autres; car il en est des traicts de risee comme de la pointe de ces fleches qui se trempent dans l'huille afin qu'elles penetrent dauantage: vn mot de gausserie artificieusement lancé entre bien plus auant dans les oreilles, & s'attache bien plus fortement à l'imagination qu'vne lourde mesdisāce qui porte sa refutation dans sa grossiereté. Mais nostre Diane ne laissoit pas d'auancer son croissant iusques à la pleine rondeur de sa perfection, & d'aller tousiours son grand train, cheminant de vertu en vertu, quoy qu'aboyassent ces chiens, & que hurlassent ces loups: & certes ceux-là tesmoignent bien peu de courage qui craignent d'embrasser la deuotion, ou qui l'ayant embrassee desistent de la suiure pour les paroles des enfans du siecle; c'est signe que leur flambeau est bien foible, puis qu'il s'esteint pour si peu de vent: il ne faut pas pour la timidité des espions qui vouloient intimider les Israelites qu'ils quitent l'entreprise de conquerir la Terre de promesse: les montagnes des imaginaires difficultez que la lascheté se figure en la vie deuote s'escoulent comme de la cire deuant la face de la Grace de Dieu. Si est-ce que comme la ialousie est implacablement ombrageuse, & comparee à l'Enfer au

T iij

sacré Cantique ; parce que comme les flammes eternelles tourmentent impitoyablement & sans relasche les ames perduës, ainsi ceste cruelle passion deuore sans cesse les esprits qui en sont atteints; toute ceste pieté deuient suspecte à Antere, qui sur plusieurs trop veritables experiences que le long cours de sa vie luy a faict cognoistre de ceux qui se seruent de ce beau voyle pour pecher plus impudemment deuant Dieu, & plus impunément deuant les hommes, s'imagine tousiours, se deffiant de soy-mesme, ie ne sçay quoy qu'il n'entend pas dans vne reformation si soudaine & si extraordinaire : si ceste deuotion est vraye, il ayme bien Polixene ainsi, mais si elle n'est que feinte il redoute Polixene ainsi ; & quel Deuin luy apprendra qu'elle soit sincere? croira-t'il à ses yeux? il la tiendra pour veritable ; dementira-t'il ses oreilles qui l'entendent estre feinte par le recit de ceux qui, bien que mesdisans, sont tenus par luy pour des oracles ? Encor qu'il ne soit pas si puissant qu'vn Cesar, si veut-il vne femme non seulement exempte de crime, mais de soupçon. Ce fut toutefois vn bon-heur à la pauure Polixene dans l'abysme de ces malheurs, de ce que ce contr'Amant ne perdit iamais la creance qu'il deuoit auoir de la vertu & de l'honnesteté qui reluisoit sur le front de Lindamee, il se fioit en elle & luy confioit son Espouse, comme les Princes Orientaux leurs Sultanes à leurs Eunuques. Aussi à la verité Lindamee estoit en telle reputation d'honneur & de probité, que s'il en eust conceu vne idee contraire il se fust rendu le plus criminel homme de la terre. Aussi sa conuersation ne pouuoit-elle apporter aucun ombrage sinon à ces marys qui ne redoutent rien tant que de voir leurs femmes deuotes ; pour cela c'estoit vn vray escueil, car elle auoit des charmes ineuitables pour attirer celles qu'elle frequentoit au seruice de Dieu. Neantmoins la ialousie est vn mal si pestilent, que comme les araignees elle change les roses en venim, & toute la candeur de Lindamee ne pouuoit empescher nostre ombrageux Antere de donner des espions à sa femme, pour sçauoir en quelle Eglise elle alloit, quelles predications elle entendoit, qui estoit son Confesseur, quel son Directeur, qui luy parloit, qui estoit auprés d'elle, qui la consideroit, sur qui elle iettoit ses yeux, & mille autres petites particularitez

T iiij

dont ceste fantaisie se repaist, estant vne inquietude à qui tout sert d'entretien, mesmes les plus creuses pensees, & presque rien de remede. En fin les allees aux Eglises luy sont interdites, sinon aux iours que l'Eglise ordonne d'assister au Sacrifice des Chrestiens; mais elle y est enuoyee de si bon matin que souuent l'Aurore luy sert de Soleil pour la conduire; Aurore qu'elle deuoit imiter en la diligence, puis qu'elle sortoit aussi bien que ceste fourriere du iour des costez d'vn vieux Titon. Que dirons-nous pour comble de son infelicité, sinon qu'vne closture perpetuelle (n'vsons point du mot odieux de prison) enueloppe la liberté de ceste triste & volontaire captiue. Encor vn Cloistre luy eust esté plus supportable, parce que moins solitaire, & dict-on qu'elle n'eust point profané la compagnie de celles qui suiuent l'Agneau par tout où il va, tandis que comme vne autre Philomele elle souspire dans ceste cage, ou plustost dans ce sepulchre, où elle enferme tant de viuantes graces, les rigueurs d'vn barbare Teree. Vous voulez bien que ie prenne la liberté de vous dire le desastre qui mena au tombeau l'infortuné Calixtin. Ceste mort, vnique remede de son incomparable douleur, & qu'il auoit recherchee auec tant de fureur au milieu des plus sanglantes rencontres que les occasions luy purent fournir, s'esloigna tousiours de luy autant qu'il la desira: il ne manquoit pas d'espies à Paris, qui luy faisoiët sçauoir de téps en téps les succez heureux ou malheureux de celle qui en l'oubliant s'estoit oubliee elle-mesme ; ce n'est pas qu'elle l'honorast iamais d'vn message, ny mesme d'vne recõmandation, ny d'aucune marque de son souuenir, car elle estoit autant & plus jalouse de sa reputation que son mary ne l'estoit de son corps; & comme elle eust perdu l'esperance de posseder legitimement ce Gentilhomme, elle perdit aussi le desir de luy donner aucun tesmoignage de sa bienueillance pour ne prester point cet auantage à sa vanité au preiudice de l'opinion qu'il deuoit auoir de l'inuiolable integrité de son cœur. Que la chasteté est vne vertu glorieuse, puis qu'elle nous fait plustost consentir à la mort qu'à la moindre action qui puisse ternir sa belle blancheur; de sorte que les nouuelles qu'il pouuoit auoir d'elle par ses amis, n'estant fondee que sur les apparences, il auoit bien plus de sujet de croire qu'elle estoit plus affligee par les mauuais traittemens de son mary que par le regret de sa perte. Que de contraires passions comme autant de flots s'entrepoussans agitoient son cœur; tantost la cholere prenant la place de sa bienueillance mesprisee le faisoit plaire en la vengeance qu'il disoit que le iuste ciel prenoit pour luy de ceste ingrate qui l'auoit si legerement quitté. Tantost la pitié rappellāt ses affections, luy faisoit compatir aux miseres de ceste chetiue. Tātost la valeur qui boüilloit en son courage luy faisoit desirer de la tirer de tant de peines par quelque genereuse entreprise, mais comme eust-il mis en execution vn secours qu'on ne luy demandoit pas, c'est tout vn (tant sont vaines les imaginations des Amās) il croit qu'on peut iustement faire du bien à vne personne contre son gré. Mais d'autre costé la crainte de desplaire à celle qu'il cherit, encor toute mescognoissante qu'elle est, allentit ce dessein. Que ne feroit-il à ce vieil Antere, s'il auoit autāt de raison de l'attaquer, comme il a de force pour l'exterminer d'entre les hommes, tout cela sont autant de chimeres qui emplissent son cerueau & qui le tourmentent, il se pert dans le vague de ses pensees, qui toutes (ainsi qu'il void clairement) aboutissent dans la honte & la confusion; tout son espoir est de perir dans les armes & d'enseuelir dans vn glorieux tombeau son deplaisir & son amour, mais le ciel qui se rit de nos propositions ne luy donna l'accomplissement de l'vn ny de l'autre de ses desirs, puisqu'ils estoient remplis de trop d'iniustice, il n'estoit pas raisonnable qu'il en fust le complice, moins l'executeur. Ce n'est pas que ce temeraire ne fust pris au mot, & que ceste mort, toute sourde qu'on la feint, n'acourust à ses inuocations trop ordinaires, mais ce ne fut pas en la sorte qu'il desiroit, Dieu ayant pitié de ceste ame par son infinie misericorde, & ne voulant pas qu'elle se perdist dans la vanité de son sens. Sa perte arriua donc ainsi, vn iour qu'il estoit armé auec plusieurs de ses compagnons pour aller en vne expedition militaire, monté qu'il estoit sur vn cheual aussi plein de fougue que son maistre, comme il le vouloit dompter & ranger à son deuoir pour le rendre compatible auec les autres & ne troubler pas les rangs, cet animal qui auoit vne bouche desesperee se cabrant s'abbatit sur le corps renuersé de Calixtin, & le froissa si horriblement sous ses armes, que tous le tindrent pour mort, le pis fut que ce cheual tombant & se releuant à diuerses reprises, brisa en mille parcelles vne des jambes & des cuisses de ce Cheualier, dont le pied empestré dans l'estrier fit que ce coursier le traina longuement, & luy rompit encor vn bras, & luy cassa la teste en diuers lieux. Le deplorable Calixtin est reporté en cet equipage plus mort que vif, n'ayant qu'autāt de vie qu'il luy en falloit pour cognoistre son malheur, & pour coniurer ses compagnons de l'acheuer de tuer: spectacle miserable! Il appelle cruels ceux qui le secourēt en ceste extremité, il charge d'outrages le plus cher de ses amis qui tasche de le soulager: quand il gueriroit de ces mortelles blesseures, il se void inhabile aux armes, inutile à la Court, boitteux, manchot & cōtrefaict pour toute sa vie, il ayme mieux la mort que de viure parmy tant de lāgueurs. Patience Calixtin, vous serez exaucé, mais Dieu vous ayme trop pour vous prendre au pied leué, il vous veut dōner quelque espace pour vous retourner vers luy par la penitence, sa bonté vaincra vostre mauuaistié, sa douceur vostre malice. On essaye de le panser: mais les Chirurgiens le treuuent tout vermoulu, & n'ayant qu'vne playe, mais qui dure, comme dit vn Prophete, depuis la teste iusques aux pieds, ils desesperent de sa santé, mesme deuant le premier appareil: Palmyne son fidele Acate auerty de faire songer à l'ame de son compagnon, fait venir vn Prestre qui consola de sa presence nostre desolé, plustost que de l'affliger ou de l'estonner, il receut de ceste bouche sacree comme vn autre Ezechias les nouuelles de sa mort, & l'accueillit d'vn front asseuré & determiné auec autant de ioye que luy en pouuoient permettre ses incomparables douleurs : les playes qui luy causerent plustost la mort, ce furent celles de la teste, que les Chirurgiens iugerét irremediables, seulement ils s'estonnoient de ce qu'il pouuoit souffrir le premier appareil, Vous eussiez dit que Dieu le soustenoit visiblement auec sa main droitte pour le conduire en sa volonté au lieu de son repos. Dieu! auec quelle compunction se confessa-t'il! le seruiteur de Dieu qui luy administra le Sacrement de reconciliation en estoit plus rauy qu'edifié. Et que sçauons-nous si les prieres de Polixene qui prioit quelquefois Dieu dans le secret de son cœur, plus par charité diuine que par affection humaine, pour la conseruatiõ de sa vie, ne fut point exaucee pour le salut de son ame. Ie sçay beaucoup de particularitez de ce trespas, lesquelles ie passe pour euiter l'ennuy inseparable de la longueur. Il n'eut que le loisir de penser à Dieu, le mal le pressant si fort, que son ame deschargee de ses fautes, quitta aussi tost la prison toute demolie de son corps. Les nouuelles de sa mort vindrent à Paris plustost que celles de sa cheute; il fut regretté des braues comme vn des gentils courages qui fust à la Court, de Basile extrememét, car il aymoit ce Gentilhomme auec beaucoup de passion, mais non pas à proportion de sa sœur, qui la sçachant en conceut vne tristesse demesuree. Car la douleur de sa perte venant à se mesler auec celle de la priuation de sa veuë qui luy estoit auparauant si dure par vn renfort de deplaisirs pésa porter son ame en des extremitez qui l'eussent renuersee, si elle n'eust esté soustenuë par vn contrepoids d'apprehension de descouurir trop manifestement sa dilection, laquelle quoy que reiglee selon les loix du deuoir & de la modestie eust esté mal interpretée. O honneur, que tu as de puissance sur le courage d'vne ame bien faite, d'vne Dame bié nee, & à qui la vie est moins precieuse que la vertu. Si ne peut-elle se tenir pour donner vn peu d'air à la douleur qui l'estouffoit, qu'elle n'euaporast ses plaintes dans le sein de sa chere Lindamee, à laquelle elle profetifa que fa mort fuiuroit bien toſt celle de Calixtin. Ma chere ame, luy dit Lindamee, auez-vous entrepris d'outrer le cœur de celle qui ne defire rien tant que de guerir le voſtre? pourquoy voulez-vous d'vne mort en faire trois? ne ſçauez-vous pas que mon eſprit eſt indiſſolublement attaché au voſtre, & que cõme vous eſtes l'vne des cheres compagnes de ma vie, ie ne pourrois ſans mourir ſupporter voſtre treſpas? Pardonnez moy, reſpondit en pleurant la miſerable Polixene, ſi ie vous ay affligee par la participation de mon incomparable douleur, les maux ſont contagieux; & il eſt malayſé de raconter ſes fortunes contraires à vn cœur aymé ſans le rendre ſuſceptible de noſtre tourment; mais qu'y ferois-ie, ie vous ay dit ma penſee tout ſimplement, & ma bouche a precipitamment parlé de l'abondance de mon cœur, & pour vous le dire encor plus franchement,

Ie deſire mourir, la raiſon m'y conuie,
Auſſi bien le ſujet qui m'en donne l'enuie,
Ne peut eſtre plus beau:
Et le ſort qui deffait tout ce que ie conſulte,
Me fait voir aſſez clair, que iamais ce tumulte,
N'aura paix qu'au tombeau.

Quoy ma chere sœur (elles s'appelloient ordinairement ainsi) enuieriez-vous ma felicité, si mon ame sortant de ceste double prison

(Car mon corps n'est-il pas la prison de mon ame,

Comme ceste maison la prison de mon corps) alloit dedans le Ciel iouyr du repos qu'elle ne peut treuuer en terre, ma parfaitte amie, combien ruineuse & iniurieuse me seroit ceste sincere amitié que tu m'as tesmoignee en tant d'instances, si mon ame estant sur mes leures tu l'empeschois de voler où elle aspire, & de sortir d'où elle se deplaist. En fin tost ou tard il en faut desloger, la plus longue vie n'est pas la meilleure, mais la plus innocente est la plus desirable : que si i'ay cessé de viure au mesme point que i'ay perdu tout contentement, ne vois-tu pas que ie suruis à moy-mesme, & que ce n'est pas tant mon ame que la douleur qui anime mon corps ? Quant à toy, ma fidele cõpagne, pour qui le Ciel verse ses influences plus fauorables, à qui tout rit, & la rosee des cieux, & la fertilité de la terre ; qui es adoree d'vn mary qui a, comme il doit, en ton insigne vertu vne parfaitte confiance ; enuironnee de beaux & gracieux enfans, qui comme de vertes oliues enuironnent les bords

bords de ta table, qui as tous les sujets du monde de t'aggreer en ceste vallee qui n'est de pleurs que pour les miserables : vy Lindamee, vy, & possedant ton ame auec ioye, laisse aller la mienne auec ses regrets. Lindamee qui ne pouuoit se déprendre d'vn cœur tant aymé respondoit à ces paroles par autant de souspirs, & comme elle seule sçauoit les secrettes & sinceres affections que Polixene auoit selon Dieu pour Calixtin, elle iugeoit bien que tāt d'efforts coup sur coup, rauageans ceste ame l'enleueroient de son siege en abbatant son corps sous l'effort d'vne infaillible maladie; c'est pourquoy destournant tant qu'elle pouuoit les yeux de ceste desolee de dessus son incurable playe, elle la prioit de regarder ceste affliction en la main de Dieu, afin qu'elle luy fust vne verge de direction pour son salut; non vn serpent effroyable. A cela Polixene ingenieuse en son mal, Hé! ma douce compagne, ne voyez-vous pas que c'est Dieu & non autre, que ie regarde quād ie desire estre destachee des liens de ce corps pour estre eternellement auec luy dedans le Ciel; c'est là que deliurée des importunitez de ceux qui m'affligent, sans crainte & sans dsplaisir, ie l'adoreray en saincteté & en iustice, bienheuree de la veū=

V

de sa face en l'eternité des eternitez. C'est là qu'est Calixtin tout florissant de gloire: icy bas ie ne voy qu'vn dragon effroyable qui me garde, comme si i'estois vne pomme d'or ou vn jardin d'Hesperides. Ie te prie, ma chere ame, compatis à ma souffrance, & ne blasme pas la cadeur de ma bienueillance: car tu sçais bien que iamais mon cœur non plus que mon corps ne furent à celuy à qui la volonté des miens m'a sacrifiee, i'estois à Calixtin, c'est luy que ie recherche en Dieu:

Tu vois comme ie vy, tu vois comme i'endure,
Pour vne affection que ie veux qui me dure,
Au de là du trespas,
Tout ce qui me la blasme offence mon oreille,
Et qui veut m'affliger il faut qu'il me coseille
De ne m'affliger pas.
Tu me dis qu'à la fin changera ma misere,
Et qu'auecques le temps la fortune prospere
Reuiendra m'esclairer,
Mais voyant tous les iours mes chaisnes se restreindre,
Pauurette que ie suis, que ne dois-ie point craindre,
Ou que puis-ie esperer.

Ainsi se lamentoit sans remede & sans conseil, la deplorable Polixene, & quoy que le sein de Lindamee recueillist fidelement ses larmes & ses plaintes sans les euenter, si est-ce que ses douleurs plus fortes que les raisons que luy alleguoit ceste chere amie n'estoient point assez dociles pour receuoir de la moderation. Mais tout ainsi qu'en vne grande maladie, le moindre accident qui suruiët accable tout à fait, de mesme en arriua-t'il à nostre languissante, car ceste nouuelle de la mort de Calixtin estant par le bruit commun arriuee aux oreilles d'Antere, il en conceut vne telle ioye, qu'il ne put la dissimuler, parce que les anciennes affections de Polixene & de luy qu'il n'auoit pas ignorees le tenoient en vn perpetuel eschec du costé de ce Gentilhomme, lequel il redoutoit & hayssoit autãt, qu'il estoit cheremẽt estimé de sa partie. Or voyez cõme la dissimulation est le propre du sexe inferieur: car soit par art, soit par nature, il a ce pouuoir sur son impuissance de cacher son feu sous la cendre d'vne forte modestie; & bien que ses passions soient d'autant plus impetueuses qu'il est imbecille, si est-ce que l'ombre du deuoir luy donne plus de retenuë: le vieux Antere, à qui l'aage & l'experience deuoient auoir appris à cacher son jeu, fait incontinent paroistre son ayse & esclatter sa resiouyssance; mais Polixene toute ieune & plus auisee,

Sçait cacher dans son cœur vn profond desplaisir,

& sous vne contenance reiglee presser vne veritable agonie, imitant ceste Egyptienne qui cacha l'aspic sous la figue : car elle couuroit d'vne apparente douceur, vne amertume qui luy donnera la mort. Son mary partie pour descharger son courage, (car il n'y a rien de si difficile que de celer ce qui plaist à raconter,) partie pour recognoistre les sentimens interieurs de sa femme à sa contenance, luy vint comme tout resiouy reciter ceste mort auec vn desauantage si grand de l'ame de Calixtin, qu'à son dire on eust pensé que ce Gentilhomme fust mort desesperé ou enragé; & comme il fut sur la pente de ce discours dont la malignité luy estoit agreable, il continua de la sorte, Me voyla maintenant sans riual de ce costé-là, & Dieu peut-estre me vangera encor ainsi de ceux qui vous muguetent & desquels vous vous laissez cajoller sans craindre l'indignation du Ciel & la mienne. Apprenez de là que les vieux que vous dédaignez tant, enterrent souuent les jeunes qui vous plaisent tant; ie croy que si i'estois maintenant en la place de Calixtin vous l'eussiez bien tost mis en la miene, mais Dieu réuerse tous les méchans desseins. Mille differentes couleurs s'esleuerent à ces horribles paroles sur le visage de Polixene, elle rougit, pallit, blesmit, & fremit en mesme temps, & ces visibles changemens furent bien tost apperceus du vieillard, qui lut à trauers ces alterations exterieures les agonies interieures de son cœur : & lors l'accusant de plusieurs choses que non la raison mais la jalousie luy suggeroit, il la couurit de reproches & de contumelies. A tout cela Polixene les yeux baissez & fondans en larmes, fut quelque espace sans respondre que par le silence, ou plustost par la voix de ses pleurs ; mais comme elle vid qu'on l'accusoit qu'elle versoit ces torrens pour arroser la tombe de celuy que par malice il appelloit son ancien amy, elle releuant le ton de sa voix, & faisant estinceler ses yeux à trauers le deluge qui les offusquoit tout de mesme que quand le Soleil fait monstre de ses rayós au milieu d'vne pluye. Ce n'est point tant, dit-elle, pour la mort de ce deplorable Cheualier digne de meilleures larmes que les miennes, que celles-cy tombent de mes yeux, comme ce sont vos outrages qui me les arrachent, pluft à Dieu

V iiij

que vous peussiez penetrer iusques dãs leur source, qui est mon cœur, tout couuert des playes que vous luy faites par vos indignitez; car ces pleurs que vous voyez distiller par mes yeux sont le plus pur sang de ces blesseures que vous faites à mon innocencē. Dieu est là haut qui nous iugera vn iour & qui vous chastiera du tort que vous me faites, en vous le faisant recognoistre, ie n'en appelle qu'à luy qui sçait les secrets de mon interieur, il sera s'il luy plaist le protecteur de mõ integrité. C'est la verité, & ie la recognois ingenüement, que i'ay aimé Calixtin deuant vous, & plus que vous, lors que ie n'estois ny à l'vn ny à l'autre : mais depuis que i'ay esté à vous, ie vous ay plus aymé & honoré que luy, selon que les loix du Ciel & de la terre me le commãdent, & selon ce que ie dois à Dieu & à mon honneur. Il ne se treuuera iamais que i'aye gratifié depuis ce temps-là Calixtin d'aucun tesmoignage de bienueillance qui luy fust auantageux, à vous preiudiciable, & moins honorable pour moy. Le Ciel qui se sert des choses les plus sombres pour mettre les plus cachees en euidẽce sçaura biẽ discerner vn iour entre vos soupçõs & ma fidelité, entre mon integrité & vos jalousies. Vous direz ce qu'il vous plaira, c'est à vous l'Empire, à moy la gloire de l'obeyssance, contre les traicts de vostre courroux, la patience me seruira de bouclier. Vous sçauez où vous m'auez prise, & que sous les aisles de ma mere Sebastie, ie n'ay rien peu apprédre que d'honneste, i'ay appris en son eschole à ne vouloir que ce que ie dois, ie sçay reigler ma puissance à mõ deuoir, tout ce qui n'est pas honneste m'est abominable. Vous aurez de moy telle opinion que vous voudrez, cela ne me rendra ny pire ny meilleure, vos blasmes me touchent aussi peu, que peu ie me soucie de vos loüanges ; ce n'est pas que ie ne desirasse estre auprés de vous en l'estime qui est conforme à l'honnesteté & à la raison, mais dans l'inegalité de vostre esprit, ceste creance est plus à souhaitter qu'à esperer. Contentez-vous que la vie que vous me faites trainer est vn perpetuel supplice, sans precipiter mon trespas, en m'adioustant douleur sur douleur, & en chargeant mon innocence d'iniustes opprobres ; ie traitte d'autre façon auec vous ; car ie cache vos defauts tant que ie puis par mon silence, & vous par vos iniurieuses accusations, me chargez de crimes qui ne tumberent iamais en ma pensee. A ces mots l'irrité vieillard se sentant toucher dans la prunelle de l'œil, & en ce qui luy estoit le plus sensible, entrant en la plus grande cholere qu'il eust iamais euë, perdit tellement l'vsage de la discretion, que non content de vomir contre ceste prisonniere, toutes les iniures que sa passion luy enseigna, il la noircit de mille infames accusatiõs partie inuẽtees, partie forgees par la jalousie, partie tirees des raports de ses espies, qui pour contenter la bigearrerie de son humeur, & ne paroistre prendre son argent inutilement, luy disoient mille faussetez des deportemens de Polixene, rapports qu'il tenoit pour des veritez indubitables. Elle qui pouuoit moins souffrir vne tache sur son honnesteté, qu'vne paille dans son œil, rejettoit par de pures negatiues ces calomnies, comme la mer repousse les charoignes, qu'on jette dans son sein; & ces reparties estoient tousiours accompagnees de ce mot d'integrité qui trauersoit le cœur du malhabile vieillard cõme vne fleche mortelle. Si biẽ que sõ œil à la fin se troublãt de grãde fureur, il luy arriua d'en venir des paroles aux effects, & cõme c'est le propre des forgerõs de manier des soufflets, ce Vulcã fut si peu iudicieux que d'en porter vn sur la jouë de ceste innocẽte, actiõ indigne d'vn homme de qualité, & tout à fait insupportable à vne hôneste femme. Or côme ceux des orgues les font sonner, cettuy-cy fit resonner ceste plaintiue, laquelle prenant courage de son propre malheur, dict à cet Antere des choses qu'elle ne deuoit pas dire, comme cet imprudent auoit faict ce qu'il ne deuoit pas faire; mais le malheur en cecy est que celuy qui auoit donné estoit plus heureux que celle qui auoit receu. Apres vne telle indignité la plus sage femme du monde prendroit enuie d'estre coulpable pour se vãger, & pour changer en veritez ces vaines ombrages: mais nostre Polixene sçauoit trop ce qu'elle deuoit à Dieu & à sa modestie, pour conceuoir des desseins si desesperez; elle ne veut pas la mort de cet insolent, plustost qu'il se repente & qu'il viue; mais pour elle il en faut mourir, car de viure apres cela il n'est point de nouuelles. Lindamee la venant voir & la treuuant plus esploree que iamais; Quoy, luy dict-elle, ma sœur, vos larmes ressemblent-elles à ces riuieres qui s'augmentent plus elles coulent, le temps Medecin ordinaire de toutes les afflictions perdra-t'il son credit sur les vostres? L'huille qui nourrit les lampes quand elle est en trop grande abondance les amortit; ainsi l'Amour qui moderee est la vie de l'ame, excessiue en est la mort : vos pleurs ne resusciteront pas cet Hyppolite deschiré par ses cheuaux. Regardez le Createur, ma fidele amie, & prenez garde que la creature ne vous face pas perdre le sentier de sa loy. Alors Polixene luy ayant raconté tout ce qui s'estoit passé entre son mary & elle; à peine en acheuoit elle le discours, auec les extensions que son Amour d'vne part, & son indignation de l'autre, luy fournissoient, qu'elle fut saisie tout à coup de ces horribles & presqu'irremediables conuulsions, que les Medecins appellent cholere, maladies qui la penserent estouffer sur le champ. Lindamee crie au secours, toute la maison est en rumeur, les seruiteurs & les seruātes arriuent; la syncope fut telle qu'on la tint vn long-temps, non pour pasmee seulement, mais pour passee : le farouche ialoux auec les yeux encor estincelans de sa recente cholere, parlant à Lindamee; Madame, luy dict-il, ce sont les regrets qu'elle a d'vn de ses mignons qui est mort; ce mot offença cruellement l'oreille de ceste vertueuse Dame, qui luy repartit brusquement; Monsieur, ie ne hante point celles qui ont des mignons au preiudice de leurs marys, Polixene aussi n'est pas de ce nōbre; mais vous ne vous contentez pas d'outrager celle qui est sous vostre puissance, si encor vostre passion ne se respand contre celles qui ne vous sont pas sujettes; allez, vous estes incapable de posseder vne telle Espouse, aussi croy-je que le Ciel la prenãt à sa part vous en priuera bien tost; & alors vous recognoistrez, mais trop tard, sa valeur par sa perte. Comme tout faisoit ombre à ce vieux tison, non d'Amour, mais de cholere, ce traict d'incapacité le frappa; car il n'y a rien qui fasche tant l'arrogance d'vn qui s'estime suffisant, que de se voir humilié. Il eust volontiers querellé Lindamee, mais sa vertu qui l'estonnoit, & la qualité & l'auctorité de son mary qu'il redoutoit, l'arresta, ioint qu'elle estoit en sa maison, où elle rendoit à Polixene des deuoirs d'humanité, qu'il ne pouuoit empescher sans se declarer tout à faict barbare; c'est pourquoy laissant là tout ce monde en esmeute il sort de la maison, aussi peu soucieux de la mort que de la vie de ceste affligee. Lindamee habile au soulagement des malades, & picquee par son amitié enuers sa chere Polixene, luy rendit en ceste occurrence d'incroyables deuoirs: à force de remedes la dolente pasmee reuient de son extase, non pas comme repassant de la mort à la vie, mais comme reuenant de la vie à la mort : car en ce doux assoupissement du corps, & en ce sommeil des facultez de l'ame, elle auoit esté exempte des ennuis qui la saccageoient sans relasche & sans pitié. On deshabille ceste viuante image de la douleur, & on la couche dans le lict d'où elle ne releuera iamais ; quand le temps luy donna le moyen de respirer, sa respiration n'estoit que souspirs, sa bouche n'estoit pleine que de sanglots, & ses yeux auoient changé leurs brandons en de viues sources de larmes ; à la fin elle fit entendre ces tristes mots d'vne voix toute mourante ; Qui a r'ouuert mes paupieres au iour ? quel iour m'a dessillé les yeux pour me faire recognoistre en moy-mesme vn spectacle si deplorable ? qui a redonné mon esprit à mon corps pour luy estre vn tourment, ou mon corps à mon esprit pour luy seruir de prison & de supplice ? Quel astre desastré a eu l'ascendant en ma naissance pour me reseruer à vne si cruelle destinee ? De quelle trempe est forgé mon cœur pour pouuoir resister à tant de coups sans se mettre en poudre ? O Mort, qui comme vne ombre fuis ceux qui te fuyent, & fuis ceux qui te suiuent, ne viendras-tu iamais auec ta faulx trancher le fil d'vne si miserable vie ? Fortune marastre à quels plus cruels tourmens me reserues tu? seray-ie encor long temps le ioüet de ton inconstance? Icy Lindamee, Ma sœur ce que vous reclamez sont des noms creux & vuides, & c'est vne espece d'idolatrie que de diuiniser ce qui n'est point, c'est Dieu qu'il faut regarder, qui a en ses mains les clefs de la vie & de la mort, de la bonne & de la mauuaise fortune. A ces mots retournant ses yeux battus & comme nageans dans la mort, vers ceste voix tant aymee : Helas, dict-elle, ma chere sœur, il est vray, c'est à Dieu que ie dois esleuer mes yeux afin qu'il me tire des ceps de ces miseres ; mais ie ressemble à ceux qui se noyent qui se prennent non à ce qui est le plus ferme & à ce qui les peut sauuer, mais à ce qui se treuue le plus present. Ie vous prie, ma fidele, songez à mon ame ; car de ce corps il n'en faut plus faire d'estat, ie cognoy bien à l'effort du mal qui me rauage qu'il faut que ie meure, & que ie die adieu au monde qui m'a trompé. Lindamee qui sçauoit à qui elle auoit affaire, sans luy repliquer autrement de peur d'esmouuoir ceste cholerique maladie par la contestation, enuoye chercher les Medecins & spirituels & corporels en mesme temps ; ceux-cy dés qu'ils eurent tasté son pouls, le iugerent mortel, & dirent aux autres qu'ils eussent à disposer son ame, parce que son passage estoit proche: tandis qu'elle considere les replis de sa conscience, & qu'elle visite la Ierusalem de son interieur auec des lāpes, c'est à dire exactement, sa dolente mere accourt, arriuent ses freres, & Basile mesme, qui en ceste extremité ne voulut pas manquer à sa chere sœur, bien qu'il s'abstint de la voir, parce que la resistance qu'il auoit apportee à son Mariage l'auoit mis en assez mauuaise intelligence auec Antere, lequel mesme redoutoit que Basile ne luy fist quelque desplaisir à cause des mauuais traittemens qu'il faisoit à sa sœur : mais tout ainsi qu'en vn siege de ville les citoyens qui ont des riottes entr'eux s'vnissent pour repousser l'ennemy commun, de mesme ces castilles se dissimulent tandis qu'on essaye d'apporter quelque soulagement à ceste mourante. Sebastie qui estoit ignorante de la cause qui conduisoit sa fille au cercueil, ne luy apporte que des secours vulgaires & des cōsolations communes; elle plaint autant sa perte pour la priuation de l'appuy d'Antere, (car selon le prouerbe, la fille morte, mort le gendre) & pour estre frustree de l'esperance de voir sa fille heritiere de tant de grands biens qui paroissoient en la maison de ce richard, que pour aucune autre consideration; ce n'est pas que cõme mere elle ne se sentist deschirer les entrailles voyãt sa fille entre les mains de la mort; car le sang ne se peut démentir, mais l'interest qui l'auoit portee à faire ce mariage cõtre le gré de Polixene, la touchoit presque autant que l'affinité. Les trois freres qui auoient auec la mere pressé ceste alliãce infortunee, ont presque les mesmes sentimens: mais bien autres estoient ceux de Basile, lequel tout à fait desinteressé portoit la priuation de ceste sœur vnique auec d'autant plus d'impatience que les liens d'affection qui l'attachoient à elle estoient plus purs & plus spirituels; aussi luy rédoit-il des deuoirs bien plus charitables que les autres, qui ne faisoient que prester leurs yeux à ce spectacle tragique; mais Basile y appliquoit & son cœur & ses mains: les frequens euanoüissemens auec des vomissemés ordinaires, ioints à des desuoyemés & à des cõuulsions estranges, signes infaillibles de mort en ceste maladie, firent desesperer de sa guerison. Lindamee cognoissant la deuotion de sa compagne, ne luy parle plus que de Dieu. Son Confesseur Religieux d'vn Ordre extremement austere, ne l'abandonnoit que le moins qu'il pouuoit, elle se reconcilioit souuent, &

lors que revenuë de ses pasmoisons elle avoit quelques clairs interuales, ce bon Pere réplissant ses oreilles de sainctes remonstrances occupoit tout son cœur en Dieu, & emplissoit sa bouche de sacrees aspirations & d'actes de penitence: elle desira la tres-saincte Communion, mais ses trop frequens vomissemens la priuerent de ce Viatique; par humilité elle supporta ceste priuatiō auec des tesmoignages de recognoissance de sa misere, se disant auec le Centurion, indigne que nostre Seigneur vint chez elle. Helas, disoit-elle tout bas & en souspirant, tandis que i'estois plongee dans les vanitez i'ay peu Communier souuentefois & ie l'ay negligé, & par vn iuste iugement de Dieu, que ie reuere & adore, maintenant que i'en ay le desir extreme, il ne m'en donne pas la puissance: ô! que c'est vne grande sagesse d'operer le bien quand on en a le temps. Sentant deffaillir ses forces & auancer la mort, elle desira parler en particulier à son frere Basile, & à sa chere Lindamee; ce qui luy ayant esté accordé, la compagnie s'estant retiree, elle leur dict d'vne voix debile & voysine de la mort: Mes cheres ames, ie m'en vay mourir, il est temps de dire vray ou iamais; car d'aborder sans cela deuant le throsne du Dieu de Verité, qui pert tous

ceux

ceux qui proferent la mensonge, c'est vn grand sacrilege, & c'est porter dans son sein l'arrest de sa condānation. Il y a long-téps, ma chere sœur, dict-elle à Lindamee, que vous estes depositrice de ce que i'ay de plus secret sur le cœur, vostre fidelité l'a si bien consigné au silence, que vous auez démēty par ceste action ceux qui tiennent nostre sexe incapable de rien celer. Maintenant ie leue ce sceau de dessus vos levres, & nō seulemēt ie vous permets, mais ie vous prie de le declarer à mon frere, non toutesfois deuant mon trespas, ie laisse par apres à sa prudence de faire ce qu'il luy plaira de ce depost; car n'ayant pas assez de front ny de courage pour luy en faire l'ouuerture durāt ma vie, vous la pourrez faire lors que la pasle mort m'aura osté tout moyen de rougir. Et vous, mon tres-cher frere, dit-elle à Basile se retournāt vers luy, croyez ce que vous dira ceste vertueuse Dame, & la cherissez en la place de ceste Polixene, qui s'en va bien tost accroistre le nombre des morts: Helas vous estes non seulement mon frere, mais mon pere, vous auez esté le seul soustien de ma vie, soyez encor le soulagement de ma mort, & receuez de la part de Dieu ce que ma bouche vous profere en ceste extremité. Le monde est vn trōpeur, c'est vn char-

Iatan, c'est vn pipeur, qui nous seduit sous de specieuses apparences; prenez garde que la Court ne vous perde, & que vous pensant auancer en Terre vous ne vous treuuiez deceu à la fin de vos iours, & descheu des iustes pretensions que toute ame desireuse de son salut doit auoir du Ciel. Ne cherchez point d'autre exemple de cela qu'en moy, qui ay rencontré mes desastres, où ma mere & mes freres, (non pas vous mon cher protecteur & mon Ange tutelaire) pensoient que ie deusse treuuer mille felicitez: il n'y a point d'asseurance, il n'y a point de fermeté, il n'y a point de vray contentement qu'en Dieu. Le monde est vne Syrene qui ne chante que pour nous charmer, & qui ne nous charme que pour nous ruiner, mais d'vne ruine eternelle. Pour Dieu, mon frere, fuyez ces escueils, & vous retirez si vous m'en croyez au port heureux de la vie Religieuse; ô que i'eusse esté heureuse si i'eusse professé vne si saincte Vacation, ie mourrois contente, au lieu que maintenant ie meurs l'ame détrempee en de si cruelles amertumes qu'elles me sont moins supportables que les douleurs qui poussent ma ieunesse au tôbeau. Ie voy vostre fortune & vos esperances attachees sur la mer du monde à vne ancre legere, qui ne

aux tẽpestes qui menacent son vaisseau: l'auersion publique est vne grãde marque d'vne horrible cheute; la Puissance mesme que vous adorez n'est pas pour durer tousiours; les vicissitudes humaines sont estrãges, nos grandeurs & nos raualemens sont des exercices de ceste diuine Prouidẽce, qui se iouë de cela sur le theatre de l'Vniuers. En fin, mon tres aymé frere, il faut mourir, & apres la mort le iugemẽt sera d'autãt plus rigoureusemẽt fait de nous, que nous aurons esté plus eminens, & les puissans seront puissamment tourmẽtez s'ils ont abusé de leur auctorité. Fuyez de ceste Babylone, cher Basile, & sauuez vostre ame; car de quoy vous seruira d'acquerir tout le monde si vous la perdez: C'est là, mon frere, le cõseil que i'ay à vous dõner en mes derniers souspirs, & ie croy en cela estre participante de l'Esprit de Dieu qui me le dicte. Ce n'est point la crainte de la mort laquelle ie prends en gré, ce n'est aucun interest qui me presse sinon celuy de vostre salut, qui m'est aussi precieux que vous fut iamais le soin de mon contentement. Si vous l'effectuez, Dieu qui en est l'Autheur, vous aydera de beaucoup de graces pour le conduire à sa perfection; si vous le negligez, souuenez-vous que vous n'aurez poinz en la mort de plus poignans remorts, & que Dieu en son Tribunal supreme ne vous fera rédre compte d'aucune de vos actions plus seuerement que de ceste omission. Au demeurāt ie vous supplie de n'auoir aucun ressentiment contre Antere, pour tant de rudesses qu'il semble auoir exercees contre moy, en cela ie luy suis redeuable, puis qu'il m'a dōné le moyen par ces exercices de me fortifier en la patience mere de toutes les vertus. Ie benis Dieu qui m'a fait tirer profit de mō dōmage, & qui m'a par ceste voye tiree au desir de le seruir. Ie vous prie non seulement de luy pardonner, cōme de bon cœur ie luy pardonne, mais de l'aymer, parce que Dieu le cōmande, & si ie puis quelque chose sur vostre courage, pour l'amour de moy. Donnez-moy vostre main, mō tres-doux frere, afin que ie la baise pour derniere faueur : Et toy, ma chere Lindamee, l'autre moitié de mon ame, reçoy celle qui va sortir de mon corps sur tes levres aymees, & prends le soin de faire prier Dieu que la terre soit legere à mes cendres, & les portes du Ciel ouuertes à mon esprit. Elle profera ce long discours auec vne ferueur si grande que son zele luy donna vne force extraordinaire pour l'acheuer : à cela Basile & Lindamee ne peurent repliquer que par des larmes & des sanglots, & tous deux se iettans sur le corps de ceste chere languissante sembloient le vouloir r'animer auec leurs souspirs; quand parmy ces charitables embrassemens elle tomba en vne si grande syncope, qu'ils la tindrent assez long-temps pour expiree; ils r'appellent tous ceux qui s'estoient retirez, pour les laisser conferer auec plus de liberté. Il n'y eut que Sebastie, laquelle à cause de son aage & de la vehemence de son desplaisir, fut empeschee par ses enfans & par son gédre de r'entrer auec les autres, ne treuuans point de meilleur voyle que ceste retraitte, pour l'empescher de voir auec trop de creuecœur le sacrifice que la Mort alloit faire de ceste pauure Iphigenie à la cruauté de son mary. Et certes il faut aduoüer que rien n'estonne tant des peres ou des meres que de voir mourir ceux qu'ils desirent si passionnément qu'ils leur suruiuent, & qui par le cours ordinaire de nature leur doiuent clorre les yeux; ils voudroient s'il leur estoit loysible mourir en leur place (tesmoin celuy qui disoit pour vn enfant rebelle, Mon fils Absalon qui me donnera que ie meure pour toy) parce que la compassion de voir perir des personnes si cheres leur est plus sensible que leur propre dissolution, car estant le sang de leur sang

& la chair de leur chair, ils se voyent en ces trespas comme deschirer les entrailles. C'est pour cela qu'en la loy de Moyse il estoit defendu de faire boüillir le cheureau dans le laict de la mere, & cõmandé en la prise d'vne perdrix & de ses petits, de donner la liberté à celle-là ou aux autres; pour enseigner aux Hebrieux à ne mesler les funerailles des peres & des enfans. Aussi lisons-nous en l'ancienne alliance que la miserable Agar ne iugeoit pas tant insupportable de se cognoistre voysine de la mort, comme de voir mourir son enfant. Entrez qu'ils furent, la pasmoison de Polixene fut telle qu'on la prenoit pour vne vraye mort. Son Confesseur luy crie en vain qu'elle se souuienne de Dieu; & qu'elle luy recommande son ame, car l'esuanoüissement luy auoit osté non seulement l'intelligence de l'oüye & le discernement de la veuë, mais l'vsage de tous les sens : ce ne sont en ses freres que souspirs, en Lindamee que sanglots, aux domestiques que larmes; seul entre tant de doleances le barbare Antere est non seulement sans pleurs & sans douleur, mais tesmoigne vne chere gaye & contente. Ne vous estonnez vous point de ce cœur de rocher? Qui ne s'en estonneroit, dict icy brusquement Florimond, de voir vn cœur de pierre dans la poictrine d'vn homme, toutefois puis qu'il n'estoit homme que par le visage, permettons qu'il ait ce courage brutal, mais fust-il en la place de ceste agonizante, la fin de laquelle ie m'asseure que ceux qui vous escoutent n'attendent pas auec moins d'impatience que moy; dictes nous donc promptement, Seigneur Serafic, mourut elle de ceste syncope, car mon ame en est en des perplexitez intollerables. Serafic ioyeux de voir que les impressions de son discours fissent vne telle suspension, comme reuenant d'vne profonde resuerie; Mais où en estions nous, dict-il, car vostre interruption m'a desorienté: & disoit-il cela par accortise & par soupplesse, pour irriter dauantage leur desir. Icy Menandre, Vous estes bien plus auisé,

Que ce fol, temeraire, & ardant iouuenceau,
Qui mourant par le feu, fit sa tombe dans l'eau,
Lequel voulant guider la lumiere du monde
Tresbuchant suffocqua son orgueil dedans l'onde.

Vous sçauez bien mieux tenir les resnes de vostre langue que luy de ses cheuaux, & mieux garder le droict fil de vostre narré que luy de son Eclyptique; vous n'auez qu'

V

faire du peloton d'Ariadne pour vous remettre sur les droictes erres d'vn labyrinthe dont vous sçauez les routes, & où vous nous conduisez selon vostre plaisir; car il faut auoüer que vostre langue nous meine par d'estranges destours. Serafic admirant le iugement de cet habile homme qui auoit descouuert sa ruse, alloit recommencer, si Alexis voulant faire l'officieux ne luy eust dict, Mon cousin, vous en estiez sur la pasmoison de Polixene quand pasmee entre les bras de Basile & de Lindamee, ses autres freres & son mary entrerent dans sa chambre. Il est vray, dict Serafic, vous me remettez iustement sur mes brisees, ie ressemble à ces chiens mal ameutis qui tombent ayfément en defaut.

FIN DV LIVRE QVATRIESME.

ALEXIS.
PARTIE SECONDE.
LIVRE CINQVIESME.

SOMMAIRE.

1. Aboys d'vn Cerf. 2. Pourparlé de Speusippe & de frere Gilles. 3. Mort de Polixene. 4. Lindamee malade, & ses regrets. 5. Conuersion de Basile. 6. Son stratageme pour quitter le monde.

VOvs eussiez dict qu'il presageoit ce qui arriua ; car comme il continuoit, vn grand souspir tiré du profond de sa poitrine, resueilla auec ses esprits, les esperãces presque mortes de l'assistãce, & redõna vn manifeste si, à peine auoit-il commencé ceste parole, auant qu'il eust acheué, signe de vie, que voyla vn bruit extraordinaire qui vient frapper leurs oreilles, si horrible & si tumultueux, que si l'air eust esté plein de plusieurs tonnerres, on ne les eust pas entendus. C'estoit vn cerf bramant hautement, qui excita l'abboy de tous les mastins destinez à la garde de la maison, il s'estoit jetté dans la premiere court qui estoit celle du mesnage, au mesme temps qu'vne charette chargee de bois entroit par la grande porte le pont-leuis estant abbatu. Voyla tous les valets & tous les Oblats apres ceste nouuelle chasse, il bondit deça & delà pour euiter les attaintes & les bourrades de ces chiens, & le desespoir armant son bois & ses jambes, luy fit treuuer de la hardiesse dans son extremité, il creue l'vn d'vne andouilliere qu'il luy porte dans les flancs, il esleue l'autre en l'air aussi haut qu'vne maison qui tombe tout ecrasé sur le paué de la court, il en bat vn autre d'vne jambe seiche cōme vn bastō, les autres ne laissent pas de l'attaquer; la valetaille s'arme de fourches, & luy va liurer vn sanglant combat, tout cela faisoit vn bruit démesuré qui retentissoit en des echos qui le multiplioient au centuple, nos Pelerins vont aux fenestres, les hostes aussi, à la fin les Peres comme pour faire cesser ce tintamarre qui emplissoit la tranquille solitude des Religieux de confusion & de vacarme, quand le cerf treuuant le grand passage qui va des offices dans le cloistre tout ouuert s'y lance à corps perdu, & puis bondissant parmy les fleurs & les arbres de ce grand enclos, il s'alla jetter dans vne belle & claire fontaine qui est au milieu, où trempant la langue alteree & sa bouche escumante, vous eussiez dit qu'à longs traits il tiroit du nectar; à mesure qu'il aualoit ceste raffraischissante liqueur, il versoit dans le cristal de ceste onde de grosses perles qui couloient toutes liquides de ses yeux, rendant par le pitoyable office de ses pleurs comme des actions de grace à ce boüillon d'eau. Les Peres quoy qu'enfoncez pour lors dans leurs cellules comme dans des grottes, entendans ce bruit si espouuentable, parurent pour la plus part aux portes de leurs chambres, & compatirent par la veuë à ce triste spectacle, & triste estoit-il puisque ce pauure animal pleurant de la sorte, selon la coustume de ceux de son espece reduits aux aboys, leuoit ses yeux vers vn Crucifix qui rendoit de l'eau par les mesmes lieux où le Sauueur a reserué mesme en la gloire les marques de ses principales playes; nonobstant cela les mastins cóme s'ils euſſent eſté enragez, le mordoiët aſprement de toutes parts, ſi bien que pour ſe deliurer de ces dures attaintes, il fut contrainct de ſe relancer dans le grand canal, & de ſe ranger auec les poiſſons: Ces chiens qui n'auoient pas accouſtumé d'aller à l'eau prendre de tels canards, jappoient au riuage auec des hurlemens auſſi eſtranges que s'ils euſſent eſté des loups. Et ce fut alors que Dom Prieur prit le temps de commander aux ſeruiteurs de la maiſon de remettre ces clabaudeurs à l'attache, & de les oſter d'autour ceſte pauure beſte, qui auoit treuué ſon azyle dans les eaux. Ce tumulte eſtant appaiſé, le Sacriſtain fit entendre le premier coup de veſpres, ce qui fit retirer les Religieux dans leurs Oratoires pour dire celles de Noſtre Dame, preparatoires de celles du iour. Cependant on ne ſçait d'où eſt venu ce cerf, & comme il arriue en des mouuemens ſoudains, chacun dit ſon opinion, & quoy que toutes ſoient differentes nulle ſe treuue vraye; quelques vns des plus vieux Conuers racontent bien de ſemblables eſclandres, du temps que les Roys de la race des Valois couroiēt les beſtes fauues de ces foreſts de leur patrimoine, dõt quelques vnes venoient ou mourir dans les foſſez ou dans les eſtangs de la maiſon, termi-

dans la course par leur prise, les autres treuuans les portes ouuertes se jettoient dans l'enclos, entre lesquelles on remarqua que le Roy Charles auoit donné la vie à vne biche qui s'estoit sauuée dans l'Eglise. Ils en estoient sur ces concerts, ne pouuans deuiner quel chasseur brossast pour lors dans ces hauts bois, poursuiuant ceste proye, quand les echos circonuoisins apporterent par leurs rebattemens à leurs oreilles, l'harmonie sauuage mais delicieuse des cors & d'vne meute clabaudante qui venoit à grand traict sur les etres du cerf; alors Dom Procureur ne douta plus que ce ne fust quelque grand Seigneur qui eust relancé ce cerf, qui serré de prés s'estoit rembusché dans le Monastere, aymant mieux se ranger à la mercy des Religieux, dont il auoit experimenté la douceur en leurs promenades, que ie mettre à la gueule de ceste meute affamée de chiens courans, qui ne respiroit que sa curée. Dom Prieur enuoye à la porte vn des Oblats pour donner auis aux picqueurs du giste de ce qu'ils cherchoient, minutant de tirer de peine ces chasseurs, & de procurer la grace de cet innocent criminel. Et voyla que les chiens sages & bien ameutis sans prendre le change, & apres anoir bien demeslé des ruses & des houruaris viénent droit & en troupe à la porte du Monastere, où le pont-leuis releué les fit tomber en defaut, les picqueurs les alloiét remettre sur de nouuelles erres, les chiens opiniaſtrans touſiours à ſuiure leur pointe, quand l'Oblat les releuant de ceſte peine leur apprit comme le cerf s'eſtoit jetté dás la Chartreuſe, les prians qu'ils en euſſent pitié, & qu'ils priſſent ſes larmes au lieu de ſon ſang. Ces gens autant impitoyables que la meute qu'ils conduiſoient, ſe mocquerent de la compaſſion de ce Frere, & comme c'eſt l'ordinaire des chaſſeurs d'eſtre libres en paroles, l'vn d'entr'eux luy dit ſçachant que les Chartreux ne viuent que de poiſſon, Frere ceſte venaiſon n'eſt pas à ton vſage, vn cerf vaut mieux la peine de le prendre qu'vne carpe, ouure nous la porte que nous luy allions couper le jaret. Le Frere reſpondit qu'il n'auoit pas ceſte obedience, & qu'il ne penſoit pas que Dom Prieur leur donnaſt la permiſſion d'entrer auec tout leur attirail, parce que cela troubleroit les Religieux qui eſtoient ſur le poinct d'aller à veſpres. L'amy, dit l'vn, ie croy qu'il la fera ouurir bien large quand tu luy diras que voicy le Duc de Longueil Gouuerneur de l'Iſle de Fráce qui nous ſuit, & que c'eſt sa chasse. L'autre court porter ceste nouuelle à Dom Prieur, qui vient aussi-tost auec Dom Chrysogone, & y treuua ce Prince de la maison d'Austrasie qui demandoit à entrer. Alors Dom Prieur commandant que le pont fust abatu & la grande porte ouuerte durant ce temps-là, s'approchant du Prince, Monseigneur, luy dit-il, ie m'asseure que vous ne venez pas faire vn carnage en vn lieu où la boucherie n'est pas en vsage; toutesfois pourueu que ceste chair ne soit pas mágee en ceste maison, de laquelle vostre pieté sçait l'obseruance, non seulement le cerf est à vous comme pris en vne iuste guerre, mais tout autant qu'il y a de Religieux Chartreux, c'est à dire prisonniers volontaires en ce cloistre, sont tous vos pauures serfs & esclaues qui ne respirent que le seruice de vostre grandeur. Cela c'estoit pour vn solitaire sçauoir son entregent. Le Prince d'vne façon toute courtoise & digne de son sang respondit, Mon Pere, ie ne veux pas que l'impetuosité de ce plaisir si turbulét & de cest exercice si tempestatif me porte iusques là de profaner vostre maison ny de troubler la paix & la tranquilité qui s'y gouste, seulement ie veux voir en quels termes i'ay reduict ce galand qui m'a donné tant de peine, &

qui par tant de ruses, de bonds, de changes & de meslees m'a fait picquer depuis Soissons iusques icy, dés à present en vostre faueur ie luy donne la vie, & la liberté encor si vous voulez; il ne pouuoit en lieu plus sainct acquerir la franchise. Ce discours ne plut guere aux chasseurs qui se ramassoient de toutes parts au son de leurs trompes, & eust comme ie pense fait enrager les chiens s'ils l'eussent entendu; ils se sentoient si prests de leur proye qu'ils ne se pouuoient taire, quelques-vns chassans de haut vent s'alloient jetter de prinsault sur le pont, quand il fut abbatu, si le Prince n'eust defendu de faire entrer sa meute; luy-mesme descendit de cheual, & ne voulut pas que la grande porte fust ouuerte, il va auec la promptitude d'vn chasseur accompagné de ses Gentils-hommes droict au grãd cloistre où Dom Prieur luy auoit dit qu'estoit le cerf, il sçauoit les destours de la maison, où souuent il auoit esté du temps que le Grand Henry faisoit succeder cet exercice qui est militaire en la paix à celuy de la guerre qu'il auoit heureusement assoupy en son Royaume. Sur quoy vn bel esprit qui viuoit lors s'esgaya en ces belles paroles.

A l'om-

A l'ombre des lauriers que vos heureuses peines
  Ont, grand Roy dans les Cieux par le fer
    esleuez,
  Tout iouyt de la paix, les villes, & les plai-
    nes,
  Et seulement les bois en demeurent priuez.
Vous troublez des forests la solitude noire,
  Cruel en vos plaisirs, bien plus qu'en vos
    courroux,
  Et sur les animaux vous profanez la gloire,
  Que prennent les guerriers à mourir de vos
    coups.
Des cerfs de qui bien tost l'espece va decroistre,
  Ny des cheureuils mourans on ne plaint pas
    le sort,
  On les plaint seulement de ne pouuoir cognoi-
    stre
  La valeur de la main qui leur donne la
    mort.
Vous deuriez delaisser à ces peuples barbares
  Des Indes ce mestier, remplis de cruauté,
  L'exercice d'vn Scythe & l'ébat d'vn Tar-
    tare,
  Qui chasse par famine ou par oysiueté.

Ce Prince treuu a le cerf sorty de l'eau, & entre les bras d'vn bon Frere Conuers que nous appellerons Frere Gilles, qui le caressoit. Quoy, dit-il, ie pense que ces Religieux que leur solitude rend sauuages, ostét l'humeur farouche aux animaux les plus hagards. Cet animal qui a naturellement l'oreille fort subtile, ayant entendu ceste voix de chasseur & apperceu ces Chevaliers venans à luy, cóme redoutãt leurs espees s'enfuit à travers les arbres nains qui estoiẽt dãs ce spacieux verger. Dom Prieur arriua là dessus, qui ayant veu de loin ceste domesticité de Frere Gilles auec cet animal: Et quoy mon Frere, luy dit-il, apprivoisez vous si tost vn cerf qui est plus vieux & plus rusé que vous? Plus vieux que moy, reprit le Frere, ie voudrois luy auoir donné vne dixaine de mes annees, il n'en seroit pas beaucoup chargé, & moy ie serois bien deschargé. Le Prince de la race la plus affable du mõde, & la plus humaine prenant plaisir à la repartie de ce Frere, Mõ amy, dit-il, à quoy cognoissez vous qu'il est ieune, est ce à son bois? Nõ pas à son bois, dit-il, Mõsieur, mais au miẽ. Le Prince riãt tant qu'il pouuoit, Vraymẽt, dit-il, voyla qui est bõ, & quoy portez vous sur la teste vn panache de cerf? I'y porte biẽ vne corne, reprit le Frere, mais elle n'a pas tant de rameaux ny de branches que la corne de ce cerf. Le Prince voyant que ce bon Frere y alloit tout simplement, & qu'il sçauoit assez mal les termes de la chasse qui chãge ces paroles cornuës en celles de teste

& de bois, Mais encor, luy dit-il, quel est vostre bois qui vous fait cognoistre l'aage de ce cerf, est-ce quelque chesne de ceste forest? Monsieur, dit Frere Gilles, vous l'auez dit, car c'est à vn coup de baston de ces cotrets tirez du bois de la coste de Retz, que ie luy ay baillé autresfois en eschange d'vn coup de pied dõt il me blessa. Quoy, dict le Prince, se pasmant de ioye d'entendre ce discours, vous l'auez donc autrefois rencõtré dans la forest? Alors Frere Gilles se tournãt vers Dom Prieur, Mõ Pere, dit-il, c'est ce ieune cerf qui estoit ceãs, il y a quelques annees qui auoit esté apporté tout petit par vn de nos gardeurs de bestail, ie l'ay nourry de laict assez long temps, & il estoit si domestique qu'il alloit aux champs auec les vaches, & reuenoit sans manquer; mais à la fin estant deuenu plus grand, il faisoit selon l'ordinaire de ceux de sõ espece, mille sortes de maux, frappant du pied, heurtant de la corne, & rongeant tout ce qu'il rencõtroit: en fin estant vn iour allé aux champs selon sa coustume, cõtre sa coustume il ne reuint pas, & ie ne regrettay pas beaucoup sa perte, car pour tant de bien que ie luy auois faict, le meschant ne me rendoit que du mal. Mais à quoy le recognoissez-vous, dict Dom-Prieur: Il est bien aysé à

Y ij

cognoistre à qui l'a gouuerné priuément, il a trois marques signalees, l'vne à vne jambe de deuant s'estant bruslé à la cuisine, l'autre à vne cuisse par vne grande morsure d'vn de nos mastins, & l'autre d'vn grand coup de baston que ie luy baillay sur l'œil gauche que ie pensois luy auoir creué. En fin le galand m'a recogneu en sa necessité, & ie vous asseure qu'il a bien pleuré & fait penitence de ses fautes: s'il ne fust point sorty de la Religion, comme vn Apostat & vn vray Iudas, il ne seroit pas en la peine où il est; pour moy ie luy pardonne de bon cœur, & ie vous prie, mon Pere, pour l'amour de Dieu de luy impetrer misericorde, & que la pauure beste ne meure pas, puisque sõ souuerain bien est en ceste vie; car voyez-vous ces chetifs animaux n'iront point en Paradis, en disant cela il se prit à pleurer, & se mettãt à genoux il demãdoit à Dom Prieur grace pour ce coulpable. Mon Frere, luy dit-il, voyla son maistre & le nostre, c'est luy qui tient les clefs de sa vie ou de sa mort, le droict de la chasse luy donne tout pouuoir d'en faire ce qu'il luy plaira, & l'auctorité qu'il a non seulement ceans, mais en tout le pays nous rend sujets à son obeyssance. Le Prince prenoit plus de plaisir à la cãdeur de ces Religieux qu'à tout celuy qu'i auoit eu à la chasse, où apres tout il n'auoit pris que du vent, & humé auec ce vent vn appetit desordōné. Alors il dit à Dō Prieur, Mon Pere, ce cerf vous appartient en toutes façons, & par education & par proprieté, & par vindication, ie luy pardōne la peine qu'il m'a dōnee à le courre, pour le contentement que i'ay de le voir reduict à l'extremité, & conuerty ainsi que dit ce bon Frere; de moy i'estimerois faire vn sacrilege de l'arracher de la corne des Autels, qu'il viue entre vos mains plustost que de mourir par les miennes; ie ne suis pas venu icy pour vous troubler ny pour vous affliger, mais plustost pour me consoler auec vous; mais au lieu de curée de son sang, nous ferons curée de vostre vin, car nous sommes alterez & affamez côme des chasseurs qui n'ont rien mangé depuis ce matin à l'assemblee. Alors Dom Prieur cōmanda à Dom Procureur de donner ordre à cela & au logement de ce Prince & de son train: alors le Duc, Non mō Pere, ie ne veux pas coucher ceans, c'est assez que le cerf y demeure, i'ay enuoyé vn de mes picqueurs auertir vn Gétilhomme de ce voysinage qu'il m'auroit pour hoste ce soir, ie le desobligerois de luy manquer de parole. Frere Gilles ayant obtenu la vie de son cerf s'en va tout ioyeux

Y iij

& côtent à la despéce preparer ce qui estoit necessaire. Comme ce Prince auec tous ces veneurs faisoient vne curee de bouteilles, Vespres sonnerent, ausquelles allerent les Religieux, non pas nos Pelerins, encor moins Alexis qui craignoit d'estre recognu par quelqu'vn des Gentilshommes de ceste Venerie, ils s'allerent enfermer dans la cellule de Dom Theophore, iusques à ce que ceste inondation de coureurs fust passee, & ce torrent escoulé. Le Prince ayant appaisé sa plus pressante faim fut à l'Eglise prier Dieu, où il admira la grande modestie & tranquillité de ces bons Peres durãt leur psalmodie. O! disoit il à Dom Prieur en sortant, que nous vous sommes dissemblables, vous estes arrestez & immobiles côme des statuës, & nous sommes côme des Planettes errans & vagabõs deçà & de là, nous ne faisons que courir & nous ne prenõs que du vent, Non pas auiourd'huy, respõdit Dom Prieur, car vostre liberalité nous a fauorisez du fruict de sa fatigue. Mõ Pere, dit le Prince, ie ne vous ay rien donné, tout ce que i'ay fait c'est de vous r'amener vn fugitif, & de ne vous prendre pas ce qui vous appartiẽt: encor n'est-ce pas peu quãd vn Prince laisse à vn chacun ce qui luy appartient. Ceux de vostre sang, dit Dõ Prieur, ont enrichy l'Eglise de tãt de biẽs, que leurs aumosnes sõt renommees par toute la terre; de sorte que vous estes bien esloigné de prédre ce qui est à autruy, puisque vous prodiguez si frāchemét le vostre: Mō Pere, repliqua le Prince, gaignant la selle de son cheual auec vne disposition digne de la valeur de sa personne, ie seray tousiours tres-aise de fauoriser vostre ordre que i'estime beaucoup, en tout ce qui sera de mō pouuoir & de ma charge, & particulierement ceste Maison que i'ayme entre les autres qui sont en mō Gouuernement, ie me recommande à vos prieres & à celles de vos Religieux. Dom Prieur, apres les complimens que requeroit la grandeur de la personne, le remercia pour toute sa Congregation de sa bonne volonté, & luy offrant derechef la maison, pria Dieu qu'il le comblast de prosperité en toutes ses entreprises. Le Prince suiuy de ces chasseurs préd le chemin de sa retraitte; les vns, comme c'est l'ordinaire, parloiēt du cours de ceste chasse, & se loüans de la conduitte ne se soucioient pas d'auoir laissé la prise: aussi de vray qui n'aime cet exercice que pour auoir du gibier ou de la venaisō n'y vas pas noblement: d'autres murmuroient d'auoir pris beaucoup de peine, & d'estre frustrez de la mangerie, car il en est des chasseurs comme des ioueurs, ceux-cy ayment auec empressement ce qu'ils ont gaigné auec vn grand hazard, & ceux-là ne dōnent rien si mal volōtiers que leur proye, leurs mains accoustumees à prendre ne laissent que ce qu'elles ne peuuent attraper: neantmoins quand le Prince leur eut dit la memorable auanture de ce pauure cerf qui s'estoit rendu où il auoit esté esleué,

Choisissant son tombeau
Au lieu de son berceau,

auec les marques asseurees de sa recognoissance par ce Conuers, il n'y eut celuy qui ne fut bien ayse de l'indulgence du Prince enuers ce pauure animal, & qui n'eust regretté sa perte autant qu'ils auoient souhaitté sa mort. Mais laissons aller ceste ioyeuse bāde en la garde de Dieu, reuenōs à nos moutons, c'est à dire à nos Chartreux, à nos Pelerins & à nos hostes, que ceste ondee auoit separez. Quand Alexis & Menandre sceurent que tout cet attirail de chasseurs & de chasse estoit dehors, ils sortirent de leur cauerne, ie veux dire de la cellule de Dō Theophore, & vindrent à l'Eglise entēdre le reste des vespres, ce que ne firēt pas Dom Prieur ny Dom Procureur, parce qu'elles estoient trop auancees, mais sans entrer au chœur ils les dirent en particulier dans vne des Chappelles. Cependāt il ne fut pas possible à Florimond de penser à autre chose qu'à ce tintamarre du cerf, à ceste venuë du

Prince, à cet accident inopiné; mais sur tout il estoit en vne inquietude nompareille de sçauoir ce qu'estoit deuenuë la resuscitee Polixene, de la contenance de son mary, de l'affliction de ses freres, & principalement de quel biais par ceste mort auoit pris coup la conuersion de Basile. Alexis qui sçauoit le gros de l'Histoire, desiroit passionnément entédre plusieurs particularitez qu'il ignoroit; Menandre mesme tout arresté qu'il estoit ne se pouuoit empescher de r'appeller en sa memoire la suitte de ce tragicque succez de Polixene, & les Peres mesmes n'estoient pas exempts de ce soucy; tant la compassion faict vne impression puissante sur les esprits de la meilleure trempe. Or comme ils auoient tous ceste mesme pensee, agitez d'vn seul esprit, ils firent comme ces nauires qui poussees d'vn pareil vent arriuent ensemble au port: tous regardoient Serafic, comme les aiguilles frottees d'aymant se tournent vers le Nort: l'Office acheué Dom Prieur comme vn bon Berger ramassa ses oüailles dispersees par l'estonnement & l'esmeute soudaine de ceste meute, & par le bruict & le vacarme de ce cerf, de ces chiens, & de ces Chasseurs: encor que la bienseance l'obligeast à l'entretien de ses hostes, si est-ce que le secret desir de sçauoir par quelles voyes Dieu auoit amené Dom Basile dans son troupeau, le pressoit encor dauantage, & Dom Chrysogone ne souhaittoit pas moins d'estre de la partie lors que Serafic acheueroit: Quand ils furent r'assemblez ils allerent d'vn commun consentement à la Celle de Dom Prieur, où apres auoir salué la saincte Vierge en l'Oratoire, selon la deuote coustume des Chartreux en leurs particulieres conuersations; comme ils auoient pris place pour entendre la suitte du discours de Serafic, on vint frapper à la porte si importunément, i'en fais iuge celuy mesme qui lit ces lignes; car si l'esperance d'vn plaisir differé afflige l'ame, combien deuoit estre fascheuse ceste interruption à des oreilles auides d'entendre.

2. C'estoit Frere Gilles qui venoit parler à Dom Procureur pour quelque affaire qui pressoit; luy tousiours disposé à tout quitter pour faire le seruice du grand Maistre, & entierement resigné à l'obeissance, ne peut neantmoins si bien accoiser la reuolte de son appetit inferieur, qu'il ne tesmoignast à sa contenance le regret qu'il auoit de quitter vne si belle partie: Serafic iugea aussi tost ses pensees, & preuenant la priere que sa modestie l'empeschoit de faire qu'on at-

tendist son retour: Mon Pere, dict-il, ie ne veux point iouer à la fausse compagnie, ny acheuer mon narré qu'en vostre presence: Dom Prieur & les autres appreuuerent ce retardement, & le remercierent de sa courtoisie. Sorty de la Celle il rencontre dans le Cloistre vn Gentilhôme bien vestu, neantmoins en Chasseur, la trôpe en escharpe, & qui tesmoignoit estre de la bâde de ceux qui auoient poursuiuy le cerf; le pauure Frere Gilles croyât qu'il vint demâder ceste proye de la part du Duc de Lôgueil, se met à pleurer côme si luy mesme eust esté vn cerf reduit aux aboys; ce Gentilhôme estonné des larmes de ce Frere, Quoy, dit-il, pésez-vous que ie sois venu pour mal faire en ceste maison, ie porte vne espee plustost pour proteger l'Eglise que pour l'offencer, ie suis Catholique, & ie sers vn Prince trop Chrestien pour oser rien entreprendre contre les personnes sacrees. Monsieur, dit Frere Gilles, si vous l'auiez veu pleurer ie vous asseure qu'il vous feroit encor plus de pitié que moy; car en fin ie ne croy pas que vous me vouliez oster la vie puisque ie ne vous ay iamais fait de tort, mais le pauuret a grande peur que vous le vouliez tuer pour le faire manger à vos chiens; helas pour vn peu de peine qu'il vous a donnee de courir apres luy, c'est le traitter bien cruellement, il n'en peut plus, ne l'acheuez pas, vous auez la façon d'auoir d'ailleurs de quoy difner; si Dieu apres nous auoir long-temps pourfuiuis par ses douces infpirations nous prenoit si promptement & nous puniffoit si rigoureusement il y en auroit bien de damnez. C'eftoient des enigmes pour ce Gentilhomme, lequel faifant de grandes admirations penfoit que ce Religieux fuft infenfé; car il n'auoit efté ny à la grace donnée au cerf, ny à la déconfiture des bouteilles, feulement il fuiuoit la chaffe, & s'eftant efgaré dans le fort du boys il auoit appris d'vn buscheron rencontré fortuitement, qu'il eftoit proche de Bonne-fontaine, ce qui luy fit fouuenir de son ancien amy Dom Bafile qu'il auoit tant pratiqué à la Court, & dont la conuerfion auoit eftonné tout le monde; fur quoy il fe refolut de l'aller vifiter, pour luy tefmoigner la continuation de fa bienueillance: fur cela il eftoit arriué à la porte, où il auoit demandé le Pere Superieur, & Frere Gilles ayant entendu qu'il demandoit le Pere Procureur, eftoit allé demander Dom Chryfogone. Le Gentilhomme eftimant perdre temps de refpondre à celuy qu'il tenoit pour fol; Ie croy, difoit il affez bas, que ce Pater penfe que ie le vueille manger : ce que le Frere entendant peu diſtinctement ; Helas, mon Pere, dict-il à Dom Procureur, il dict qu'il le veut manger en paſte, tant ces Chaſſeurs ſont affamez de venaiſon. C'eſt donc ce cerf que vous demandez, Monſieur, dict Dom Chryſogone à ce Gentilhomme, ſi eſt-ce que Monſeigneur le Duc de Longueil nous l'a non ſeulement donné, mais rendu comme choſe noſtre & comme vn animal domeſtique; toutefois s'il a changé de volonté, non ſeulement cela, mais toute la Maiſon eſt à luy. Speuſippe (ainſi appellerons nous ce Gentilhomme) ne ſe vit iamais à telle feſte; car eſtimant eſtre charmé, ou que ces Religieux euſſent perdu l'eſprit : Pour ce bon homme, dict-il parlant à Chryſogone, ie penſois qu'il reſuaſt, mais à ce que ie voy, mon Pere, vous vous laiſſez aller à ſes fantaiſies ; ie ne demande ny cerf ny paſte, car ie ſçay bien que ces viandes ne ſe treuuent pas chez les Chartreux, ie ne ſuis pas encor ſi affamé que ie ſuis Chaſſeur : c'eſt bien la verité que ie picquois apres vn cerf, que Monſieur le Gouuerneur pourſuiuoit en ceſte foreſt, mais en me fouruoyant dans les routes & dans les fauxfilans de ceſte foreſt i'ay perdu la trace des coureurs, & le train de la chaſſe. Ie ne ſuis pas vn Antropophage pour me rassasier du sang humain, seulement ayant appris le nom de ce Monastere ie me suis souuenu d'vn singulier amy que i'auois dans le mõde, qui s'y est retiré, & qui s'appelle Dom Basile, c'est ce qui m'a faict entrer ceans pour luy parler auec la permission du Superieur. Alors Dom Chrysogone voyant clair dans ces equiuocques, apres luy auoir dict qu'il n'estoit que simple Religieux, & Procureur de la Maison, non pas Prieur, luy racõta sommairement ce qui se venoit de passer touchãt le cerf, dont Frere Gilles apprehendoit si fort la mort que sa peur les auoit mis en ce labyrinthe de mes-intelligence, le prie d'excuser l'affection de ce pauure Frere vers ce pauure animal qu'il auoit esleué cõme il estoit encor tout ieune Brocard : Le Cheualier fort content de voir de la lumiere dans tous ces nuages, declare qu'il ne pretéd rien à ceste prise, que le cerf qu'il demande c'est vn hõme autrefois fort libre, & qui s'estoit rendu serf & esclaue de IESVS-CHRIST, que l'ayant veu il picquera apres le Prince, le giste duquel Dom Chrysogone luy enseigna, distant de Bõne-fontaine d'vne petite lieuë, & apres les complimens ordinaires en la reception de personnes qualifiees, il luy dit qu'il alloit faire venir Dom Prieur qui luy accorderoit aussi tost la permission de voir Dom Basile; Dom Prieur appellé salua fort honnestement ce Gentilhomme, & luy ayant aussi tost accordé sa demande le pria instamment d'heberger en la maison, ce qu'il refusa, monstrant qu'apres avoir visité son amy il n'auoit rien de si pressé que d'aller retreuuer son Maistre : comme Dom Prieur l'alloit conduire en la Cellule de Dom Basile, il ne le voulut iamais permettre, disant qu'il se contentoit de la conduitte de ce bon Frere, lequel, dict-il, ie ne mangeray point en paste : Dom Prieur ne pouuant vaincre l'honnesteté de ce gentil courage le laissa en la conduitte de Frere Gilles, auquel il commanda de luy presenter apres ceste venë des biens de la Maison; obeissance que le bon Frere promit d'executer fidelement pour la redemption de son cerf. Cependant Dom Prieur & Dom Procureur reuiennent devers leurs hostes, qui auoient pris cet espace pour faire vn tour dans le iardinet de ceste Cellule, où ils admiroient tantost la fontaine qui sortoit d'vn beau petit rocher, touché d'vne baguette qu'vne image de sainct Bruno tenoit en la main : Car on tient par tradition à la grande

Chartreuse que ce bon Patriarche comme vn autre Moyse tira vne viue source d'vne roche seiche, qui fournit maintenant de l'eau par toute ceste solitude la plus affreuse, & neantmoins la plus agreable qui se puisse imaginer; du grand bassin comme d'vne forme de mer sortoient diuers petits canaux, qui comme des ruisseaux arrosoient toutes les fleurs d'vn petit parterre, le plus net, le plus poly, & le mieux ajencé qui se puisse dire; c'estoit vne riche broderie de voir lors en leur lustre (car c'estoit au Printemps) les Tulipes, les Anemones, les Imperiales, les Martagons, les Iacinthes, & tant d'autres fleurs estrangeres meslees auec celles qui sont familieres en nostre climat:

Tant de fleurs de tous les costez
 Faisoient paroistre en leurs beautez
 L'artifice de la nature,
 Que l'œil estonné de plaisir
 Ne sçauoit en ceste peinture
 Ny que laisser, ny que choisir.

Mais le retour des Peres eclypsa bien tost de leur veuë toute la bigarrure de ces bouquets, tant les delices spirituelles ont de prerogatiue sur les sensibles, & tant vn discours florissant a de preéminence sur toutes les prairies, & sur tous les parterres de
l'Vni-

l'Vniuers; les abeilles mystiques quittent incōtinent les fleurs pour voler à la ruche, y gouster le rayon de miel: où arrāgez, Serafic poursuiuit de la sorte, Messieurs, Dieu vueille que comme la Lune reuient plus forte de son eclypse, de mesme mon discours emprunte vne nouuelle vigueur de ses interruptions; & que comme ce fleuue de l'Andalousie se perdant tout à coup dans la terre ressort à quelques lieuës de là plus gros & plus enflé, pour porter vn plus ample tribut à la mer; ainsi que ie puisse couler dans l'amertume de la mort de Polixene assez de fermeté pour empescher que mes paroles ne soient entrecoupees de mes sanglots.

Nous l'auons laissee resuscitee de sa grande pasmoison, ô! que le Ciel l'eust fauorisee si elle n'en fust point reuenuë pour remourir d'vne mort plus cruelle que mille morts; quoy! vous fremissez d'estonement, & vous pensez desia voir la main du ialoux Antere plongee dans le sang de ceste incoulpable; apprestez vous, Messieurs, à entendre quelque chose de pire, car celuy que la laschete empesche de faire vn si sanglant sacrifice, est porté par la mesme lascheté à lascher des paroles desquelles on peut dire que l'enfer en fut l'inuenteur, que

Z

la langue qui les profera estoit chargee d'vn venin d'aspic, & qu'elle estoit vn glaiue penetrant iusques à la diuision de l'ame & de l'esprit, & vn rasoir tranchant des deux parts. Comme s'il eust esté fasché de la voir reuenuë, luy qui, comme les Medecins, ne demandoit que de voir ses defauts cachez sous la terre & enseuelis dans le tombeau de l'oubly par la sepulture de ceste agonisante. Vous eussiez dict qu'il eust voulu haster son passage, & comme si l'esprit de malice eust presidé sur ses levres : Voyla, dict-il, Messieurs, à quels termes l'a reduict le regret de la mort de ce beau Cheualier qui s'est rompu le col; elle n'auroit garde de se porter à ceste extremité pour la perte de son mary : & ne voyez vous pas qu'en cela c'est Dieu qui me vange? Ha! malheureux, dict icy Basile, bien te prend de ce que tu es en ta maison, où la presence de ma mere & de mes freres m'empesche de te mettre en plus de pieces qu'vn lyon n'en faict d'vn cheureau; tu ne t'es pas contété de persecuter ceste miserable en sa vie, si comme vne furie tu ne t'attaches encor à son collet tandis qu'elle meurt; va desloyal, le Ciel te reserue par ma main le chastiment que merite ta perfidie. Antere tremblant dans le cœur au rugissement de ce lyon, mais faisant le courageux sur son fumier, estoit prest de luy repliquer des choses qui eussent mis en poudre la patience de Basile, si la mourante haussant tant qu'elle peut sa debile voix n'eust fait le hola, & imposé le silence par le signe qu'elle fit de vouloir parler. Alors battant, comme l'on dict, le chien deuant le loup, se tournant vers Basile : Helas, mon frere, dict-elle, est-ce là l'effect de la priere que ie vous viens de faire, & suiuie de vostre promesse, que non seulement vous ne vous courrouceriez pas contre mon mary, mais que vous l'aymeriez comme vous m'auez aymee, nonobstant toutes les rigueurs que vous estimez qu'il ait fait sentir à mon innocéce? helas que me puis-je promettre de vostre esprit quand ie ne seray plus que cédre, si mesme en ma presence, & sur le poinct de ma mort ie voy & entéds vos discordes ? estimez vous pas que ce regret soit assez suffisant pour me faire malade quand ie serois saine, & pour me faire mourir maintenant que ie n'en puis plus ? helas ne pourray-je point par le sacrifice de ma vie moyenner le bien de vostre reconciliation ? si i'auois quelque chose de plus precieux que la vie, ie le contribuerois volōtiers pour iouir de ce bō-heur.

Z ij

ô que mon ame s'en ira contente si seulement elle en remporte quelque apparence, quelque esperāce, quelque tesmoignage. Et vous tres-cher, quoy que rigoureux Antere, ne vous contentez vous pas de ma mort, sans triompher encor de ma simplicité au preiudice de mon honneur attaché auec le vostre? ne voyez vous pas que le blasme dōt vous me voulez couurir rejaillit sur vostre front, & que vos outrages vous apportent plus de honte qu'à moy d'ignominie? en m'espargnant ayez pitié de vous mesme, & vous souuenez que la bouche qui profere l'iniquité est meurtriere de son ame. Ce n'est pas qu'en ce destroit où ie suis, auquel l'excuse sert d'accusation, ie me vueille publier pour iuste, sçachant que nulle personne viuante se peut iustifier deuant Dieu; mais si sommes nous obligez de maintenir en mourant quelque bonne odeur de renommee, pour ne faire comme ces lāpes qui iettent vne abominable puanteur en s'esteignant; nous deuons essayer de faire en sorte que nostre memoire soit en benediction. Or ne veux-ie point que le Ciel me le pardōne iamais, si depuis qu'il m'a consignee entre vos mains i'ay faict aucune action qui puisse apporter aucune tache à mon honneur, ny aucune flestrisseure à vostre renommee. Ce n'est pas que d'ailleurs ie n'aye de grādes imperfections, mais non pas, la mercy à Dieu, celle qui vous cause tant d'ombrages; ie sçay ce que ie vous dois, ce que ie dois à Dieu, à mes parens, à ma race, à moy-mesme: ne voyez vous pas que par ces reproches, de mes freres vous faictes des ennemis & des arcs-boutans de vostre fortune, des personnes qui en peuuēt auācer la ruine? Reuenez à vous, cher Antere, & au moins laissez-moy treuuer en la mort ceste Paix que ma miserable destinee n'a pas permis que ie treuuasse auec vous durant ma vie. Ce n'est pas que ie me vueille plaindre, & que ie ne recognoisse que pour la punition de mes coulpes ie meritois de plus rudes peines; il me fasche seulement que Dieu soit offencé par vous en moy, & que ie sois le sujet qui vous face reuolter cōtre vn tel object: toutefois ie me cōsole par le tesmoignage de ma propre conscience, lequel est toute ma gloire; car elle ne me reprend point de ceste part, & ne m'empesche point de pretendre au tiltre des enfans, & des heritiers de Dieu, & des coheritiers de Iesvs-Christ. S'il plaist à la diuine Prouidence que ie meure sous ceste Croix, le cœur escrasé sous le pressoir de ceste dure agonie, elle en soit loüee &

benie à iamais, ouy, Seigneur, ie le veux, puisque c'est vostre bon plaisir. N'attendez pas, cher Antere, que ie recrimine, ny mesme que ie me defende, i'ayme mieux mourir innocente que repliquer comme coulpable, ie n'ay que faire de ressentir ce qui ne me touche en rien : Seulement ie vous coniure au nom de Dieu, & par les entrailles de sa Misericorde, de me pardonner tant de manquemens que i'ay faicts à vostre seruice depuis que i'ay l'honneur d'estre auec vous, comme de ma part ie dône à vostre passion tout ce que vous pouuez auoir dict, faict, ou pensé contre mon innocence : ie supplie de tout mon cœur la diuine Majesté qu'elle ne vous impute point ces fautes, comme de ma part ie les noye dedans l'oubly : s'il y a encor quelque reste de pitié en vostre ame, ie vous prie de faire implorer la misericorde du Ciel sur la mienne chetiue, qui sortira ioyeuse de la prison & de l'arche de ce corps, pourueu qu'elle emporte le rameau de paix & de recôciliation entre vous deux, & quelque marque de bienueillance & de pardon enuers elle : fauorisez moy, ie vous supplie, cher Antere, de la benediction de vostre main, sinon maritale au moins paternelle : Mes chers freres donnez-moy la vostre fraternelle, & m'impetrez la maternelle de Sebastie nostre bonne mere, que vous auez bien fait de n'appeller pas à vne action si tragicque; & puis que mon ame s'en aille en paix se reposer en celuy qui l'a creée, Tant est veritable ceste parole du Sage, que la parole douce rompt la cholere, tout ainsi que la goutte molle caue la pierre, vous eussiez dict que ces propos mourans estoiét vn Caducee qui reconcilioient deux serpens, & que ceste bouche estoit vne corne d'abõdance, de laquelle sortoient des fleurs qui estoient des fruicts d'honneur & d'honnesteté. Ces deux courages appaiserét leur fureur, mais bien diuersement; car la franchise de Basile luy fit deposer toute rancune & toute malice, tout ainsi qu'vn serpent qui vomit tout son venim au bord d'vne fōtaine; mais Antore ne deposa le sien qu'en apparence, ou pour le moins comme le serpent qui le vomit & qui le reprend apres qu'il a beu; mais nous verrons à la fin ceste verité de l'Escriture, verité qui demeure eternellement effectuee, qu'vn cœur dur fera mauuaise fin: seulement en passant faisons ceste remarque, que comme vn mesme Soleil fond la cire & endurcit la bouë, ainsi le cœur du pauure Basile fondit dans sa poictrine comme vne boule de cire, tant fut tendre le sentiment douloureux qu'il eut pour sa chere sœur, à laquelle il promit de ne prendre aucune vengeance de sa mort, encor qu'il vist manifestement que les rudesses d'Antere en estoient la cause: l'autre au rebours machinoit en son esprit de renuerser, ou pour le moins d'arrester le cours de la fortune de Basile par quelque sinistre impression, qu'il donneroit sous main de son integrité; cependant il faict le radoucy, & donnant de bonnes paroles il tombe dans le rang de ceux dont chante le Psalmiste:

Lors qu'ils parlent de la paix,
C'est quand ils sont plus mauuais,
Car leurs cœurs pleins de malice
Ne minutent qu'iniustice.

Mais les pernicieux desseins de ceux qui haïssent Syon seront confondus & portez à la renuerse; ils seront faicts, dict le mesme Chantre, comme l'herbe qui croist sur les toicts, battuë si puissamment des rayons du Soleil, qu'elle est seiche deuãt qu'estre fauchee. Polixene prenant ce semblant pour verité, se resioüit en Dieu son salutaire de ce qu'il auoit regardé le desir de son cœur, & exaucé la priere de son humble seruante; ce qui fit que tournant à la mort, elle ne voulut plus penser qu'en Dieu, elle se reconcilia derechef, & vous eussiez dit qu'elle n'attendoit que la benediction de son Confesseur, pour tirer à la fin apres l'auoir receuë, & recommandé son ame au souuenir de ses sacrifices : elle embrassa estroittement Lindamee pour la derniere fois, & luy recommanda tout haut de garder fidelement le depost de son secret iusques apres sa mort, & puis de le reueler à Basile, qu'elle fit ressouuenir de l'auertissement qu'elle luy auoit donné de la part de Dieu : cela fait retirant ses pieds comme vn autre Iacob, c'est à dire, ramassant les facultez de son ame, comme ceste Amante du Cantique qui recueilloit en pointe tous ses cheueux, pour blesser le cœur de son diuin Amant d'vn seul cheueu, auquel aboutissoit toute sa cheuelure, sçachant qu'il n'y auoit qu'vne chose necess., qui est de chercher le Royaume & la face de Dieu, elle expira reclamãt le sainct nom de IESVS, auquel seul est tout nostre salut, au temps qu'vn excessif vomissemẽt luy fit jetter quátité d'humeur bilieuse & enfiellee, & iusques au sang, auec lequel elle rẽdit son ame à Dieu, abreuuee du fiel, du vinaigre, & du vin myrrhé que le Sauueur gousta en la Croix, dont il laissa le reste & la lie à boire à tous les pecheurs de la terre: ce qui fit croire que pour auoir pressé son incomparable douleur & son iuste courroux dans son estomac, elle en auoit esté & opprimee & suffocquee, quoy que l'on die que les femmes ne meurent iamais de desplaisir, comme trop legeres pour conceuoir vne extreme tristesse. A ceste belle ame perissante parmy tant de detresses, quel Epitaphe sçauroit-on dresser plus digne de sa fortune que ceste peinture du diuin Psalmiste.

Seigneur tu me cognois, & tu m'as tout à l'aise
 Espreuuee, & touchee, au feu me repurgeant,
  Tout ainsi que l'argent
Pour le rendre affiné se jette en la fournaise.
Tu m'as fait empestrer en des rets aduersaires,
 Mes mains de maint cordage ont senty la rigueur,
  Et l'outrageux vainqueur
A pressé de son pied mon chef plein de miseres.
Tu m'as faict trauerser par la flamme inhumaine,
 Et passer par des eaux enflees de courroux,
  Puis d'vn courage doux

En rafraischissement tu as changé ma peine.

J'entreray dans ton temple auec maint sacrifice,

Pour te payer les vœux proferez de ma voix,

Quand ie te reclamois

En mon affliction, pour te rendre propice.

On ne vid rien, apres ce trespas, de si desolé que Lindamee, car vous eussiez dit que par le regret de la perte de sa chere amie, elle auoit tiré dans son cœur toute la douleur de la Mere & des Freres, & celle que deuoit auoir en vne telle occasion vn plus iuste mary, lequel n'estant pas autrement mary, n'estoit pas trop marry d'auoir perdu ce qui ne luy seruoit pas beaucoup, & qui luy pouuoit nuire. Les trois Freres ayās annōcé ceste mort à Sebastie, l'enleuerent dans vn carrosse pour la deliurer de l'emotiō que sa fille morte eust engendree dans son cœur par la veuë; Lindamee & Basile estans des deux costez du lict luy fermerent chacun vn œil, & toute morte elle les auoit si beaux, que vous eussiez dit qu'elle estoit encor pleine de vie, & qu'elle contēploit le Ciel. Les funerailles faites, que de differentes pensees s'esleuerent dans les cœurs de

Lindamee, de Basile & d'Antere, sur les dernieres paroles de ceste mourante. Antere qui en estoit ombrageux encor apres sa mort n'a garde de s'en enquerir, de peur de rencontrer ce qu'il fuit:

Comme vn passant qui parmy l'herbe
Presseroit vn serpent superbe,
Lequel sifflant horriblement,
Le veut picquer mortellement.

O s'il pouuoit imposer silence à Lindamee qu'il le feroit bien volontiers: mais c'est vne femme, & vne femme qu'il a offencee, & vne femme fidele à son amie, & dont la vertu sçait le temps de parler & le temps de se taire. D'autre costé Basile n'est pas en moindre peine: car il se figuroit toute autre chose que la vraye cause du depost de Lindamee, d'autant que la mine d'Antere eust trompé tous les humains. Il tient sa sœur pour sage & vertueuse, mais c'est vne fille, c'est vne femme, vn roseau du desert, la cresme de l'infirmité, n'auroit-elle point donné quelque iuste soupçon à Antere, que son corps soit sans reproche, mais qui pourra cautionner l'integrité d'vn cœur à le maintenir exempt de la côtagion des affections, veu que chacun est tyrannisé par les alleichemens de sa propre conuoitise, c'est vn feu que chacun porte dans son sein, & qui ne s'esteint que par la glace de la mort; que sçait il si Antere n'a point dit vray, & si l'image de Calixtin luy ayant donné dans les yeux durant sa vie, le regret de sa mort n'auroit point auancé son trespas, luy mesme auoit esté complice de ceste affection, & partial pour ceste recherche ; qui ne sçait que les passions ne se despoüillent pas comme des chemises, ny les habitudes se deuestent si ayſément que des habits. Elle estoit belle, ieune, estimee, caressee, honoree, adoree de plusieurs esprits volages, qui se brusloient inconsiderément aux rays de ce flambeau; il craint de rencontrer par son enqueste vers Lindamee ce qu'il ne cherche pas, bien esloigné de l'humeur de ces jaloux qui cherchent ce qu'ils deuroient euiter de rencontrer.

4. Lindamee outree de l'amer desplaisir de la perte de sa compagne, tomba en vne telle melancholie qu'elle fit paroistre la grandeur de son amitié en celle de son affliction, acquerant la gloire de bien aymer autruy par la hayne de soy-mesme. Son mary qui l'aymoit esperduëment, & qui outre la cognoissance qu'il auoit de sa vertu sçauoit combien elle estoit necessaire à sa maison, en ressent vne detresse desmesuree, quand elle eust perdu son espoux elle

n'eust peu rendre plus de preuues de tristesse. Rare exemple d'amitié entre deux vertueuses Dames, & d'autant plus remarquable que ce sexe semble moins capable d'vn nœud si sainct & si durable, estant de son naturel si sujet à l'enuie. Toutes deux belles, toutes deux ieunes, toutes deux sages, & qui plus est toutes deux deuotes; mais l'vne heureuse, l'autre malheureuse, l'vne pleurante, quoy que plus specieuse que Lia, l'autre riante comme Rachel: mais il faut regarder la fin, & Dieu vueille rendre celle de Lindamee aussi pieuse que celle de Polixene, & coutonner les felicitez de sa vie de ceste derniere & principale beatitude: car bien-heureux sont ceux qui meurent en la grace du Ciel, quoy que parmy les espines, les Croix & les disgraces de la terre. Tout le monde admira ceste fidelité, & ceste amitié signalee fut renduë vrayment semblable au parfum d'Aaron, qui se respand iusques aux extremitez. Quelques beaux esprits du temps firent des vers sur ceste excellente Vnion de cœurs, que la mort n'auoit peu rompre, autant pour la plainte de la morte que pour la perte de la viuante; ma memoire m'en fourniroit bien quelques pieces, si ie ne craignois que leur longueur vous en fist treuuer le recit ennuyeux ; toutesfois ie croy que si vous le permettez, ces souspirs payeront bien vostre patience. Icy Florimond qui mouroit d'enuie que Serafic fist entendre ces doleances, Ie pense, dit-il, que ces Messieurs seront bien contents d'entendre ce que vous n'auriez pas pris la peine de reseruer en vostre memoire, s'il ne meritoit d'estre enregistré : de quoy ayant esté prié par le reste de la compagnie, I'en choisiray, continua Serafic, de trois veines differentes, afin que vous iugiez qui aura le plus beau sang, ou si vous voulez le meilleur sens, & quel moust aura le goust plus agreable. Le premier dont il me souuient disoit donc ainsi :

A la douleur qui vous transporte,
On oppose en vain le discours,
Elle est trop iuste, elle est trop forte,
Pour en trancher si tost le cours,
Lindamee aussi ie n'essaye,
De l'acquerir par le conseil,
Auant que mettre l'appareil,
Il faut laisser saigner la playe.
Pleurez donc dolente & fidele,
D'vn cœur d'vn vif regret atteint,
De Polixene ieune & belle,

Le flambeau par le sort esteint,
Qui meurt en sa clarté premiere,
Et d'un vent funeste surpris,
Au temps que les plus beaux esprits,
Honoroient la viue lumiere.
En ceste mort qu'elle a sentie,
Aux iours plus clairs de son Printemps,
La fortune s'est repentie,
De la nous laisser trop long temps,
Et l'enuieuse destinee
Qui l'a fait choir au monument,
Nous la monstroit tant seulement,
Et ne nous l'auoit pas donnee.
Le Ciel qui la fit d'une rose,
Et puis d'un astre l'anima,
Ialoux d'une si belle chose,
Auare au tombeau l'enferma:
Où le Demon tout noir d'enuie,
Qui cache aux humains les thresors,
Voylant les beautez de son corps,
Nous a sa presence rauie.
Doncques d'un accent pitoyable,
O Lindamee lamentez,
Et comme l'on plaint son semblable,
Pleurez la mort de ses beautez,
Honorez en pitié leur cendre,
Par vn eternel souuenir,
Et qu'au nœud qui vous sceut vnir
Le temps ne soit point Alexandre.

Tous

Tous louerent ces vers, mais plus que tous Florimond, côme estant le plus épris de cet art: mais Serafic faisant contenance de vouloir encherir sur ceste piece, tous se teurent pour luy laisser faire ce second recit.

Quand Polixene eut l'œil fermé,
   Et que son corps desanimé
   N'eut plus aucun signe de vie,
Lindamee en un tel malheur,
   D'un monde d'ennuis poursuiuie,
   Raconta ainsi sa douleur.
Qu'ay-ie commis contre les Cieux,
   Pour m'estre si malicieux,
   Que me faire auec iniustice
Subir aux arrests d'une loy
   Qui me fait aller au supplice,
   Sans me daigner dire pourquoy?
Faut-il que leur peu de pitié,
   Tranchant nostre belle amitié,
   Dés son matin comme la rose,
Me puisse si tost retenir
   L'object d'une si chere chose,
   Qui ne peut iamais reuenir?
N'ont-ils pas assez entendu
   Combien ie leur en ay rendu,
   Iusqu'icy de vœux & d'hommage,
Pour d'autant plus les conuier
   A me conseruer ce cher gage,
   Que non pas à me l'ennier?

Aa

En vn si triste déconfort,
　Au secours i'inuoque la mort
　Et les manes les plus farouches,
　Leur iurant pour tant de bonté
　De dementir toutes les bouches
　Qui les taxent de surdité.
Mais quoy que i'aille consultant,
　Ma douleur ainsi racontant,
　Ie n'entens rien qui me responde,
　Et n'en sçay point d'autre raison,
　Si ce n'est qu'estant sans seconde,
　Elle est aussi sans guerison.

Ces paroles furent treuueés belles, mais le sens aboutissant dans le desespoir n'agrea pas à chacun : Serafic les voulant excuser, comme representans vne rage qui n'admet pas tousiours dans ses excez les ingrediens de la raison, Ouy bien, dit Menandre, en la fureur de l'amour, nõ en la feruer de l'amitié, dont le feu est ordinairement plus égal & accompagné de plus d'attrempance ; ce n'est pas pourtant que de ceste herbe, amere comme du thim, on ne puisse faire vn doux miel, la chicoree sauuage & le vinaigre ont leurs graces en leurs saueurs aussi bien que le sucre & le melon : ce grain de sel ne fait qu'esueiller nostre appetit, pour entédre la troisiesme piece que vous nous auez promise. Serafic resuant vn peu, côme pour r'appeller sa memoire, Ne vous pressez pas pourtant, Monsieur, dit Menandre, car vostre peine paye si abondamment nostre attention, que pour vous entendre mieux ie voudrois estre tout oreille. C'est, reprit Serafic, que ie choisis dans le parterre de mon souuenir quelque fleur d'elite entre plusieurs qui s'offrent à moy pour paroistre deuant vous, en voicy vne de mise.

Ie vous donne ces vers pour nourrir vos douleurs,
 Car puis que Polixene est digne de vos pleurs,
Ie veux entretenir vn dueil si legitime,
 Pour elle vos regrets ont vn si iuste cours,
Qu'en les interdisant, ie commettrois vn crime,
 Que la mort vient de faire en retranchant ses iours.
Ie sçay bien que vostre ame assez robuste & saine,
 Auecques son discours a combatu sa peine,
Et qu'elle a vainement cherché sa guerison,

L'essayer apres vous, on ne le peut sans blasme,
Car ie ne pense pas qu'on treuue en la raison
Ce que vous n'auez peu treuuer dedans vostre ame.
Les plus cuisans malheurs treuuent allegement,
Alors que le deuoir a rendu sagement
Tout ce que l'amitié demande à la nature,
Mais lors que mon esprit songe à vous consoler,
Contre les sentimens d'vne perte si dure,
Plus ie suis preparé, moins i'ay de quoy parler.
Tandis que la memoire à vos sens renouuelle
L'eclat de la vertu qui reluisoit en elle,
Vous nourrissez en vain quelque espoir de guerir,
Et quand le souuenir d'vne amitié si ferme,
Pour guerir vostre ennuy se laissera mourir,
Croyez que vostre vie est proche de son terme.
Aussi ceste chere ame estant loin de vos yeux,

Le iour, de tous vos maux, est le plus odieux,
La mort, de vos langueurs est la moins inhumaine,
Quelque part de la terre où vous faciez seiour,
Il ne vous reste plus que des objects de hayne,
Apres auoir perdu celuy de vostre Amour.
De moy si la rigueur d'vn accident semblable,
M'auoit osté le fruict d'vn bien si desirable,
Ie croirois que pour moy tout n'auroit que du mal,
Mes pieds ne s'oseroient asseurer sur la terre,
Le iour m'offenceroit, l'air me seroit fatal,
Et la plus douce paix me seroit vne guerre.
Aigrissez-vous tousiours d'vn chagrin plus recent,
Que vostre ame en flattant l'ennuy qu'elle ressent,
Pour si chere compagne incessamment souspire,
Iamais son entretien ne vous sera rendu,
Et le Ciel reparant vos pertes d'vn Empire,
Vous donneroit bien moins que vous n'auez perdu.

Menandre admirant & loüant la memoire

Aa iij

de Serafic au recit de tant de Poësies, estima fort ces dernieres stances, & en la facilité de la diction, & en la subtilité de l'inuention ; car disoit-il, rien ne console tant vne personne affligee que de voir depeindre son affliction comme inconsolable, parce que la douleur comme la cantharide porte son remede auec soy, mais il faut bien de l'industrie pour le tirer, ce que fait ce Poëte à mon gré, excellemment. Les autres furent de ce mesme aduis : Et Florimond qui les ruminoit auec vne auidité merueilleuse, apres les auoir estimez fit entreuoir la gentillesse de son esprit par ces trois mots. Serafic, ie ne sçay comme la douceur de vostre discours donne tant d'amertume à nos cœurs sur le recit d'vne si pitoyable fortune que celle de Polixene, sinon que l'amertume de vostre cœur s'adoucist par le canal de vostre bouche, comme font les eaux de la mer, qui perdent leur saleure dans les conduits souterrains ; toutesfois quand ie considere que les fleuues doux deuiennent salez entrans dans la mer, ie veux croire que le suaue ruisseau qui sort de vos leures deuient ainsi amer dans nos ames, que ce tragicque euenement remplit de compassion; mais ie ne sçay comme vous pouuez d'vn traittement si rude faire vn narré si doux, certes le deplorable succez de l'innocence de Polixene donne plus de pitié de ses maux que d'enuie de sa fortune; mais vostre narration & ces beaux vers que vous venez de reciter donnent bien plus d'enuie que de pitié. Quelle ioye pensez-vous qu'auoit Lindamee dans sa plus pressante affliction, de voir si hautement releuer ses souspirs? de moy si elle manquoit de desplaisirs ie luy conseillerois de chercher pa tout

De nouueaux sujets de se plaindre,
    Car s'oyant si bien souspirer,
    C'est à elle de desirer
    Ce que les autres doiuent craindre.

Si la charité estoit jalouse, ceste pointe d'esprit eust picqué Serafic, mais celle qui estoit dans son cœur estoit trop humble pour admettre autre emulation que celle qui est appellee diuine par l'Apostre, par laquelle nous aspirons aux plus parfaictes graces du Ciel, sans interest du prochain. Si est-ce que cela ne laissa pas d'esueiller son courage, en luy faisant cognoistre deuant quelles gens il parloit, puisque le plus ieune

A a iiij

de la troupe auoit tant de subtilité & de viuacité. Il reprit donc ainsi son discours, resolu de bander encor plus fortement l'attention de ses auditeurs, & de les tenir en vne suspension egalement agreable qu'inquiete. Lindamee pressee de son affliction fut contrainte de ceder à la violence d'vne maladie, qui non seulement la porta dans le lict, mais qui la pensa coucher dans le cercueil : elle se consoloit en ceste extremité de ce qu'il sembloit que comme les deux corps de sa chere amie & le sien n'auoient eu qu'vne ame, ils n'auroient aussi qu'vn mesme tombeau; mais le Ciel la destinoit à vne plus longue course d'annees pour le bien de sa famille & pour l'eleuation de ses enfans. Basile se sentit obligé de la visiter, le bruict de son mal estant venu à ses oreilles, mais il la vid en tremblant, tant il auoit peur de sçauoir ce que l'autre auoit peur qu'il ne sceust pas; quant à Antere, il la fuyoit comme le voleur le Preuost, & s'il estoit loisible de penetrer dans le secret des cœurs, il est à conjecturer qu'en sa pensee il eust desiré que ceste bouche eust esté aussi bien close que celle de Polixene, & qu'elle eust eu la terre sur le bec. Basile en sa visite sceut si bien s'attacher au mary de Lindamee, qui ne bougeoit d'auprés du lict de sa femme, qu'elle n'eut aucun moyen de luy cōmuniquer le secret qu'il redoutoit si fort : depuis elle l'envoya chercher plusieurs fois, mais cōme il avoit l'esprit inventif il ne manquoit pas d'excuses pour eluder ces mandemens; d'autres fois il esquivoit ces messages avec des fuittes premeditees, en sorte qu'il sembloit tousiours qu'il desiroit aller, mais iamais il n'en venoit à l'effect; pareil à ces navires peintes qui ont les voyles enflees & ne bougent pourtant du port. Lindamee pressee de deux poignantes agonies, & de la crainte de mourir, & de la peine, comme femme, qu'elle avoit à contenir ce secret qu'il luy estoit commandé de reueler; en fin voyant que c'estoit en vain qu'elle reclamoit Basile, fut cōtrainste de le dire à son mary comme à vn autre soy-mesme, auec serment de ne le deposer que dans le sein de Basile. Mais quel est ce secret, dict icy le ieune Florimond, ce Basile me faict mourir de ne vouloir pas sçauoir ce que ie souhaitte d'entendre auec impatience. Ceste brusque interruption fit sousrire la compagnie, & delecta fort Serafic, qui vid qu'il avoit rendu le change à son homme. Vous le sçaurez, dict-il, incontinent, Seigneur Florimond, mais il faut encor allonger la patiēce. Dieu voulut que Lindamee donnast d'euidens signes de santé, mais tandis qu'à pas de plomb elle reuient à conualescence, elle faict tant par ses messages ordinaires que Basile ne peut euiter de la venir reuoir, & elle qui auoit donné le mot à son mary, de se tirer à l'escart quand il seroit arriué; apres les complimens & les plaintes d'vne part, & les excuses de l'autre, le mary de Lindamee que Basile pensoit retenir comme il auoit faict autrefois, se leuant soudain luy fit la reuerence, & luy dict qu'il y auoit fort long temps que sa femme auoit quelque chose de particulier à luy dire de la part de sa sœur trespassée, & que pour ne les troubler il les laissoit seuls; cela dit il passa à l'autre chambre: qui fut bien interdict ce fut Basile, car il ne sçauoit s'il s'en deuoit aller auec ce mary, plustost qu'attendre ce qu'il craignoit d'entendre; car pour vous le dire franchement il pensoit qu'on luy deust descouurir quelque imprudence de sa sœur; tantost il estoit en termes de le rappeller, afin qu'il fust tesmoin de ce depost, & puis tout à coup il se retenoit, estimant que ce qui estoit desauantageux n'auoit tousiours que trop de lumiere; il ne se peut tenir de dire à Lindamee: Madame, ne vous plaist-il pas que Monsieur vostre mary participe à ce que vous me direz? à cela Lindamee: Monsieur, ce n'est pas l'intention de la defuncte, laquelle, comme vous sçauez, m'a defendu estroittement de ne le communiquer qu'à vous seul, apres, vous estes libre d'en faire ce qu'il vous plaira. Basile pensoit desia avoir vn enfant sur ses bras, & oüyr quelque maluersation de sa sœur, assaut qui luy eust esté moins supportable que la mort : le voyla, comme il m'a dict depuis, en la plus sanglante agonie qu'il ressentit iamais ; n'est-ce pas vne estrange chose que ceste impression d'honneur sur vn grand courage! voyla vn Cheualier qui n'eust pas redouté le plus vaillant homme de la terre, eust-il esté armé iusques aux dents, qui tremble deuant la langue d'vne femme viuante, & à l'ombre d'vne morte. Ie vay tenir compagnie à ceste morte, dict icy Florimond, si ie ne sçay bien tost ce mysterieux secret, ie croy que la grauité de Socrate eust ry de ceste equipee, & qu'Heraclite se fust metamorphosé en Democrite : il n'y eut que Serafic qui continua froidement; Basile estoit si plein de perplexité &

si confus, ne sçachant comme esquiuer ce coup qu'il estimoit ruineux & fatal à toute sa Maison, qu'il fut sur le poinct de prendre congé de Lindamee, & de luy dire, Madame, gardez bien ce depost, pour moy, quoy que ce soit, ie le vous donne, ie ne veux point sçauoir le secret d'autruy, les morts sont morts & ne parlent plus, ne les faisons point parler apres le trespas : mais il n'eut pas le courage de deslacher ces paroles, ouy bien de se leuer en resolution de s'en aller, quoy que reclamast Lindamee, laquelle iugeant bien de ceste escapade, le saisit par le manteau, & luy dit d'vne serieuse & vertueuse façon : Tout fuyard que vous estes, si n'eschapperez vous pas auiourd'huy, l'on a trop de peine à vous treuuer, à vous voir, à vous auoir; ie vous tiens, & ne vous lascheray point que vous n'ayez receu en vos mains vn secret qui me brusle le cœur plus que si i'auois mille charbons dans le sein : à ce mot de brusler, Basile tint pour asseuré qu'il y auoit du scandale, vne froide sueur le saisit de telle sorte qu'il en pensa pasmer, il retombe sur sa chaire pasle comme vn trespassé, & dit : Madame, ie ne me doute que trop de ce que vous me voulez dire, il ne faut pas tant de paroles à vn bon entendeur : Ie le croy, repliqua Lindamee, puisque vous estiez le principal Autheur de ceste affection. Moy Autheur, Madame, ie ne le fus iamais d'vne meschanceté : Ny moy, reprit Lindamee comme en courroux, n'en fus iamais la depositrice comme vous entendrez, vostre sœur n'eut iamais d'autre Espoux que celuy que vous luy auiez destiné. Ha! la meschante, dict icy Basile, ô la vilaine, ô l'opprobre de nostre race, & la honte de nostre Maison. Tout beau, dict Lindamee, vous precipitez bien vostre iugement, il est trop iniuste: Mais vous, Madame, repliqua l'irrité Basile, de vouloir reietter sur moy le crime de ceste infame. Ie ne hantay iamais, dict Lindamee, aucune femme de ceste condition, vous me cognoissez mal: Exceptez donc, Madame, dict Basile, la folle Polixene ; ô la mal-heurusee, elle a abusé de vostre facilité, & circonuenu vostre douceur, la pitié de sa misere vous a trahie; mais pleust à Dieu qu'elle fust morte dés le berceau. Vous allez bien viste, dict Lindamee, ie n'excepte pas mesme vostre sœur : Non pas, Madame, dit Basile, si vous mettez ensemble le iour auec la nuict, le feu auec l'eau, & la gloire auec la honte. Ie dis, repliqua Lindamee, que vous estes frere de la plus chaste & de la plus sage sœur qui fut iamais, & dont l'e. il l'interrompit là dessus, pour dire que c'estoit pour flatter son mal, & pour adoucir son courage. ce qu'elle en disoit, & que c'estoit assez, qu'il n'en sçauoit que trop, ne voulant pas foüiller plus auant dans ceste cloaque, qu'il voudroit que le iour fust changé en tenebres pour y pouuoir rougir auec plus de liberté, & ronger son frain auec moins d'impatience: ô! l'impudente, disoit-il, & encor me rendre complice & depositaire de sa vergongne, comme si c'estoient des fautes pardonnables à celles de sa qualité, qui doiuent auoir l'honneur plus precieux que la vie : Madame, poursuiuoit-il, faisons comme la terre couure son corps, que le silence que vous deuez, non tant à sa deshonnesteté qu'à vostre propre modestie, & à la bienueillance que vous auez tousiours portee à nostre Maison, voyle sa faute; ie croy que c'est là l'vnique remede d'vn mal irremediable. Lindamee desesperce de ne pouuoir obtenir vn momét d'audiéce pour desabuser cet esprit, luy crioit, Monsieur, ie vous prie dónez vous vn peu de patiéce. Et qui né la perdroit, repliquoit le courroucé Basile, entendant vn tel affront que ceste perduë a faict à tout son lignage? de moy si elle n'estoit morte ie croy que ie la mangerois toute viue, & si ie ne craignois d'esuenter ce que ie veux couurir, ie l'irois volontiers saccager iusques dans le tombeau. Pour Dieu, Madame, s'il y a quelque chetiue creature prouenuë de cet abominable adultere, essayons de nous en dépestrer le plus soudainement qu'il nous sera possible; non pas certes par cruauté, car son innocence ne doit pas pâtir pour la coulpe de sa mauuaise mere, mais en la destournant aux châps, & la faisãt adopter à quelque paysan pour vne sõme d'argẽt que i'offre de bailler; & sur tout ie vous prie que mes freres ny ma mere n'en sçachent rien, car ie ne pense pas que ceux là pussẽt cõtenir leur indignation, & celle-cy mourroit infailliblement de creuecœur & d'angoisse, parce qu'elle ayme l'hõneur incõparablement. Ce fut icy que Lindamee perdant toute contenance creut qu'asseurément Basile estoit ou charmé ou fol, c'est pourquoy luy criant à pleine teste qu'il se trompoit, & qu'il prenoit de la gauche ce qu'elle luy presentoit de la droicte, pour impetrer quelque clair interuale pour s'expliquer, elle fut contrainte de luy crier qu'il regardoit la medaille par le reuers & que ce qu'elle auoit à luy dire estoit tout le rebours de ce qu'il pensoit: ce que le troublé Gentilhomme ne pouuoit comprendre. Ie vous iure, dict Lindamee, & vous declare deuant que passer outre à ce que i'ay à vous manifester, que Polixene vostre sœur est morte la plus pure, la plus entiere, & la plus chaste vierge qui se puisse treuuer, tant s'en faut que toutes les impuretez que vous auez conceuës se puissent attaquer ny attacher à son integrité ; elle est l'honneur de vostre race, la splendeur de vostre Maison, la gloire de vostre famille, & vn des rares miroirs de continence & de pudicité que ce siecle nous ait produict. A ces paroles Basile estonné comme s'il fust tombé des cieux, & effrayé cõme d'vn coup de foudre, ne sceut que repliquer, tant il se treuua interdit, passant si soudainement d'vne extremité à l'autre. Celuy qui auoit causé toute ceste confusion par sa precipitation de parler deuint muet comme vn poisson, & immobile comme s'il eust esté changé en rocher : ce qui donna vn grand loysir à Lindamee de luy expliquer toute l'affaire. Icy Florimond tressaillant d'ayse, C'est maintenant, dict-il, ô Serafic, que vous ne nous tiendrez plus en eschec, & que vous nous direz ce miraculeux mystere, qui change les femmes mariees en vierges, prodige nouueau, & qui merite d'estre soigneusement enregistré. Alors Serafic pour suspendre encor l'esprit de cet impatient

patient iouuenceau. Encor que nulle parole soit impossible à Dieu, selon le discours de l'Ange à la Reyne des Vierges & des Meres, & à celle-là seule qui par vn miracle qui estonne la Terre & les Cieux, a ioinct ces deux choses inaccostables & incompatibles, l'Integrité & la Maternité; si est-ce que ie puis dire hardiment apres S. Hierosme, quoy que Dieu soit Tout-puissant, que cela neantmoins passe sa toute-puissance, que celle qui a receu detriment en sa chasteté puisse iamais estre vierge. Si est-ce là, dict Florimond, ce que vous auez entrepris de nous faire voir par vne reparation, qui doit estre sans doute non seulemét surnaturelle, mais plus que diuine: mais despeschez vous, de grace, de nous descouurir ce passe-miracle, afin que le siecle auenir le puisse admirer. Serafic soufriant, Vous sçauez, dict-il, gétil Pelerin, que de la priuation à l'habitude il n'y a point de retour, la virginité ne perit qu'vne fois, apres cela elle n'est reparable par aucun artifice; mais i'espere maintenir ma proposition par vn moyen si facile, que quand vous le sçaurez vous resseblerez à celuy qui ayant gagé de faire tenir sur son assiette vn œuf sur la poincte sans l'appuyer, la gageure faicte il le fit tenir

Bb

en le cassant vn peu, celuy qui perdoit son gage blasmoit ceste finesse comme grossiere; Mais, dict l'autre, vous estes encor plus grossier qui n'auez peu conceuoir sa grossiereté : beaucoup de choses semblent estranges en apparence qui sont faciles & simples en elles-mesmes. Mais reuenons à nostre sujet. Lindamee parla ainsi à Basile. Sçachez, Monsieur, que celuy à qui vostre mere & vos freres auoient donné vostre sœur en mariage, n'est homme que par le visage, ou s'il est homme, il ne l'est pas pour prendre rang au nombre des maris; cependant ma chere compagne a vescu auec luy en sorte que par aucune plainte elle n'a fait paroistre le defaut de son Mariage ; au commencement elle l'a celé par ieunesse & par ignorance, depuis par honneur & par la force de sa vertu. Or comme elle n'auoit iamais eu le cœur porté à aymer vne personne qui r'amasse en soy tous les remedes d'Amour, aussi ne peut-on qualifier leur liaison du tiltre de nopces, puisque le consentement ne peut estre dans vne volonté contrainctes; consentement qui faict le nœud principal de ceste estreinte sacree, & qui luy est plus essentielle que la consommation qui perfectionne le Sacrement. Au contraire celuy qui n'a iamais possedé son corps, a eu tousiours quelque place dedans son cœur, c'est Calixtin que vous luy auiez destiné pour l'object de ses premieres flammes; flammes qu'elle a conseruees sous la cendre de la modestie & du silence, & emportees dans le tombeau: car comme il est malaysé de faire perdre le goust de la premiere liqueur dont le vaisseau neuf a esté imbu, ainsi les premieres impressions qui se grauent dans l'ame des filles auec des burins de feu ne s'effacent iamais de leurs pensees, non pas mesmes par la froideur de la mort. Allez & accusez desormais nostre sexe d'inconstance & de foiblesse, & voyez si vostre sœur ne vous donne pas des preuues domestiques toutes côtraires à ceste creance. Et il ne faut point que vous estimiez que ceste constance qu'elle a tesmoignee en l'affection de Calixtin ait peu en rien preiudicier à son honneur ny à sa conscience, puisque depuis le iour qui la separa de luy pour la ioindre à Antere, elle ne le fauorisa iamais d'aucun tesmoignage de souuenance, non pas seulement d'vn regard qui le pust consoler, iamais elle ne luy parla, iamais ne luy escriuit, iamais ne s'enquit de ses nouuelles, ny par aucun message luy fit sçauoir des siennes, renonçant iusques aux plus moindres actions que la ciuilité nous oblige de faire pour marque d'vne commune & simple bienueillance; ce qui porta ce Gentilhomme à vne telle melancholie, & de ceste melancholie à vn tel desespoir, comme i'ay depuis sa mort appris de bonne part, que iamais il ne cessa qu'il n'eust treuué le cercueil, comme l'vnique azile de son agonie: Palmyre que vous cognoissez vous en dira plusieurs particularitez, si vous auez la curiosité de vous en enquerir. La beauté de vostre sœur, que vous sçauez auoir esté des plus considerables, a esté vne pierre de scandale & d'achopement pour plusieurs inconsiderez, dont les mines & les insolences ont esté cause des soupçons qui ont mis vn continuel marteau dans la teste d'Antere, & qui depuis l'ont porté à la maltraitter: cependant elle ne regarda iamais que cet homme qui faict peur à voir, à la naissance duquel presiderent les disgraces, & que la terre, comme vn autre Antee, semble n'auoir mis au monde que pour despiter les Cieux. Iugez de sa patience, puisque pouuant sortir de ces angoisses par vne declaration facile à obtenir, elle n'a pas voulu, aymant mieux perir honorablement dans le silence, que de guerir en parlant vn peu plus librement qu'il ne sembloit decent à vne fille inexperimétee; elle a mieux aymé se taire & mourir que de poluer ses leures & viure. Iugez de sa pudicité par cet acte heroïque de pudeur; & pouuant se despestrer si aysément de ce Demon domestique qui la tourmétoit, elle ne l'a pas voulu, pour n'auoir pas assez de front pour rougir de la honte de celuy que le monde reputoit pour son Espoux. Or ie vous prie de ne m'imputer pas à crime de ne vous en auoir auerty de meilleure heure, puisque c'est vn secret qu'elle ne m'a reuelé qu'en la derniere maladie qui luy a donné la mort; ie l'ay longuement frequentee auparauant, & de ceste longue frequentation estoit née entre nous ceste indissoluble amitié, que la parque mesme n'a peu trancher; mais bien que comme femme ie me doutasse que la palleur qui auoit faict esuanoüir le vermeil de ses ioües, n'estoit pas sans sujet, & que certains maux qui ne sont communs qu'aux filles nubiles me donnassent quelque ombrage, si est-ce que l'inegalité des aages d'Antere & d'elle tiroit à soy toutes mes coniectures, & me fermoit les yeux en vne chose qui autrement m'eust esté assez manifeste. Sa grande deuotion sur la fin de sa vie, comme la vanité des habits au commencement de cet infortuné Mariage, ont occupé son esprit, & l'ont diuertie de penser à son desastre; mais oppressée par la barbarie de ce vieillard, elle m'en faisoit quelquefois de douces plaintes, pleines neantmoins de tant de reuerence & de circonspection, que vous eussiez dict qu'elle l'excusoit pluftost que de l'accuser, & qu'elle se reputoit comme coulpable pour iustifier ses violences. L'importunité de ceux qui la suiuoient pour admirer en elle tant de graces que le Ciel y auoit versees, luy a faict souhaitter maintes fois d'estre née laide, ou de le deuenir, ce que plusieurs femmes redoutent comme la mort. Depuis qu'elle eust embrassé les exercices de pieté, qui fut lors que se fortifia nostre cognoissance, iamais creature ne negligea d'vn mespris si absolu les ornemens & le soin de sa beauté; elle estoit presque blasmee de l'excez contraire à la propreté. De combien d'aspretez & de mortifications sçay-je qu'elle faisoit à son corps vne saincte guerre, iusques là que son Confesseur, qui est aussi le mien, l'en reprenoit souuent, ayant en ce zele, qui n'est pas tousiours bien discret parmy nous, plus de besoin de bride que d'esperon. Ie ne croy pas qu'il y ait homme si effronté qui se puisse vanter d'auoir eu d'elle seulement vn bon visage, en Antere elle les haïssoit tous, & generalement, le seul Calixtin estoit vne idole cachee au milieu de son cœur; mais elle resistoit si puissammant aux idees qui luy en venoient en l'esprit, qu'elle le traitta comme les autres, & bien que son merite flattast son oreille, & sa forme son imagination, si est-ce qu'elle y resistoit aussi virilement que Calixtin se laissa emporter femininement au desespoir: c'est la verité que le trespas inopiné de ce gentil couragea precipité le sien, parce qu'estât en quelque sens mort pour elle, ou par elle, elle vouloit aussi mourir pour luy, & quitter Antere en terre pour aller treuuer au Ciel celuy que le Ciel, où se font les vrays Mariages, sembloit luy auoir destiné; & voyla le plus intime de tout son secret, par où ie voulois commencer quand vostre impatience aueugle m'a interrompuë, & vous a porté en des imaginations si odieuses, que mon ame en est encor toute blessee, & sensiblement offencee. Pensez, Basile, à reparer deuant Dieu le tort que vous auez faict à vne si sage & vertueuse sœur, le nom de laquelle ne doit iamais perir de la memoire des hommes, & ayez honte d'auoir admis en vostre esprit des pensees si desauantageuses à son honneur, & si esloignees de la gloire qu'elle possede. De moy ie vous pardonne de bon cœur, en consideration de l'amitié que i'ay contractee auec ceste saincte fille, l'offence que vous auez commise contre moy, m'estimant depositrice d'vn forfaict qui ne tomba iamais en l'imagination de ma chere compagne, dont la belle ame voit maintenant du haut des Cieux dans mon affliction les marques de mon amitié, & dans vos discours inconsiderez l'outrage que vous faictes à ses venerables & pures cendres. Me voyla maintenant, ce me semble, deschargee d'vn pesant fardeau; car i'eusse pensé estre grandement coulpable si ie vous eusse celé ceste bonne nouuelle: c'est à vous maintenant, ô Basile, de faire de ce depost que ie vous consigne, ce que vostre prudence verra estre à propos, vous sçauez que c'est l'intention de la pauure defuncte, dont la derniere volonté nous doit estre sacree & inuiolable; c'est ce qu'elle me recommanda des yeux, & en me serrant la main lors qu'elle rendit son ame entre mes bras: ô ma fidele, hé! qui me donnera que ie te suiue en la felicité dont tu iouys : car qui peut douter, que tes extremes tribulations soustenuës auec vne prodigieuse patience ne t'ayent donné ceste esperance, dont l'attente n'est iamais confonduë? Maintenant donc que de tes plantes glorieuses tu foules le front des estoiles, & que tu fais paué des voutes du firmament, estant asseuree de ton salut, pren quelque soin du mien, & recommande mon ame à la misericorde de nostre Sauueur, comme ie consigne ton honneur à ton frere. Elle eust passé outre en ceste inuocation qui luy plaisoit, parce qu'elle irritoit sa douleur, si les sanglots n'eussent arresté sa voix, & suffoqué dans son estomac le reste de ses plaintes. Basile resta vn long temps sans siller seulement les yeux, tant il estoit & saisi & rauy en sa pensee. En fin reuenu à soy de ceste profonde extase, le visage peint des differentes couleurs, que la honte, le regret, la ioye & l'estonnement, toutes passions impetueuses, y couchoient, il se fit entendre par cet eslancement. O belle ame plus digne de nos vœux, que nos vœux ne sont dignes de toy, quel supplice assez grand pourra correspondre à l'outrage que i'ay fait à ton innocence? & si on ne peut assez punir mon crime, quelle esperance puis-ie auoir d'en obtenir iamais le pardon? helas eſtãt incapable de conceuoir en toy vne vertu ſi extraordinaire, mon eſprit vil & abiect s'eſt rabbatu ſur la péſee d'vn vice trop ordinaire parmy celles qui mal-traittees de leurs maris, mettent comme des gueſpes irritees la perte de leur vie & de leur honneur en leur vengeance, ſe perdans elles-meſmes pour diffamer autruy. Certes ſi tu eſtois encor parmy nous, ô! ame pure, (que ie n'oſe appeller du nom de ſœur, puis que ie me ſuis par ma brutalité rendu indigne de celuy de ton frere,) ſi tu eſtois encor parmy nous ſujette aux pechez & aux infirmitez qui accompagnent cet eſtre miſerable que nous trainons en ceſte vallee de pleurs, certes ie perdrois l'eſpoir de voir en ton ſouuenir mon offence effacee: mais à preſent que ie te croy poſſeder le poids immortel de la gloire que tu as acquis par de paſſageres afflictions, ie reſuſcite mes attentes, parce que la parfaitte charité dans laquelle tu es engloutie, oublie ou remet d'autant plus volontiers les outrages qu'ils ſemblent moins pardonnables : mais oſe-ie bien leuer les yeux vers le Ciel, ſiege de ton habitation en la plenitude des Saincts, apres t'en auoir eſtimé ſi eſloignee? ô quel aueuglement me tenoit, quelles cataractes estoient tombees sur mes yeux, surquoy pouuois-ie asseoir ces fausses coniectures, quelle de tes actions m'a iamais peu donner vne ombre de soupçon, ains quel de tes deportemens ne m'a osté vne glace de miroir nette & polie pour y voir mes defauts dans tes perfections ? Certes ie croy que tout ainsi que les Icteriques voyent toutes choses jaunes à cause de la suffusion bilieuse qui se fait en leurs yeux, ainsi que i'ay iugé temerairement de toy par moy-mesme, t'appliquant iniustement mes propres imperfections : maintenant que ces illusions sont esuanoüyes, ces tayes tombees de dessus mes prunelles, & mes yeux dessillez, sage Lindamee, par le miel de vostre discours, & par le fiel de mon repentir, quelle vergoigne m'opprime d'auoir voulu charger de telle infamie le mesme honneur & la mesme pureté. Pardon Polixene, pardon à ce miserable frere, qui les larmes aux yeux & l'amertume en l'ame se repent de tout son cœur de son insoléce. Il dit cela se mettát à genoux, & leuát les mains & le visage vers le Ciel, & puis sás se releuer se retournát vers Lindamee, Et à vous Madame, ie le demáderois, si vostre bonté anticipant ma requeste ne m'auoit exaucé deuant que ie le vous presentasse : lasche que ie suis, où ay-ie esté chercher ceste trauersante imaginatiõ, non Madame, elle n'est pas de moy, il faut que quelque esprit maling l'ait pensee sur le mien, incapable au reste de rien croire de mauuais de vostre vertu, ny de celle d'vne sœur qui m'est doublement chere, & par l'honneur qu'elle a possedé de vostre bienueillance, & par son propre merite. Mais ie le voy ce Demon tenebreux qui m'a voulu enseuelir dans les ombres en vn si clair midy, c'est que jaloux de mon salut, il sçauoit que la descouuerte de ce secret estoit le coup fatal de ma conuersion, & le principe de ma retraitte du monde, où iusques à present il m'a retenu par des chaisnes dorees, captif de l'ambition & de la fortune. C'est pourquoy il m'a si long temps fait fuir deuant ce traict d'arc, & euiter ce remede vnique & souuerain de mon ambitieuse maladie. O ma sœur, & qu'il soit permis sinon à mon indignité, du moins à ma naissance de t'appeller ainsi, ouy ie te suis à la trace des parfums de ton sainct exemple, Dieu vouloit que par la cognoissance de ton admirable vie, les derniers preceptes que ta bouche mourante m'a donnez penetrassent auec plus d'energie dans mon interieur ; vn corps si pur & si entier ne peut auoir esté que le tabernacle d'vne ame hostesse des mouuemens du S. Esprit; ie croy que ce n'est point sans quelque speciale & secrette reuelation que tu m'as conuié de quitter le monde, non point en termes vulgaires, mais comme de la part de Dieu! O Seigneur, & par quelle plus sage bouche, par quel organe plus venerable me pouuiez-vous enseigner vostre volonté & me monstrer vos voyes? ô Dieu! c'est vostre bon Esprit qui me conduit ainsi par la main droitte en la terre de droitture de la saincte Religiõ; ouy Seigneur, ie la veux, puis qu'il vous a ainsi pleu de disposer de moy de toute eternité: Ouy mon Dieu, ie le veux, & que ceste loy de vostre vouloir demeure à iamais grauee au milieu de mon cœur. Le monde, ce grand sorcier qui nous inuite à ces sabaths par mille diuers charmes, n'aura plus d'ascendant sur mes desirs, ie renonce à toutes ses pompes, à toutes ses vanitez, aux pretensions que i'auois chez luy, à toutes mes esperances passageres. O paroles dernieres de ma saincte sœur, que vous m'estes d'heureuses fleches, puis que vous portez la guerison quant & la blesseure, puis que tumbant sous vostre pointe ie me releue comme vn autre Saul amy & suiuant du Roy de gloire, qui est beny par les Anges & par les bien-heureux en tous les fiecles. Ce langage extatique & desia tout celeste comme vous iugez, porta si auant sa conuersation dans le Ciel, qu'il oublioit le lieu où il estoit, & ne s'apperceuoit pas qu'il descouuroit deuant vne femme, vn secret qu'il vouloit rendre impenetrable; c'est pourquoy reuenu à soy comme vn S. Paul de son terrassement, & recognoissant qu'il auoit sans y penser fait cognoistre à Lindamee la chose du monde qu'il vouloit tenir la plus close; de peur que ceste mine qui deuoit enleuer du monde toute sa fortune ne fust euentee, & ne deuinst sans effect par l'importunité de sa mere & de ses freres. Il estoit sur le poinct de dire à ceste Dame que c'estoit l'excez de son desplaisir qui l'auoit porté à ce dessein non pourpensé, plustost qu'aucun vray desir de l'effectuer: mais se souuenant de ce qui est escrit, que la grace de l'esprit de Dieu s'escarte des personnes feintes & doubles, il estima qu'il estoit plus à propos de dire rondement la verité à ce cœur fidele, & de mettre sur ses leures le sceau que mit Alexandre sur celles d'Hephestion, s'asseurant que celle qui auoit peu celer le secret de la sœur auroit bien encor assez de force pour taire celuy du frere. Aussi faut-il auancer que comme en plusieurs autres vertus en celle de la fidelité & du filéce, Lindamee paſſe de bien loin celles de ſon ſexe. Il la coniure donc par tout ce qu'il y a de plus ſainct au Ciel & en la Terre, de ne deceler à perſõne ce qu'il venoit de dire en l'excez de ſon eſprit, minutant de ſe transfigurer en noſtre Seigneur, & de donner du pied au monde, luy faiſant entendre que ſi par ſes paroles elle eſtoit cauſe de l'enleuer du ſeruice des Autels, elle commettroit vn grand crime, duquel elle reſpondroit deuant Dieu ame pour ame. Il luy remonſtre que ſi ce ſien deſſein eſtoit euenté, ſa mere & ſes freres feroient tous leurs efforts pour le retenir dans la Court, & peut-eſtre ſous de ſpecieux pretextes y employeroient vne auctorité ſouueraine; que pour ſortir du ſiecle il auoit beſoin de jetter de la poudre aux yeux de beaucoup de gens, eſtimant qu'il eſtoit bien loiſible de tromper en bien, vne bonne fois, & pour vn bon ſujet, ce traiſtre monde, qui l'auoit tant de fois ſurpris & fait faire banqueroute à ſon ſalut, en autant de façons qu'il auoit adoré des dieux eſtranges, qui eſtoient les idoles de ſes paſſions.

Qui fut le plus eſtonné ou de Baſile, quãd cõtre ſon attẽte Lindamee luy repreſenta ſa ſœur dãs le Ciel de l'honneur qu'il eſtimoit

plongée dans l'abysme de l'infamie, ou de Lindamee de voir en Basile vn si subit chāgement de loup en agneau, de charbon en neige, de corbeau en colombe, & de Courtisan en Religieux, il seroit malaysé de le dire. Si est ce que ie tiens que celuy de Lindamee deuoit estre d'autant plus grand, que plus grand en estoit le sujet, car en fin le changement que fit Basile de l'opinion sinistre qu'il auoit conceuë de sa sœur, en celle que sa vertu & sa bonne vie l'obligerent d'auoir, ne fut pas plus lōg qu'vn tournemain, & en destournant ses yeux de dessus sa crainte, qui comme ces fausses glaces luy faisoit voir vne chose tout au rebours de ce qu'elle estoit. Mais celuy de Basile mesme qui faisoit estat de renoncer à la fortune qui luy rioit, & qui luy promettoit de le placer au plus haut de la roüe de ses esperances, qui vouloit se precipiter du ciel de l'honneur dans vne abiecte & volontaire pauureté, & quitter les delices de la Court pour les austeritez d'vn cloistre, & tout cela en vn clin d'œil, c'est ce qui la rauit tout à fait pauurette qui ne sçait pas que Dieu trauaille en vn instant, que sa grace opere en vn moment, & qu'en vn poinct celuy qui change le rien en tout, peut bien faire de moindres metamorphoses. Vn serment
solemnel

solemnel exigé de Lindamee de tenir cachee ceste proposition, la fidelité que j'ay tesmoignee à Polixene, dit-elle, vous doit faire croire qu'il est encor des Porcies qui peuuent faire les coniurations des Brutes; & pour vous faire paroistre ma bonne foy, il faut que ie vous confesse que la crainte de mourir sans vous descouurir ce que ie vous ay manifesté de la saincteté de vostre sœur, & l'impossibilité de vous pouuoir parler, m'ont fait cōmuniquer cela mesme à mon mary sous la promesse de ne le dire qu'à vous si ie venois à mourir sans vous parler; ce qu'il a obserué inuiolablement, aussi est ce vn autre moy-mesme. Or, dict Basile, non seulement ie suis bien aise qu'il le sçache, mais ie le veux aussi communiquer à ma mere & à mes freres, afin qu'ils recognoissent le tort qu'ils ont fait à la defuncte de luy rauir vn bien que ie luy procurois, pour la mettre en vn enfer de miseres : toutefois leur zele est excusable en ce qu'ils pēsoient faire ceste alliance pour son plus grand auantage. Et certes n'estoit que ma sœur m'a defendu d'auoir du ressentiment de ce barbare qui a causé sa mort, que ne deurois-ie faire pour en tirer raison: mais d'autre part celuy à qui ie me veux consacrer m'arrest, puis qu'au plus fort de

C g

son supplice, il a prié pour ceux-là mesme qui le crucifioient. Toutesfois ie permettray à la verité de se faire voir, ne voulant autre vengeance de luy que la honte de sa misere, qui rejallira sur son visage, de la gloire de la constance, & de la continence de ma sœur. Et c'est à mon auis si peu de chose au prix de ce que merite son indignité, que dans sa punition il aura plus à se loüer de la misericorde qu'à se plaindre de la iustice : le reste de la vengeance appartient à celuy qui se l'est reseruee & qui sçaura bien au temps ou en l'eternité luy en donner la retribution, car c'est celuy qui chastie abondamment les superbes & les trômpeurs. Mais, Madame, poursuiuit il parlant à Lindamee, au nom de Dieu, que ny vostre mary, ny mes parens ne sçachent par vostre moyen rien de mon dessein : car si ie sçauois que ma chemise fust capable de le signifier, ie la mettrois tout presentement au feu. Ie desire trômper tout le mõde pour estre fidele à celuy qui m'a dõné vne si forte inspiration, & qui me donnera le pouuoir de l'executer si ie coopere à sa grace. Lindamee ioyeuse de voir renaistre vn Phœnix pour le seruice de Dieu des cendres de Polixene, loüa grandement ceste genereuse entreprise, ce qui ne seruit pas de peu pour encourager Basile à l'effectuer, car c'estoit de l'huile sur le feu de son desir: elle luy iura non seulement le silence, mais l'assistance de son pouuoir.

De ce pas Basile sçachant combien les retardations estoient mortelles à de semblables desseins, va brasser la plus excellente trousse pour se depestrer du monde qui se puisse inuenter, il fait croire à ceux de qui il dependoit qu'vne affaire pressante & qui luy importoit de tout son bien (& il disoit vray parlant de l'Eternel) l'appelloit en Languedoc du costé de Narbonne, demandant congé pour quelque temps, afin d'y donner l'ordre necessaire: il l'obtient, & se fait adiouster pour cōbler la mesure, la permission de visiter la deuote montagne de Nostre Dame de Montserrat, ce qui luy fut octroyé. Du costé de ses parens, il fait entendre que pour des affaires d'Estat fort secrettes, il estoit enuoyé en Languedoc sous le pretexte de quelques affaires particulieres & du Pelerinage de Montserrat, se promettant d'y faire quelque sejour, mais au retour s'asseurant d'vne condition fort releuee par dessus le vulgaire. Il est creu cōme vn Oracle, car il y auoit tant d'apparence à ce qu'il proposoit, & il auoit vne telle creāce parmy ... siens, que sans autre cōtradictiō on luy souhaite vn heureux voyage. Or voyez l'industrie de part & d'autre: on disoit qu'il estoit allé en Languedoc pour ses affaires, & à Montserrat par deuotion. Mais estant party en poste de Paris, & la nuict, pour accomplir la bonne tromperie, son Languedoc fut la forest de Retz, & son Montserrat le Monastere de Bonnefontaine : i'oubliois à dire que durant qu'il esblouyssoit ainsi les yeux du monde pour eschapper de ses prises, il auoit tramé sa retraitte en ce lieu auec Dom Chrysogone, que voicy, dont la pieté fait profession de porter les renegats du siecle à de semblables desbauches. Aussi tost venu, aussi tost pris, aussi-tost receu, aussi tost vestu ; il estoit en aage de pleine majorité, homme serieux & consommé dans la Court & dans les affaires, le voyla caché dans la cachette de la face de Dieu & escarté du trouble des hommes ; toute sa peur est que quelque seculier vienne en ceste maison, & le recognoisse auant que l'an soit reuolu, au bout duquel il deuoit faire sa professiõ. Pour cela il n'alloit point à l'office du iour que premierement il ne fust auerty des suruenans, afin de ne faire aucune rencõtre qui peust diuertir son entreprise. Car ses seruices auoient esté dans la Court, trouuez tellemét agreables, qu'il redoutoit qu'vne puissance absoluë ne l'arrachast du centre de sa tranquillité pour le remettre sur la roüe du tournoyement du monde; & il n'y auoit aucune autre auctorité ny de parens ny de iustice qui le pust arracher de là, pouuant dire auec le Vaisseau d'elite, que ny les Anges, ny les hommes, ny la mort, ny la vie, ne le pouuoient separer de IESVS-CHRIST. Ce n'est pas que durant tout ce temps-là, il ne passast deuant ses yeux beaucoup de personnes de sa cognoissance, mais la rasure & l'habit de Chartreux, dans lequel il s'enfonçoit comme dans vn sac, le rendoient si mecognoissable, que parlant à luy on eust dit qu'à la voix de Iacob estoient attachees les mains d'Esau. Mais oyez la continuation de son industrieuse fuitte iusques à la consommation de l'œuure, il faisoit tenir de temps en téps des lettres à Paris tant à la Court qu'à ses parens, comme venans de Languedoc, iamais dattees d'vn mesme lieu, amusãt ainsi ses gens, & poussant le temps à l'espaule, iusques au bout de son terme. Lequel arriué auec vn heur incroyable sans estre descouuert, encor qu'il fust si proche, & qu'on le crust bien esloigné, il s'aduisa pour courir parfaitement son jeu d'vne excellente ruse, il escrit cõme de Montserrat, où il disoit auoir treuué tant de deuotion, & vn

Cc iij

lieu respirant tant de saincteté, qu'il s'estimeroit heureux de pouuoir passer le reste de ses iours en ceste solitude. Cela donna l'allarme fort chaude à ses parens qui l'aymoient autant pour eux que pour luy, comme il n'est que trop ordinaire, mesme entre freres de n'aymer que par interest : mais ie laissois à dire qu'auparauant que les allarmer ainsi, il s'estoit jetté des fauxbourgs du Nouitiat dãs la Cité de refuge de la saincte Profession, & par la promesse de ses vœux solénels, il auoit mis vne haye vifue, ou plustost vne muraille impenetrable entre luy & le Siecle, la Religion estãt vn jardin clos, vne fontaine seellee, vne chartre perpetuelle, de laquelle on ne peut sortir que par la mort, sans acquerir sa dãnation, cõme parle S. Paul des veufues incõsiderees, qui apres le vœu de viduité retournoiẽt aux desirs seculiers & voloient à de secõdes nopces. Or pour acheuer le comble de ceste allarme, il fit semer vn bruit qu'il estoit mort à Montserrat, & qu'auant son trespas il auoit desiré prendre l'habit Religieux. Comme l'on ne croit que trop tost les mauuaises nouuelles pour mal fondees & incertaines qu'elles soient, voyla sa mere, voyla ses freres en vne angoisse nompareille, sa charge qu'il auoit à la Court est demandee & donnee auec vn euident tesmoignage du regret qu'on auoit de sa perte, les freres s'emparent de son bien sans penser s'il auoit testé : & comme l'vn d'entr'eux estoit en termes d'aller iusqu'à Mõtserrat sçauoir au vray ce qui estoit arriué de son frere, Dom Chrysogone qui pour lors estoit à Paris où les affaires de ceste maison l'appellent assez souuent, & qui cõduisoit tous ces mysteres, treuua moyen d'arrester ce voyage, en tirant le rideau de ceste Scene, & faisãt cognoistre la verité de toutes ces figures, & deuoylant toutes ces feintes, & par de gentilles interpretatiõs fit voir les rapports de toutes ces allegories. Et c'est icy où nous pourriõs dire quelque chose en passant des mensonges officieuses ou pernicieuses, & declarer que cõme celles-cy sont tout à fait rejettables, on se peut seruir prudemment des autres aux serieuses occurrences sans offencer Dieu, qui est la premiere verité, car à proprement parler la menterie officieuse n'est pas si directement contraire à la verité, comme elle la pallie, biaise, & contourne pour vn bon sujet, principalement quand elle ne porte preiudice au particulier ny au public, & qu'elle peut estre auantageuse au salut de quelqu'vn. Car en fin qui peut blasmer

Abraham & Isaac qui ont appellé leurs femmes sœurs; David contrefaisant l'insensé qui est vne mensonge d'operation; Laban supposant Lia au lieu de Rachel, & sur tous Iacob se disant Esau, & se travestissant, sans heurter plusieurs mysteres cachez sous ces desguisemens. Pour sortir de prison toute fraude est permise, & pour sortir des lacqs & des pieges du monde, sera-t'il point loisible aux Iacobs de se transformer en Esaus? tromper le monde est vn crime non seulement excusable, mais digne de loüange & de recompense, mesme de recompense eternelle. Il est permis au vray Israëlite en quittant les tenebres du siecle, pour aller au desert de la penitence, & de là à la terre promise de la grace, de prendre impunément les vaisseaux des Egyptiens, & de s'en accommoder : Des cedres prophanes de Hiram, on peut faire la charpéterie du Téple. Ce n'est pas que ie vueille dire qu'il soit bon de se jetter en vn cloistre pour frustrer des creanciers, pour ne payer point ses debtes, & pour s'exépter d'vne plus estroitte & desagreable prison; ce qui n'est pas arriué à nostre Basile: mais ie veux dôner à entédre que côtre le môde nostre ennemy iuré, on peut agir licitement ou par ruse couuerte ou par force ouuerte; & si l'on ne peut desnouër ces enlassemens Gordiens, il les faut trancher auec le glaiue d'Alexandre, & s'en destacher comme que ce soit. Pour vn tel sujet la duplicité qui d'ailleurs est vn vice, est vne grande vertu.

Fuyons par tous moyens ces funestes riuages,
Tous noircis de desbris, tous couuerts de naufrages.

Or voyez comme tout coopere en bien à ceux qui sont bons, & qui selon leur pieux dessein aspirent à vne vie saincte & religieuse. Ces deuotieuses fraudes furent conduittes à si bonne fin, qu'elles opererent tout ainsi que ces bonnes tromperies qu'on faict aux malades pour leur faire prendre des medecines dont la seule veuë les prouocque à vomir : car l'amusement de ceste lõgue absence, ce voyage lointain, l'incertitude du retour, l'imagination que Basile fust employé en de secrettes affaires d'Estat, (car tout sert à occuper des esprits qui se paissent de vanité) tout cela adoucit l'amertume de sa priuation, & desaccoustuma les siens de sa presence. Depuis ceste apprehension qu'il ne se fist Religieux dans les Hermitages de Montserrat, habitua les yeux des personnes interessees à le voir au train de ceste vie retiree; mais cela se tourna én risée quand on vint à penser à sa vie passee si esloignee de celle là; de sorte qu'on creut qu'il auoit mandé ce traict pour se donner carriere, ioint que pour rendre raison de sa commission, il falloit selon le iugement commun qu'il reuist la Court, & les siens pour ne faire vne retraitte inciuile, & sans prendre congé: Bonnes gens qui ne sçauent pas que ceux qui s'arrestent tant à ces hônestetez estouffent ordinairement leurs religieuses entreprises, laissans la voix de Dieu pour consulter Hely, ainsi que faisoit Samuel. Depuis la nouuelle de sa mort les fit resoudre par la dure loy de la necessité que nous impose ceste meurtriere, à sa totale priuation, ce qui fit qu'vne telle douleur leur fit treuuer moindre celle de sa retraitte à Bonne-fontaine; car, bien que la Religion soit le tombeau d'vn homme vif, selon ce traict du diuin Chantre, Leurs maisons sont leurs sepulchres pour tousiours: & cet autre, Les hommes ne se souuiennent plus de ceux qui dorment dans les sepulchres, blessez du dard de la diuine dilection: & encor cettuy-cy, Le Seigneur m'a mis dans les obscuritez entre les morts du siecle: Si est-ce qu'entre les morts la ciuile estant plus dou-

ce que la naturelle, ce change mitigea leur
desplaisir, aymans mieux le sçauoir ainsi
que de n'estre plus du tout entre les viuans.
Peut-estre y auoit-il quelque occulte difference entre la pensee de la mere & celle des
freres; car celle-là, sans doute, l'aymoit encor mieux ainsi; mais les autres qui per-
doient les esperances qu'ils auoient esta-
blies sur luy, les voyoient aussi bien mortes
d'vne façon comme d'vne autre : mais que
les pensees des hommes sont basses & vaines, iusques à quand lourds & pesans de
cœurs embrasseront-ils des ombres?

Or apprenez que Dieu qui l'a trié
   Pour le seruir comme vne chose saincte,
   C'est le Seigneur, auquel ayant crié,
   En l'exauçant il luy leue la plainte.
Courroucez vous, mais le courroux vain-
   queur,
   Gardez vous bien qu'au mal ne vous trans-
   porte,
   Repensez bien, parlez en vostre cœur,
   Que vostre lict la raison vous rapporte.
Sacrez à Dieu de l'appetit dompté,
   Par la raison l'offrande legitime,
   Confiez vous en sa toute Bonté,
   C'est ce qu'il ayme & sa chere victime.

O s'ils eussent plus haut releué leurs ames, & fondé leur espoir sur la vraye pieté, qu'ils eussent bi[en] recogneu que la Vocation qu'auoit embrassee le sage Basile leur estoit bien plus auantageuse que la precedente, puisque n'ayant au monde qu'vne faueur relatiue & subalterne, il auoit en se mettant en l'estat de perfection, l'oreille du Roy des Roys, dans la main duquel sont tous les confins de la terre, qui a toutes les Nations pour son heritage, qui brise les Royaumes & les Empires, comme vn potier qui casse son ouurage auec vne verge de fer, & lequel pouuant perdre & le corps & l'ame en la gesne, peut aussi donner des recompenses eternelles : c'est luy dont les yeux sont tousiours fichez sur les iustes, & ses oreilles attentiues à leurs supplications. Mais ces considerations ont peu de prises, & encor moins de mise dans l'esprit des mondains, si attachez aux choses presentes, qu'ils perdent l'estime des futures, comme ceux qui pensent qu'vn gros flambeau en terre a plus de lumiere qu'vne de ces estoilles qui brillent dans les Cieux. Nous verrons cela en quelque particularité qui se descouurira au progrez de ce discours. Tout le monde fut extrememẽt estonné de la conuersion de Basile, & sur tout de la subtilité de son stratageme: car de le sçauoir plustost Profez que Nouice, c'estoit sçauoir la mort deuant la maladie; vous eussiez dict que l'Estoile du matin estoit tombee du Ciel. Que diront les mondains d'vn tel changement? ce qu'ils ont accoustumé de dire de ceux qui quittent la voye des pecheurs, le siege de pestilence, & l'assemblee des peruers pour se ranger à la part des Sainčts, parmy les enfans de lumiere: Que de couleurs prindrent ces Cameleons, excepté la blanche de la verité. Ils disoient que le desespoir de n'auoir peu arriuer où il aspiroit l'auoit porté à ceste extremité auec vne precipitation dont il se repentiroit, encor que la honte le retint, & luy fist dissimuler son desplaisir: c'est ainsi que les enfans de Belial, c'est à dire sans ioug, deschirent & deschiffrent le ioug suaue & le doux faix des enfans de Dieu. Quoy plus, que c'estoit quelque mauuais regard de son Auguste Princesse; car les yeux des Grands sont des Planettes de bonheur ou des Cometes de disgrace pour les petits qui ne respirent que par leurs influences: que c'estoit vn degoust incogneu aux plus entendus, lequel ceux qui estoient en faueur auoient pris de luy; tous visoient de trauers & n'atteignoient pas au vray but. D'autres en contoient d'vne autre cuuée, que s'estant attaché des aisles artistes pour voler trop haut, & plongé en de profondes debtes par de trop esclattantes despences, la peur de se voir ruiné dans le monde de biens, & de reputation, l'auoit faict ietter dans vn Cloistre. Ceux qui cognoissoient son humeur plus altiere qu'amoureuse, ne l'accusoient point d'aucun motif tiré de ces feux volages qui meinent tant de malauisez qui les suiuent en des precipices. En fin chacun interprete ceste celebre banqueroute faicte au monde sur le poinct d'vne fortune toute florissante selon son sens, & selon sa passion, & tout cela selon la mode des mesdisans. En fin tout ce tumulte s'accoisa, en ne laissant comme l'orage de la marine que de la baue sur le grauier, la memoire s'en esuanoüit auec le son. Les Grands qui oublient aussi volontiers les seruices comme le souuenir leur en pese, & qui ne pensent pas volontiers aux merites qui appellent des recompenses necessaires, & dont les esprits accostez de tant de gens ressemblent aux hosteleries où chacun passe, & pas vn ne demeure, se contenterent d'admirer la retraitte de ce Gentilhomme, sans la regretter autrement, & sans en penetrer les causes. Les moindres l'interpretoient comme il leur plaisoit, les interessez la blasmoient & la regrettoient tout ensemble; car c'est l'ordinaire des mondains de regretter les morts, non tant pour leur perte que pour celle qu'ils font en eux. En fin la verité fille du temps, fit cognoistre que ce n'auoit esté aucun sinistre motif qui l'auoit porté à vne si saincte entreprise, n'estant pas la coustume que les mauuaises causes produisent de bons effects. Ce ne fut aucune disgrace de ses Superieurs, aucum mescontentement de sa cõdition, aucun desespoir ny ambitieux ny amoureux, aucune perte de biens, aucun mauuais mesnage. Ce qui parut lors que ses freres recueillans son heritage nonobstant la perte de sa charge, y treuuerent beaucoup plus de biens qu'il n'en auoit tiré de sa maison. Mesmes apres auoir satisfaict aux charges de son testament, charges que leurs desirs leur faisoient treuuer vn peu pesantes, encor qu'il ne dõnast pas de beaucoup tant qu'il auoit acquis; en quoy paroist l'injustice de la balance des hõmes, qui pressez de leur particulier auantage, plaignent les liberalitez que fait vn hõme quoy qu'elles prouiénent de sõ industrie & de la sueur de son front. Ainsi murmuroit l'aisné du

Prodigue des biens que son Pere faisoit à ce Penitent, & les Vignerons de l'esgale recompense que le Pere de famille donnoit à ceux qui estoient venus sur le tard, à celle de ceux qui auoient porté le poids du iour & de la chaleur. Mais toutes ces cõsiderations comme des vapeurs trop terrestres, furent en fin dissipees par le Soleil de la pieté, lequel donna en fin dans les yeux de la mere & des freres ; si bien qu'encor que ce Basile qui sembloit estre à celle là, comme le Belier & l'ésperãce du troupeau, fut consacré par elle comme vn Isaac à la diuine volonté, disant, Le Seigneur me l'auoit donné, le Seigneur l'a pris pour sa part, son sainct Nom soit beny, ce qu'il delaisse temporellement luy tournera en retribution eternelle. Quant aux autres, ils recogneurent en fin qu'il auoit esté le plus auisé de tous, choisissant ceste meilleure part qui ne luy seroit point ostee. Ils le vindrent voir incontinent en sa Cellule, d'où ils sortirent tellement satisfaits & edifiez, qu'il n'y eut celuy d'entr'eux à qui les larmes de regret ne fussent changez en pleurs de consolation, trop heureux s'ils eussent peu l'imiter & le suiure, comme S. Bernard le fut par ses freres. Sebastie s'y fust aussi renduë, mais les Chartreux inuisibles aux femmes luy eussent rendu

rendu ce voyage inutile: ses lettres luy tesmoignerent sa bienueillance par la benediction qu'elle luy donnoit, benediction que Basile desiroit instamment d'elle, par celles qu'il luy fit tenir sur semblable sujet que celle qui nous a esté tantost recitée par Alexis de Theophore à sa mere. Chacun s'en retourna content, & n'y eut aucun de ses freres qui sçachant les iustes raisons qu'il auoit euës de dispenser ainsi ses biens par sa disposition testamentaire, qui ne s'offrist à effectuer ses volontez s'il s'en estoit reserué quelqu'une apres ses vœux de pauureté & d'obeissance, mesme aux despens de leurs propres facultez, le remerciant d'auoir non seulement conserué ses propres à la famille, mais de les auoir augmétez par son trauail, duquel il les auoit rédus participans. En quoy nous remarquons qu'il n'y a celuy qui au premier mouuement ne sente quelque poincte de cet interest qui touche les particuliers, mais quand on se donne le loysir de considerer les affaires sans passion, tel se plaint au commencement qui à la fin treuue qu'il a sujet de se contenter. Plusieurs de ceux qu'il auoit eu pour amis à la Court le vindrent visiter en sa solitude, qui s'en retournerent plus satisfaicts de sa retraitte que desireux de l'imiter, tant il est malaysé d'arracher vn Courtisan des delices du monde, estant plus difficile de pescher en pleine mer que dans vne riuiere. Depuis ce temps, ces bons Peres qui sçauent mieux que moy sa conuersation religieuse, nous pourront mieux apprendre que ie ne sçaurois expliquer d'où luy est venu cet extreme changement de ses mœurs douces, polies, & ciuiles, en ces agrestes, sauuages, & retirees qu'il a maintenant: de moy voyla ce que i'ay peu recognoistre en luy par la praticque que i'en ay euë dans le siecle.

FIN DV LIVRE CINQVIESME.

ALEXIS.
PARTIE SECONDE.
LIVRE SIXIESME.

SOMMAIRE.

1. *Silence prodigieux d'vne femme.* 2. *Mort d'Antere.* 3. *Basile va aux Ordres à Paris, & ce qui luy auint.* 4. *Traicts de Basile rebuttant les mondains.* 5. *Brusque repartie d'un Anachorete à son Frere.* 6. *Adieu au monde.*

MAis, dict icy Florimond, vous ne nous dittes pas ce qui est aduenu de Lindamee & d'Antere; Pour celle-là, dict Serafic, il faudroit que ie fusse Prophete pour dire ce qui en aduiendra, puis qu'elle est encor pleine de vie, & d'vne vie exéplaire, & toute reluisante de vertus, respádant vne odeur de pieté & de perfection en tous les lieux où elle converse, & donnant de l'edification en Dieu à tous ceux qui ont l'honneur de luy parler: toutefois ie vous diray qu'il luy arriua ce qui n'arriue pas que miraculeusement aux femmes, qui est de celer vn secret par l'espace d'vn an; car bien qu'elle ne sceust pas au vray le stratageme de Basile, ny mesmes en quel Ordre il auoit determiné d'entrer, si est-ce qu'elle ne reuela pas mesme à son mary ce que Basile luy auoit confié; & quoy qu'elle le vist en peine auec Sebastie & auec les freres de Basile, de ce qu'il estoit deuenu, si ne donna-t'elle iamais aucun signe par lequel on peust apperceuoir qu'elle sçauoit quelque chose de son dessein: mais quand il fut tout à faict descouuert & publié, elle auoüa qu'elle sçauoit son entreprise en general, long-temps auparauant qu'il l'effectuast, mais qu'elle ignoroit les particularitez qui la deuoient conduire à chef; singularité remarquable en vne femme, que l'on peut appeller parfaicte, puisque sainct Iacques appelle celuy-là parfaict qui sçait commander à sa langue.

2. Quant à Antere, Basile plus attentif à sa fuitte qu'à se venger de luy, ne manifesta rien de ce secret à ses parens, sinon lors que ses freres le vindrent voir apres sa profes-

sion; car en leur descouurant le veritable motif de sa conuersion tiré du commandement qu'il estimoit que Dieu luy en auoit faict par la bouche de sa sœur, il leur dict tout simplement & sans alteration la prodigieuse vertu de ceste fille, qui auoit mieux aymé viure & mourir parmy tant de martyres que de s'en deliurer par vne iuste plainte; priant ses freres que pour cela on ne fist ny tort ny vergoigne à Antere, mais qu'on laissast descendre paisiblement sa vieillesse dans le tombeau. Elle y est toute descenduë, dict l'vn d'entr'eux, car on l'a treuué dans son contoir mort d'vne apoplexie, assis dans sa chaire, & le visage couché sur sa table, sur des gettons d'argent, dont il en auoit encor quelques vns en la main, & son liure de raisons deuant luy: de sorte qu'on pourroit quasi dire de luy ce que les Parthes de Crassus, auquel apres son trespas ils firent boire de l'or fondu, Tu as eu soif de l'or, boys en tout ton saoul. Basile s'estonna d'vne fin si desastree, mais il ne ietta pas moins d'estonnement dans l'esprit de ses freres par le recit de la merueilleuse patience, continence & honnesteté de leur sœur, de laquelle depuis ils firent le rapport à Sebastie, & de là incontinent tout le monde en fut abbreuué; car comme voulez-vous qu'vne mere cele les perfections de sa fille quand elles emplissent de merueille ceux qui en attendent le recit? C'est maintenant à ces Peres de mettre la derniere & plus excellente main à ce tableau que ie n'ay faict qu'esbaucher, & de nous apprendre par quels degrez Dom Basile est arriué à ceste abstraction si profonde, qu'il semble ne toucher plus la terre que comme le rond touche le plain en vn poinct. Mettre la main à cet œuure apres vous, repliqua Dom Prieur, qui vid que ceste partie s'addressoit à luy, ce seroit vouloir acheuer la Venus d'Apelles, la Medee de Timomachus, & coucher vne ligne sur celle de Protogene; ie n'ay pas tant de temerité que de penser, non acheuer, mais retaster vne si riche besoigne; à vous autres qui estes nais & nourris dans le monde, & qui triomphez dans les Barreaux, il appartient de parler; le silence c'est l'escot des Chartreux, reprenez donc, Seigneur Serafic, la commission que vous me voulez bailler, si bon vous semble, & contentez vous de mes oreilles, sans emprunter vne langue si deshabituee de parler, qu'à peine le peut-elle bien dire. Mon Pere, reprit Serafic, i'ay rendu tesmoignage de ce que i'ay veu, voulez-vous maintenant que deuant des tesmoins oculaires, tels que vous estes Dom Chrysogone & vous, ie parle par protocole & par rapport; plus vaut la deposition d'vn homme qui a veu, que de dix tesmoins auriculaires. Les Apostres, dict Dom Prieur, ne laissent pas d'estre aussi bien creus de ce qu'ils ont ouy, que de ce qu'ils ont veu; la foy vient par l'oüye. Ie seray fort ayse d'entendre par vne bouche si diserte ce que ie sçay desia par cognoissance, ainsi ie recognoistray doublement Dom Basile par la suitte de vostre narré, & par les oreilles & par les yeux : s'il eschet quelque particularité remarquable ie la diray en passant. Mais mon Pere, dict Serafic, qu'est-il besoin de vous apprendre ce que vous sçauez mieux que moy, & ce que sçait Alexis, aussi bien que moy. Vous ne contentez pas Menandre & Florimond, dict Florimond à la volée, qui meurent d'enuie de sçauoir le reste de ceste memorable metamorphose. Soit donc, reprit Serafic, pour l'Amour de Dieu & de vous, si i'altere l'histoire Dom Prieur & Dom Procureur auront le soin de me releuer. Les Poëtes, ces doux menteurs, & qui font gloire de leurs feintes, c'est à dire d'alterer la verité par leurs inuentions, se treuuerent Iuges plus iustes & plus equitables de la retraitte de Basile, qu'vn tas de mesdisans qui sous vne fausse apparence de compassion n'estaloient que des faussetez: il y en eut vn qui fit l'Adieu du monde de ce Religieux, d'vne façon qui comme ie pense vous aggréera ; alors grattant sa teste de son doigt, comme pour r'appeller sa memoire, il en fit le recit de ceste façon.

O eternel Amour, dont les diuines forces
 Font fuir aux pecheurs du monde les amorces,
Afin de les ranger aux loix du repentir,
Ie quitte des mortels les appas deceuables,
Pour iouïr des douceurs sur toutes desirables,
 Puisque pour en iouïr il se faut conuertir.
Ayme moy donc, Seigneur, & me donnant ta grace
Purge de tout peché ceste terrestre masse,
Et puis qu'entierement ton Amour ie cheris,
Beny mon entreprise, & me fay recognoistre
Qu'à ma perdition le iour ne m'a veu naistre,
Mais bien pour auoir place entre tes fauoris.
Alors ie chanteray des Hymnes à ta gloire,
 Et dedans tes lieux saincts ie diray la victoire

Que ton Amour nous donne, en nos cœurs
 enfermé,
Ie feray deformais que ma voix exaucee,
Te chantera par tout ; enfin dans ma pen-
 see,
Ie gousteray tout bien, de toy estant aymé.
Mes yeux qui cy-deuant s'egaroient sur la
 terre,
Apres des ennemis qui leur faisoient la
 guerre,
T'auront pour seul object de leur contente-
 ment,
Bref mes sens occupez aux delices mon-
 daines,
Quitterent leurs desseins & leurs poursuit-
 tes vaines,
Pour ne rien contempler que ton beau fir-
 mament.
Astres qui souliez luire au cours de mes offen-
 ces,
Et qui participiez à beaucoup d'insolen-
 ces,
Où le Soleil m'a veu maintesfois tresbu-
 cher,
I'attefte ce beau iour, le tesmoin de mes
 crimes,
Que ie les veux purger par des pleurs legi-
 times,
Seruant à mon vaisseau de mer & de nocher.

Loin, loin de mon repos les mondaines affaires,
Loin, loin de mes desirs les passions contraires,
Que mon ame enchantee a jadis enfanté,
Enfans trop malheureux conceus dans les delices,
Accreus dans les plaisirs, nourris dedans les vices,
Heureux qui se repent de sa mondanité.
Domptons nos passions, que des torrens de larmes
Suffocquent nos pechez, elles sont les doux charmes,
Dont l'effect aboutit à de sacrez respirs.
O que la penitence est vn grand sacrifice,
Et qu'vn cœur repentant qui se rend Dieu propice,
Acquiert de grands tresors pour de petits souspirs.

Ces Stances pleines d'erudition & de deuotion pleurent extremement aux Peres, Menandre les loüa, aussi fit Alexis, mais le ieune Florimond qui estoit bien assez pieux pour estre Pelerin, comme en attendant que sa tribulation eust fait son cours, & que le temps la luy rendist moins sensible, mais non pas pour embrasser la vie monastique, n'en fist pas tant d'estat, parce qu'il luy sembloit que la poesie n'estoit iamais si agreable qu'en vn sujet riant & enjoüé, ce qui l'estonnoit le plus c'estoit la memoire de Serafic: mais c'est vn registre qui luy fera bien d'autres rapports deuant qu'ils se quittent. Et voyla, dit Dom Prieur, vne piece florissante de laquelle vous eussiez esté frustrez, si vous eussiez permis que Serafic m'eust donné le boucquet, car il ne croist point de ces fleurs là dãs le jardin d'vn pauure Moyne. Si est ce, repliqua Serafic, que nous croyons qu'il n'y a pas moins de belles fleurs dãs le parterre devostre esprit que celles que nous auõs veuës dãs le jardin de vostre cellule; mais vous ne ressemblez-pas au soucy qui n'estalle ses richesses qu'au Soleil, les vostres sont bien de mise, mais non pas de monstre; que si vous ne vous souciez pas des fleurs du langage, vous auez des fruicts de science & de iugement qui portent leur valeur en leur maturité; nous autres ne faisans qu'effleurer vous enfonceriez, nous n'auons que l'escorce, & vous comme vne grande aigle nous repaistriez de la moëlle des Cedres du Liban, ie veux dire que ie vous sers d'vn fatras de Poësies de nostre siecle, & vous nous produiriez les sentimens des Peres anciens qui viuoient en l'aage doré de l'Eglise primitiue: mais s'il plaist à Dieu selon la deuise de la maison de ce Prince qui vient de sortir de ceans, chacun aura son tour, nous vous entendrons au nostre, & ce sera quand il vous plaira d'attacher nos oreilles à vostre langue. Ce n'estoit pas à vn Chartreux de disputer par complimens auec Serafic qui les entendoit parfaitement, & qui les estendoit quelquesfois outre mesure. Le silence du bon Pere refusa ces loüanges, qu'il se fut appliquee par vne replique, ce qui donna lieu à Serafic de continuer ainsi. Ce n'est point ce me semble sans quelque milieu que l'on passe d'vne extremité à l'autre, c'est pourquoy comme l'on ne descend pas du faiste d'vne haute montaigne en vn instant, aussi ne me puis-ie persuader, que Basile ait changé ceste procedure si douce, si familiere & si charmante, qu'il auoit dans le siecle, à ceste hagarde & farouche qu'il a maintenant, sinon petit à petit. De moy, dit Florimond, ie treuue qu'il a la conuersation la plus charmante du monde, car comme nous estions dans sa celle, il nous a rendus muets comme des poissons, & immobiles comme des rochers, il a fait le reuers d'Amphion, & treuué le secret, en arrestant des Pelerins, de fixer le Mercure. La bonne grace dont Florimond fit ceste repartie, resueilla les esprits des escoutans, & contenta fort Serafic qui poursuiuit: Mais comme la clarté du iour se change en l'obscurité de la nuict par la pente molle de la vespree, assez claire pour n'estre pas nuit, & assez obscure pour n'estre pas iour; & comme l'on passe des excessiues chaleurs de l'esté aux extremes rigueurs de l'hyuer par les temperatures du printemps & de l'automne, ainsi ie me veux persuader que Basile s'est rendu peu à peu ainsi sauuage, estimant qu'il seroit d'autant plus familier auec Dieu qu'il le seroit moins auec les hommes. Il pourroit bien estre ainsi, dit Dom Prieur, car c'est la verité que ie l'ay veu au commencement qu'il vint entre nous d'vne façon bien plus esueillee & ioüiale, & ie ne sçay si c'est la solitude, le silence, & l'attention aux choses diuines qui le rendent ainsi abstraict & pensif, mais pour tout cela il ne laisse pas d'estre fort docile, fort souple & tres-bon Religieux. Ie dis de luy le rebours de Theophore, reprit Serafic, car comme les animaux les plus sauuages s'appriuoisent petit à petit, flattez par vn traittement amiable, ainsi cet esprit si peu accostable dans la vie Seculiere est deuenu si sociable en la vie Singuliere, que pour parler en termes de chasse comme l'autre de marcassin ou creature de compagnie, est deuenu sanglier, cestuy-cy de sanglier est deuenu marcassin, & de passereau solitaire, vne colombe sociale. Ie pourrois rapporter plusieurs notables rebuts qu'a fait ce bon Reclus à diuerses personnes qui sont resoluës de ne troubler plus sa quietude, & de ne le resueiller plus du sommeil de sa contemplation, moy-mesme qui l'ay prattiqué si priuément en ay eu des experiences, & Alexis aussi, qui n'a garde de s'en vanter; Rebuts qui sont excelléts en vn Religieux, mais peu conuenables à vn Courtisan, qui a pour maxime de complaire à chacun & de ne r'enuoyer iamais personne auec mescontentement. Mais ie n'en sçay point de plus notable que celuy qu'il fit à sa mere, allant prendre les sainctes ordres à Paris, toutesfois ie ne le diray pas si Dom Prieur nō seulement ne me le permet, mais ne me le commande. Il n'y a pas de danger, dit Dom-Prieur, de dire à ces deux honnestes Pelerins, ce qui n'a esté sceu que de trop de personnes qui ne sont pas si discrettes:

Vous deuez donc sçauoir, reprit Serafic, que le temps estant arriué, auquel par le iugement des Superieurs, il fut treuué bon que Dom Basile fust pourueu à la saincte Prestrise, on l'enuoya à Paris, où quelque temps auparauant auoit esté Theophore si bien veu & si bien voulu de ses parens, qu'il en rapporta mille consolations. Les freres de Basile auertis de ceste venuë de leur frere, en auertissent la bonne Sebastie, qui ne l'ayant point veu depuis qu'il estoit Religieux mouroit d'enuie de le voir, desir si iuste & naturellement si empressé en vne mere, que la seule maternité en peut excuser l'oppression. Elle pensa donc pour preuenir son fils, & pour iouyr plus longuement de son entretien, de l'aller attendre en vne maison qu'elle auoit, non gueres loin de Dammartin, qui estoit le chemin que deuoit tenir Dom Basile, elle croyoit qu'il se destourneroit bien quelque peu pour l'y aller voir, se promettant de le mettre dans son carrosse, & de l'amener à Paris; mais elle conte, comme l'on dit, sans son hoste, & elle marchande la peau du lieure qui court; elle y va, Dom-Basile est auerty à Dammartin par vn messager exprés, que sa mere l'attent en sa maison; luy qui n'auoit pas pensé de demander congé à Dom Prieur de voir aucun de ses parens ny de permettre d'en estre veu, & qui ne pensoit qu'à receuoir les ordres sacrees auec vne profonde retraitte & vn grand recueillement, respondit à celuy qui le conduisoit, qu'il auertist ce messager de dire qu'il n'auoit pas permission de se destourner de son chemin ny de voir personne: Cela est rapporté à Sebastie, laquelle pensant que sa presence luy feroit changer de langage, monte en carrosse & le va attendre sur son chemin; de fortune il estoit aucunement separé du Conuers qui l'accompagnoit, & comme il estoit à cheual enfoncé dans son capuce, & plus encor dans ses abstractions, il ne prenoit garde ny au carrosse ny à celle qui venoit à pied au deuant de luy, laquelle de tant loin qu'elle l'apperceut luy cria, Mon fils Basile, Basile mon fils, à quoy pensez-vous, ne cognoissez-vous pas celle qui vous a mis au monde. Ny pour cela nostre extatique cheualier ne se resueille point de son transport, iusques à ce que ceste Dame prenant courageusemét les resnes de son cheual l'arresta tout court: alors comme reuenant à soy en sursaut, il fut bien estonné de se voir attaqué par vne femme; & enuironné né de seruantes & de seruiteurs qu'il ne recognoissoit pas, car il ne les enuisageoit point. Il entend la voix de sa mere qui redouble, Mon fils, mon fils: elle luy frappe le cœur par l'oreille, & il fut sur le point de respondre; mais voyez combien est puissant en la bouche d'vn bon Religieux le camorre de l'obeyssance, il se souuint qu'il n'auoit point permission de parler sinon à son guide, lequel estant esloigné il ne sçauoit ce qu'il deuoit faire, il presse son cheual comme pour se depestrer de ces mains qui l'embarrassoient, & se deffaire de ceste troupe importune; cet animal sentant l'esperon escarte aussi-tost toutes ces gens, & redoublant son pas emporte son homme bien loin: alors Sebastie se laissa aller à des outrages que la iuste douleur luy arracha de la bouche contre vne action pluftost inconsideree que malicieuse, & d'inaduertance que de deliberation. Elle fait arrester le Conuers qui venoit apres Basile, & apres luy auoir fait ses plaintes de la mescognoissance & de l'ingratitude de son fils, detestāt ce fruict malheureux, & disāt plus malheureux son ventre qui l'auoit porté, elle emplit le Ciel & la terre de vacarme; elle tenoit ceste action pour vn affront si cuisant qu'elle l'estimoit irreparable; elle maudit

E e

l'innocēt, & auec luy tous les Moynes de la terre, qu'elle tient pour des personnes desnaturees; elle s'en préd à ses cheueux, & en les arrachant elle s'appelle miserable d'auoir vn tel enfant, appellant heureux ceux qui n'en ont point. Le Conuers estonné de ce spectacle, & croyant que ce fust faute d'auertissement que Dom Basile eust passé outre, promet ce qu'il ne tiendra pas, qui estoit de le ramener, il picque apres, & luy ayāt represēté que c'estoit celle qui l'auoit mis au monde, qui l'auoit voulu retenir, & que pour Dieu il rebroussast chemin, de peur d'attirer la malediction sur sa teste. Mon frere, repliqua Dom Basile, i'ay permissiō de parler à vous, non pas à ceste femme; si elle m'a mis au monde vne fois, i'aurois peur qu'elle m'y remist encor vne autre par le souuenir de ma fortune passee, il vaut mieux que ie bousche l'oreille à la douceur de ces charmes maternels; si elle me maudit céte malediċtiō ne tūbera pas sur moy, mais vainemēt sur ma Mere qui est la maison de Bōnefontaine, dōt le Superieur qui est mō Pere ne m'a dōné permissiō de traitter qu'auec vous qui estes mō Ange Raphael en ce voyage de Rages, où ie me vay, par l'ordre de Prestrise espouser à nostre Seigneur. Allez donc, mon cher Frere, vous qui auez licēce de parler aux vns & aux autres, luy dire qu'elle s'appaise, qu'aussi bien les morts ne parlent plus, & qu'estāt mort & ma vie cachee en IESVS-CHRIST, en Dieu, il seroit messeant que ie parlasse. Ce n'est point par mespris, mais c'est parce qu'estāt sorty de sa puissāce, mō obeyssance n'est plus soumise à ses volōtez; ie luy dois la reuerēce & l'honneur, excusez mō humeur sauuage, & mon inciuilité; ce n'est pas vn grand vice à vn Moyne d'estre agreste & peu accostable à ses parés, celuy qui ne hait ses pere & mere d'vne saincte auersiō n'est pas digne d'estre disciple de IesvsChrist. Tout ce que vous dittes, repliqua le Cōuers, est bō pour prescher, mais nō pour satisfaire à vne mere desesperee. Ce qui est bō à dire est encor meilleur à prattiquer, dit Basile, mon Frere, allez faire mes excuses, car vous n'aurez de moy autre raison, ie sçay ce que porte mon obediēce, ie ne veux point retourner en arriere allant au Royaume de Dieu. Ie sçay ce que i'ay quitté, ie ne le veux pas reprēdre, i'ay despouillé ma chemise & laué mes pieds, voulez vous que ie me reueste derechef de l'vne & que ie salisse les autres, ie n'en ferayriē. Le Conuers qui sçauoit à qui il auoit affaire & cōbien ce Religieux étoit ferme en ses resolutiōs, & seuere en l'austerité de sō obseruāce que pour mourir il ne passeroit pas d'vn poinct, raporte auec la plus grāde cōfusion qui se puisse imaginer ceste triste & froide responce à la dolente mere, laquelle irritant son dépit par cela mesme qui la devoit appaiser, parce que le feu de sa cholere estoit plus grand que l'eau de ceste legere aspersion, se retira chez elle si affligee qu'il la falut mettre dãs le lict; elle ne mourra pas pourtant de ceste tristesse, encor qu'elle ait bien de la peine à la digerer. Le Conuers pousse son cheual pour ioindre Basile, qui allant tousiours estoit desia fort auancé vers Paris : les discours que ces deux Religieux eurent allans de compagnie furent bien diuers, le Frere luy asseurant que ce n'estoit point l'intention du Pere Prieur que Basile traittast si agrestement celle qui l'auoit mis au monde. A quoy Basile repliquoit, qu'il estoit plus obligé à Dieu qui l'en auoit fait sortir, & qui auoit retiré ses pieds du lac de la misere & de la boüe du siecle. Que son Pere & sa mere estoient son Ordre & ses Superieurs, qu'il auoit espousé ceste cõdition, & que pour y adherer il quittoit volontiers & sa mere & ses freres; qu'il ne vouloit pas acquiescer à la chair & au sang, mais cheminer selõ l'esprit sans accõplir les desirs de son sens. Ouy mais, disoit le Frere qui auoit fort bon esprit, la Religion ne dissout pas les liens de la nature, & ne repugne pas à la loy de Dieu. Mon Frere, repliquoit Basile, ne sçauez-vous pas que ie ne dois riē adiouster à mon obediéce, mais faire aueuglement ce qu'elle me cōmande? Le Frere disoit, Mais si elle vous cōmandoit quelque chose qui fust contre la loy de Dieu, cet aueuglemēt vous excuseroit-il? Nostre Pere Prieur, disoit Basile, est trop fidele à nostre Seigneur, pour faire iamais de ces cōmandemēs. Et c'est pour cela, repartoit le Frere, que ie vous ay dit que ce que vous auez fait est contre son intétion; vous deuriez prēdre vostre obediéce selō l'esprit qui viuifie, non selon la lettre qui tuë; de moy ie crains fort que vostre rigueur ne face vn parricide, car i'ay laissé ceste bōne Dame en tel estat, que ie crains que sa santé n'en soit interessee. Mon Frere, dit Basile, c'est la coustume des parés, de dire qu'on les tuë quād on ne veut pas faire leur volōté, si ie ne me fusse eschappé du mōde comme i'ay fait pour me faire Religieux, i'eusse eu plusieurs semblables & plus terribles atteintes; ie cognois l'humeur de ma mere, si le regret l'afflige, le despit la consolera, ces deux cōtraires passions se destruirōt l'vne l'autre & la conseruerōt, c'est ce que ie desire & dōt ie prie Dieu; si i'ay vne autre fois permission de la voir, au premier pardon que ie luy demanderay elle oubliera tout cela, si elle m'auoit veu à genoux deuant elle tout seroit incontinēt effacé, c'est la meilleure mere de la terre. Il semble, reprenoit le Frere, que vous vous faisiez fort de sa bonté pour l'outrager plus librement, L'outrager, repliqua Basile, i'aimerois mieux mourir que d'y auoir pensé, & si je pensois auoir fait vne faute en ce que i'ay fait, ie reuiendrois du bout du monde luy en crier mercy; mais ce n'est pas à nous d'en iuger, c'est à nos Superieurs. Et n'appellez-vous point peché, repliquoit le Conuers, de mescognoistre sa mere? Peché, disoit Basile, tant s'en faut que c'est la plus haute perfection à laquelle puisse arriuer vn vray Israëlite de la Tribu de Leuy, vn bon Religieux & vn excellent Prestre. Car ne sçauez-vous pas que Moyse benissant differemment les lignees d'Israel comme auparauant Iacob auoit beny ses douze enfans, s'addressent à celle de Leuy, qui represente parmy les Chrestiens ceux qui sont dans l'estat Religieux au Sacerdotal, il la forme en ces termes: Qui a dit à son pere & à sa mere, ie ne vous cognoy point, & à ses Freres, ie vous ignore, & qui n'a point recognu ses enfans, celuy-là a gardé les paroles du Seigneur & son alliance, celuy-là a obserué les iugemens de Iacob, & la loy Israel, voyla ta doctrine & ta perfection!ô Leuy. Et quand ces mesmes Leuites bataillans sous l'obeyssance de Moyse, défirét en vn iour vingt & trois mille de leurs parens & alliez pour punir l'idolatrie du veau d'or, leur Capitaine apres ceste horrible deffaite, ne leur dit-il pas pour les congratuler : Vous auez auiourd'huy consacré vos mains au Seigneur, vn chacun sur son fils & sur son frere, afin que vous soit donnee benediction. Tant s'en faut donc que i'aye fait contre l'intention de mes Superieurs, qu'au contraire ie croy qu'ils aggréeront la iuste seuerité de mon obeyssance. Car comme ils ne m'on, rien ordonné qui heurtast la loy de Dieu, aussi ne croy-ie pas auoir outrepassé leur ordonnance. Le Frere foudroyé de ces auctoritez de l'Escriture, ne sçauoit que repliquer, mais si ne pouuoit il se persuader que ceste action fust approuuee: Et bien, dit-il, nous voirrós où tout cecy aboutira; auec de séblables discours ils gaignerent Paris, & se retirerét aux Chartreux. Le lendemain qui estoit la veille de la tenuë des Ordres, iour de ieusne & de penitence, Basile pésant le passer auec beaucoup de mortificatió & de recueillemét, se vid assiegé de ses freres, qui ayás esté soudain auertis par Sebastie du tour qu'il auoit fait en venát de Bonnefóntaine, ne sçauoient s'ils le deuoient congratuler de sa venuë, ou le reprendre de ceste action qu'ils estimoient autant insolente qu'elle estoit innocente. Basile d'autre part ne sçauoit quel accueil leur faire: car quoy qu'il se contraignit, si est-ce que pour lors ayant d'autres affaires & plus importantes à negotier auec Dieu, il luy estoit bien difficile de se contraindre, & de ne leur tesmoigner pas à ses discours & à sa contenance, qu'il auoit besoin de se retirer pour se preparer à la reception de ce caractere ineffaçable, que les Anges honorent, & qui esleue les hommes en quelque façon par dessus les plus hauts Seraphins; car quel de ces bien-heureux esprits a iamais eu le pouuoir de délier les pecheurs des entraues de leurs iniquitez & de les en faire quittes, & de rendre le corps du Sauueur present sur les Autels? Or voyez comme la rencontre du froid & du chaud dans vn mesme nuage excite le tonnerre, ceste façon abstraitte & pensiue, par laquelle Basile monstroit auoir l'esprit esloigné d'où il auoit le corps, fut prise pour dédain par ses freres, dont l'vn s'échappa de luy dire, qu'apres auoir mesprisé sa mere il ne se falloit pas estôner s'il les traittoit auec indignité, ne faisant pas semblant de les regarder en les voyant, & ne les favorisant d'aucune bonne parole. A cela Basile, Quand ie veux mespriser quelque chose ie ne regarde que moy, cóme la plus chetiue, & la plus miserable creature de l'Vniuers. I'honore ma mere, ie respecte mes freres, mais ie reuere dauantage l'ordonnance de mes Superieurs; ie n'ay congé que pour prendre les Ordres, & si le Pere Prieur de ceans ne vous auoit permis de me voir, comme nostre Frere Coüers me vient d'apprédre, la porte de ceste chambre n'auroit point esté ouuerte pour vous. Le Roy de mon cœur, qui est le Sauueur de nos ames, m'ayant faict l'honneur de m'introduire dans son Cellier sacré, qui est la saincte Religion, a ordonné en moy la charité, & m'a appris par la bouche de mes Maistres que l'Amour est comme l'Honneur, qui a ses degrez selon la difference des personnes; ie vous ayme comme mes freres, ma mere comme ma mere, mes Superieurs comme mes Superieurs, & Dieu sur tout cela, sans comparaison, & par vne preference incomparable; toutes ces Estoiles disparoissent deuant ce Soleil, auprés de luy toutes les creatures me sont des papillons, elles se fondent pour moy comme la cire deuant le feu; tout ce qui n'est point Dieu ne m'est rien. Ie n'ayme que iusques à l'Autel;

& parce qu'il faut que demain par l'imposition des mains Episcopales ie reçoiue, quoy que i'en sois indigne, le Caractere qui m'en fera approcher, plus par la volonté de ceux qui me gouuernét que par la mienne, vous ferez vne œuure fort agreable à Dieu de me laisser en sa paix, qui passe tout sentiment, afin que mon cœur & mon intelligéce, c'est à dire mon entédement & ma volonté, qui sont les deux mámelles de mon ame, soient en estat de receuoir le Bien-aymé, cóme vn bouquet de myrrhe, Et lors son ame se fondát en ceste memoire le fit prosterner à genoux, & dire en ceste contenance à ses freres, aussi estónez que quand Ioseph dict aux siens, Ie suis vostre frere Ioseph, que vous auez vendu aux Ismaelites: Croyez-moy, mes freres, ie ne suis pas entré en Religion pour me perdre, la voye du monde est plus large & plus aysée pour aller à la dánation, au contraire le chemin est estroit qui conduit à la vie: or ce seroit chercher sa ruine eternelle que d'auoir du mespris, qui ne peut estre sans peché, pour ses parés: ie vous honore tous, & vous m'estes en la consideration que Dieu sçait, qui nous iugera vn iour, & qui discernera entre vous & moy; il entend nos pensees de loing, & sçait distinguer exactement nos pas & nos routes;

je vous supplie de ne conceuoir point ceste creance de mon ingenuité, au preiudice de la charité que Dieu nous commande; de moy ie proteste approchant de l'Ordre qui conduit à l'Autel, où ie m'offre en holocauste, auparauant que d'y offrir l'Hostie salutaire, l'Aigneau sans tache, que ie n'ay rien sur le cœur contre mes freres, ny contre aucun de mes prochains; ie renonce à toute rancune & à toute malice; ie n'ay point fait par brauade ce que vous blasmez sans en sçauoir la cause; ceste pensee seroit non seulement indecente & ridicule, mais criminelle & inexcusable en l'esprit d'vn Chartreux; la robe que ie porte est capable de iustifier ceste action sans que ie parle: Quoy! ce que ie n'eusse pas voulu imaginer parmy mes plus grands déreiglemens dans le siecle, aurois-je reserué à le commettre estant Religieux? vous auez l'esprit trop bon pour y admettre ces consequences. Iugez-moy par vous mesmes; si i'ay failly i'en demande pardon, la misericorde est de droict acquise aux repétans & à ceux qui la demandent; s'il faut que ie sois puny, que ie souffre telle peine qu'on voudra, me voyla preparé à toutes sortes de fleaux, & le desplaisir en sera bien auāt dans mō ame;

mais si c'est faute, c'est l'obeissance, c'est mon Superieur, c'est Dieu mesme qui m'y a porté, ou pluſtoſt moy-meſme qui me suis trompé, tombant dans le precipice que i'euitois, & m'abysmant de Scylle en Carybde; car i'appelle, comme S. Paul, Dieu à tesmoin sur mon ame, si l'inciuilité que i'ay commise n'a pas esté pluſtoſt pour me tenir ferme dans les loix qui m'ont esté prescrittes, que pour aucune auersion que i'eusse contre celle à qui ie dois la vie, moy qui n'en ay pour aucun ennemy. Asseurez vous de cela, mes tres-chers freres, asseurez-en nostre tres-honoree mere, & luy dictes que ie seray touſiours tres-ayse d'auoir l'honeur de luy parler & de la voir quand il plaira de le permettre ou de le commander à ceux qui ont ma volonté en depoſt entre leurs mains. I'eusse peu benignement interpreter mon obedience, il est vray, mais i'ay creu que cela estoit contraire à la simplicité religieuſe, & qu'il valloit mieux m'attacher à la lettre que me licencier dans vne interpretation, où mon Amour propre me faisant prédre le large, apres les roses d'vn contentement passager, m'eust laissé les espines de mille remords & de mille scrupules, qui eussent troublé la paix interieure, dont i'ay besoin pour recueillir puissamment toutes les facultez de mon ame en receüant ce Caractere redoutable aux hommes, & venerable aux Anges. C'est là tout le soin de ma pensee, toute la pensee de mon esprit, & qui occupe tellement ses puissances, que mesme mes sens en perdent aucunement leurs fonctions. En fin de quoy vous sert de visiter vn pauure Moyne, qui renonçant à la chair & au sang, a brisé les plus estroicts liens qui soient entre les hommes? c'est en vain que vous pensez rendre son inciuilité criminelle, puisque les anciens Moynes d'Orient, Patrons de nostre vie, tenoient ces façõs agrestes & mysanthropiques pour de grandes vertus. I'ayme mieux errer auec ces grandes ames, que de bien faire selon le monde, lequel m'est crucifié, & moy à luy. Laissez moy donc amiablement entre les bras de la Croix, pleurant mes pechez & les vostres, & si vous me voulez voir regardez moy dans la playe du costé de nostre Sauueur, car c'est là que ie demeure, c'est là qu'habite la meilleure part de mon estre, qui est mon ame; ce que vous voyez de moy ce n'est pas moy, car ie ne vis plus moy, mais c'est IESVS-CHRIST qui vit en moy, pour lequel gaigner & conquerir tout ne me semble que bouë & ordure. Vne grande abondance de larmes noyant ses propos fit cognoiſtre à ſes freres qu'il parloit du cœur, & que la malice ne tenoit pas volontiers ceſte contenance; c'eſt pourquoy tout à faict attendris, & tous autres qu'ils n'eſtoient en entrant, ils virent bien qu'il falloit laiſſer ceſte ame en ſon doux repos, afin que Dieu la bienheuraſt de ſa viſite: ceux qui eſtoient venus pour l'accuſer s'excuſerent, & ceſte eau pitoyable qui ſortoit de ſes yeux eſteignit en leurs courages tout le feu de la cholere que l'indignation y auoit allumé: retirez, apres de mutuels embraſſemens, & apres auoir meſlé enſemble leurs larmes, Baſile ſe iettant à ſon Oratoire au pied d'vn Crucifix, en l'embraſſant diſoit à Dieu; O Seigneur, ma mere & mes freres m'ont delaiſſé, mais vous me recueillez entre vos bras apres ce nauffrage; ie vous dy, Seigneur, que vous eſtes mon refuge, mon port, ma protection, & ma ſauuegarde; c'eſt en vous que i'eſpere, que ie ne ſois pas confondu eternellement; ie reſpands mon ame & mon oraiſon deuant vous, & là ie prononce ma tribulation, regardez à mon ayde.

Amys, voyſins, d'vne ame eſpouuantée
 Me voyent en eſmoy,
 Mes plus prochains ſe bandent contre moy,

De toutes parts ma vie est aguettee.
Ils ont semé maint rapport diffamant
　　Ceux-là qui me pourchassent,
　Et pour me prendre aux filets qu'ils m'enlassent
Sans fin desseins sur desseins vont tramant.
Mais comme un sourd que l'air frappé ne touche
　　Ie ne leur responds point,
　Ie suis muet quand leur langue me point,
Toute replique est tarie en ma bouche.
Or pourautant que ie n'ay mon recours
　　Qu'à ta Maiesté saincte,
　Tu respondras aux souspirs de ma plainte,
Seigneur mon Dieu, ma force & mon secours.

A peine les freres de Basile estoient-ils sortis du Monastere, satisfaicts de ses paroles, & rauis de sa rigidité, qu'vne tourbe d'amis auertis de son arriuee le venoit visiter; aucuns priez par ses freres de le laisser en repos tandis qu'il se preparoit à la reception du Sacrement de l'Ordre, & asseurez qu'ils le desobligeroient plus qu'ils ne le resioüiroient, se retireret apres auoir dóné charge au portier de l'asseurer de leur bóne volótés d'autres plus empressez & plus importuns (comme c'est la coustume de ceux que leur inconsideration attache trop aux complimens) passerent outre, disans qu'ils ne vouloient que se faire voir & recognoistre en Basile ce prodigieux changement que l'on en racontoit; semblables à ceux qui visitent mal à propos des amis malades en leur extremité, sans leur apporter autre secours que de les voir en l'agonie, n'auisans pas que leur zele indiscret ne faict que tourmenter par vne ceremonieuse contrainte ceux qui ne sont desia que trop trauaillez de leur propre langueur. Mais ceux-cy furent les plus mal partagez, car comme Basile estima la prudéce de ceux qui s'estoient contentez de se recommander à ses prieres, il donna peu de sujet de contentement à ceux qui penetrans par la permission du Pere Prieur de Paris, dans sa cachette, le remettoient dans le trouble des hommes, & dans la confusion des discours mondains; car comme la bouche parle de l'abondance du cœur, que peuuent dire que d'impertinent ceux qui n'ont que les vanitez dans la teste? En verité ne vous semble-t'il pas que les visites des Courtisans chez les Chartreux ne sont bonnes que la sepmaine nommée Saincte, & que d'autres appellent Peineuse? A toutes les exclamations &

admira-

admirations de ces gens là, nostre Basile ferme comme vn roc, ne respondoit que par le silence; & comme ils luy demandoient s'il ne se souuenoit point de plusieurs extrauagances du temps passé; Bien-heureux, respondoit Basile, qui met son esperance au nom du Seigneur, & qui ne regarde point les vanitez & les fausses folies : Dieu me face la grace d'oublier bien tout cela, sinon pour m'en repentir. Et comme ils s'estonnoient de son changement, & d'où luy estoit peu arriuer ceste humeur noire & melancholique: Pourueu, respondoit-il, que ce soit vn changement de la droicte de Dieu, il m'importe peu que le monde le tienne pour vne humeur hyppocondriaque; si ie plaisois aux hommes, ie ne serois pas seruiteur de Dieu. En fin pourquoy vous amusay-je apres les diuerses refutations de ces sottes objections? contentez vous de sçauoir que ne respondant rien aux vns, repliquant vertement aux autres, generalement il fit cognoistre à tous qu'ils l'obligeroient infiniment de le laisser en paix, & pour tous les seruices qu'il leur auoit autrefois rendus, qu'ils le fauorisassent au moins de cela, de le bannir de leur souuenance, de le tenir pour vn test de pot cassé, & de l'oublier comme vne personne

Ff

qui en son cœur estoit morte au monde: qu'il estoit venu à Paris pour autre chose que pour resueiller ces ineptes souuenirs du passé, auquel il ne peuuoit repenser qu'auec vne extreme amertume d'esprit: qu'ayant le lendemain à receuoir vne impression qui le mettroit en l'Ordre de Iesvs-Christ, qui est Prestre eternellement selon la Sacrificature de Melchisedech, il auoit besoin de conferer auec la faueur de la celeste grace, qui l'esleueroit dés ceste vie à vne dignité, à laquelle les plus eminentes grandeurs de la Court ne pouuoient estre conferees, puisque tout Sacerdoce estoit Royal, mais toute Royauté n'estoit pas Sacerdotale. Ainsi en renuoya-t'il quelques vns plus satisfaicts de ses discours que contens de sa reception; d'autres furent renuoyez sans le voir, entr'autres vn Seigneur de qualité, qui venoit à dessein de l'employer à quelque pretension qu'il auoit au monde, & de tirer de luy quelque ligne à la Faueur qui regnoit lors; mais comme le Conuers luy dict son nom & sa condition, Allez luy dire, repliqua Basile, que ie suis en conference auec vn plus grand Seigneur que luy: ce qui nous faict voir combien les personnes desinteressees estiment peu ce qui esclatte tant aux yeux des mondains: & certes tout ainsi que celuy qui est sur le faiste d'vne haute montagne voit à peine les villes entieres qui sont dans les vallons, ainsi ceux qui conuersent dans le Ciel, & qui ont l'esprit parmy les astres, voyent à peine la terre, moins ce qui marche dessus auec tant de pompe. Ce renuoy escarta tous les autres, & Basile fut laissé dans sa solitude en la liberté de ses sainctes pensees, lesquelles il faudroit que ie deuinasse pour les rapporter. Il reçoit les sainctes Ordres auec vne deuotion conforme à son abstraction, & dés le lendemain, son obedience ne luy dõnant point plus long terme, il s'en retourna, à l'imitation des Mages d'Orient, par vne autre voye en sa propre Region, c'est à dire dans son Cloistre, où il estoit cõme le poisson dans son element. Il estoit venu par Ierusalem où il auoit donné bien du trouble, il s'en retourna par vn chemin plus long, mais qui n'estoit plus sujet aux trauersantes rencontres qui sembloient heurter son obedience. Or estãt reuenu & allant rẽdre cõpte à son Superieur, que voy-la, de son voyage, (ce que i'ay à dire, mon Pere, c'est de vous que ie le tiens, vous en estes le Maistre & le tesmoin) n'oubliant

Ff ij

pas de luy r'apporter fidelement ce qui s'estoit passé entre sa mere, ses freres, ses amis, & luy. Dom Prieur desappreuua extremement ce qu'il auoit faict à sa mere, de ne luy dire pas vn seul mot. A cela Basile ne repliqua non plus qu'vne souche, se contentant de luy presenter son obedience, en luy monstrant du doigt qu'il n'y auoit point de permission pour cela. Les Chartreux accoustumez au silence, & qui s'entendent, ainsi que ie croy, comme les Anges par de simples idees qui leur seruent d'especes, d'où vient qu'on les appelle Intelligences, cogneut aussi tost ce que son Religieux vouloit dire, & alors il luy dict; S'il n'y a point d'affirmatiue, il n'y a point aussi de negatiue, s'il n'y a point de permission, il n'y a point aussi de defence; & vous auez pensé que tout ce qui ne vous estoit pas expressément permis vous estoit defendu. Alors releuant le ton de sa voix, comme d'vn hôme qui se courrouçoit, sans toutefois pecher, selon la sacree methode qu'ont les Superieurs de Religion, auec laquelle il sembleroit aux seculiers inexperimentez en semblable discipline, qu'ils gourmandassent leurs subjets, mais ce n'est que pour les humilier: Allez, dict-il, vous pensiez faire le cheual, comme dict Dauid, pour estre tousiours auec Dieu, & vostre zele imprudent pensant bien faire, a tout gasté; c'est là vne bestise inexcusable, & ie croy qu'en cela vous estiez moins raisonnable que l'animal qui vous portoit: car l'Histoire nous apprend qu'vn certain cheual recogneut sa mere à son hannissement, encor qu'il eust esté esleué loing d'elle; & on sçait que les perdreaux recognoissent le reclam des perdrix qui les ont pondus, en quittant celles qui les ont seulement couuez: les Conseils diuins ne heurtent pas les Commandemens, autrement Dieu qui est la mesme esgalité, & plustost vnité qu'vniformité, seroit contraire à soy-mesme: vous pensez que pour estre bon Moyne il faut estre lourdaut, & que pour estre tout à faict hors du monde il faut mescognoistre ceux qui nous y ont mis; allez enfant desnaturé, vous ne meritez pas que la terre vous porte, & cependant l'Ordre rougira de vostre impertinence: nous auons certes beaucoup d'honneur en vostre nourriture, & on dira qu'à Bonne-fontaine où l'on apprend à loüer Dieu, l'on enseigne à mespriser pere & mere, pour vn Courtisan que vous estiez au siecle, vous estes deuenu bien grossier en la Religion, qui deuroit adoucir vostre esprit & le rendre plus humble & plus souple : que sçay-je si ce n'est point quelque secret orgueil qui vous a faict commettre ceste sottise, & si vous ne tendez point à la reputation par vne fausse porte; vous pensez imiter en cela quelques saincts Moynes du temps passé, apprenez, mon Frere, mon amy, leurs autres vertus, & non pas celle là; vous ne faictes que cōmencer, & vous voulez imiter des traicts de perfection heroïque ; certes voyla vne belle equippee pour vn nouueau Prestre ; apprenez à estre plus prudent, plus auisé, plus humble, plus doux, plus mortifié, & à ne rejetter pas sur vos Superieurs l'opprobre de vos grossieretez: Ceste rude reprimande se disoit d'vne bouche amere, mais d'vn cœur tres-doux, dissemblable à ces eaux qui sont douces aux fontaines encor qu'elles viennent de la mer; aussi Dom Basile qui cognoissoit la main paternelle qui le corrigeoit, quoy que ce volume fust amer à sa bouche, il estoit neantmoins emmiellé pour sa volonté; iamais il ne chercha d'excuses en sa faute, de peur que sa bouche ne se destournast en des paroles artificieuses pour pallier, ou rectifier son faict; traict d'humilité, de patience, d'obeissance & de mortification interieure, qui n'est pas petit. Apres cela Dom Prieur, non content des paroles en voulut venir aux effects. Icy Florimond d'vne grace toute gentille frissonnant des espaules: Ie me doutois bien, dict il, qu'apres le tonnerre viendroit la gresle. Tout beau, dict Serafic, ce n'est pas ce que ie veux dire, ie voy bien que vous songez au verset:

Prenez en main la discipline,
De peur que Dieu en sa fureur
Ne vienne, & pour donner terreur
Tout à faict ne vous extermine.

Ce sont mysteres secrets que ces corrections regulieres, qui ne nous sont pas cognus: ie ne croy pas que l'esprit ayant faict la faute, Dom Prieur corrigeast le corps, comme Balaam qui au lieu de punir son obstination frappoit rudement son asnesse: laissons là ces plats couuerts; Pas trop couuerts, dict Florimond, puis qu'on est si nud par les espaules quand on les sert; tous sousrirent de ceste ioyeuseté. Encor vn coup, dict Serafic, ce n'est pas cela que ie veux dire. Dom Prieur ayant donc ainsi rabroüé le pauure Dom Basile, voulant escraser le scorpion sur la playe, & appliquer chaudement le remede au mal: Or sus, vous auez meslé le calice, vous le boirez, tout de ce pas & à pied, afin que vous n'alliez pas si viste, allez treuuer

F f iiij

vostre mere quelque part qu'elle soit, & luy demandez pardon de vostre griefue faute, & faictes tant par vos larmes, par vos souspirs, par vos prieres, qu'elle vous remette vostre offence, & vous donne sa benediction; car ie vous asseure que vous n'offrirez point à Dieu vostre premier Sacrifice, & vos mains ne distilleront point leur premiere myrrhe, que vous n'ayez purgé ceste erreur si honteuse à tout l'Ordre. Dom Basile n'ayant que des oreilles & point de langue pour repliquer, part de la main, & s'en va à l'Apostolique, sans baston, sans malette, sans argent, qui plus est sans manger, & sans s'enquerir du chemin dans la premiere route qui se presenta à ses yeux: Dom Prieur faisoit cela à dessein pour tenter son obeissance; ainsi que Dieu tenta Abraham quand il le fit sortir de sa terre & de sa parenté: il estoit à vne lieuë de là, tousiours cheminant, les larmes aux yeux & le repentir en l'ame, quand le mesme Conuers qui l'auoit mené à Paris, fut enuoyé à cheual pour luy commander de reuenir; ce Côuers alla comme vn esclair, resolu d'entretenir le simple Basile de ces allegations qu'il luy auoit faictes allant à Paris; mais voicy vn autre concert bien estrange: Basile ayant receu ce commandement de reuenir ne sçauoit s'il deuoit acquiescer à la parole du Frere, ou poursuiure son chemin; il ne sçait seulement s'il doit parler au Frere, (en quels labyrinthes se met vne ame scrupuleuse) parce qu'il n'auoit ordre que de parler à sa Mere, resolu de ne dire par le chemin, ny bon iour ny Dieu vous garde à aucun, non pas mesme de demander l'aumosne, tant il obseruoit ric à ric ce qui luy auoit esté prescript. D'vne part il auoit deux aymans qui attiroient son cœur, la volonté du Superieur, & la satisfaction que sans delay il vouloit faire à sa bonne Mere; de l'autre le mesme Superieur le r'appelle par la bouche de ce Frere; celuy qui mouille, seiche, celuy qui le blesse le guerit: son Centurion luy disant va, il va, maintenant qu'il luy dit reuien, doit-il pas retourner? Il dit en soy-mesme, non pas si vn Ange descendoit du Ciel pour me dire le contraire de ce que mon Superieur a plustost tonné que resonné à mes oreilles, ie ne le croirois pas, beaucoup moins ce Frere; & que sçay-ie s'il dit vray, veu que tout homme est méteur, ou si ce n'est point pour essayer mon obeyssance, il vaut mieux que ie suiue mon premier party. Le Frere l'asseure, le prie, le conjure; il est côme vn homme qui n'entend point & qui n'a point de repartie en la bouche, il est sourd, il est müet volontaire. Le Conuers proteste qu'il dit vray, que ce n'est point pour le tenter, au contraire que Dom Prieur luy a fait ce commandement d'aller pour voir de quel cœur il le receuroit: ny pour cela mon hôme fait aucune replique, ains il va tousiours son grand chemin, le Frere retourne sans compagnon; & comme ceste action estoit sujette à ombrage, il se figure que quelque dépit animant Basile, il est pour entrer en quelque tentation de desespoir & pour se perdre: il donne sa pensee ainsi cruë à Dom Prieur, qui comme vn bon Pasteur laisse ses autres ouailles bien closes dans leur parc, & va courir à bride abatuë apres la brebis qu'il estime esgaree; le Conuers l'accompagne pour luy monstrer le chemin que tenoit Dom Basile, & comme ils estoiêt tous deux à cheual ils l'eurêt bien tost attrappé: en le joignât Dom Prieur luy dit, ainsi que luy-mesme m'a raconté, Et bien, mon Frere, où allez-vous, vous voulez vous perdre? Ie vay, luy repartit Basile, où vostre commandement m'enuoye, le vray obeïssant ne sçauroit perir,

Ie n'erre pas ainsi qu'vne ouaille perdüe,
Puis que ie suis le traict de vos cõmandemẽs.

Mais plustost vous suiuez l'ardant de vostre volonté propre, ô Dom Prieur, qui vous menera dans le precipice du desespoir ou de l'obstination. Helas! mon Pere, dit Dom Basile, serois-ie en vn estat si miserable, en suiuant la voix de mon Pasteur? Et celuy qui vous a enuoyé vous r'appellant, ne deuez-vous pas reuenir, dit Dom Prieur? Mô Pere, dit Basile, ie ne pensois pas que vous eussiez changé d'auis, & i'allois mon premier train, iusques à ce que ie sceusse mon r'appel de vostre bouche ou de vostre plume; car ie craignois que la compassion eust plustost esmeu le Frere à me r'appeller que vostre commandement, auquel ie rendray tousiours toute l'obeissance que i'ay vouee à Dieu entre vos mains. Dom Prieur fut satisfait de ceste respôce, voyât qu'il n'y auoit que candeur en ceste ame, & qu'estant sans malice & sans fiel, si elle failloit, ce n'estoit que par simplicité, & par vne trop exacte, que ie ne die superstitieuse obseruance. Ce Prodigue fut aysé à reconquerir, car il n'estoit pas en vne region trop loingtaine, & tant s'en faut qu'il eust dissippé sa substance, qu'il n'auoit encor rien despensé. Dom Prieur le fit mettre sur le cheual du Conuers, qui les suiuant à pied commença à se mettre du costé du plus fort, c'est à dire de Dom Prieur, & à dire au pauure Basile, & bien ne vous auois-ie pas bien dit que ce n'estoit pas l'intention de nostre Pere que vous fissiez vn tel tour à vostre Mere, & puis vous vous defendiez par alleguations, Quelles alleguations, dit Dom Prieur? alors Basile luy racontant le pourparlé qu'ils eurent en arriuant à Paris apres ceste belle equippee, Dom Prieur luy dit qu'vne autre fois il prist vne saincte liberté d'interpreter auec douceur les obediences qui luy seroient baillees, d'autant que c'estoit l'intention generale de ceux qui les donnoient: Voyez, disoit il, comme pour mener nos cheuaux à leur ayse nous leur laschons mediocrement la bride, sans la tenir tousiours bandee, & sans la laisser pendre sur le col,

Regne, qui veut regner, mais d'vne main languide,
Ainsi doit gouuerner celuy qui d'autres guide,
Car la seuerité ne dure pas long temps,
En rendant les sujets tristes & mal-contents,
Le Prince sous lequel la liberté souspire,
Recognoistra bien tost empirer son Empire.

Vne autre fois, mon Pere, reprit Basile, ie seray plus sage, & i'essayeray de ioindre à la simplesse de la colombe vn peu de la souplesse du serpent, mais qu'il me soit permis de dire ceste parole à vostre Reuerence; il y auoit si long temps que ie n'estois sorty du Cloistre, dedans lequel nous ne faisons pas la moindre petite action que par le mouuement & la volonté de nostre Pere maistre qui est Dom Vicaire, que ie pensois que ce diuertissement de mon chemin pour heberger vne nuict en vne maison où maintenant ie suis estranger, fust vn grand violement de mon obeyssance, car en fin cela alteroit entierement les paroles qui ne me donnoient congé que pour aller à Paris prendre les ordres, & m'en reuenir le lendemain. Le Conuers qui estoit plus accoustumé à negotier dedans le monde, S'il falloit, dit-il, que nous y regardassions de si prés, quand nostre Pere nous enuoye deçà ou de là pour diuerses affaires, nous ne ferions guere de besogne en vn iour. Mon Frere, dit Dom Prieur, quelquefois vous en faittes aussi, ou plus ou moins qu'on ne vous dit, mais cela vous est pardonnable, parce que vous n'y voyez pas si clair. Si clair, reprit le Frere, ie ne sçay, mais ie sçay bien que ie n'y regarde pas de si prés que Dom Basile: Dom Prieur se rit alors de ceste ingenuité, de laquelle vous voyez qu'il sousrit encor: Ie sousris, dit Dom Prieur, de ce que ie vous voy si proprement esplucher toutes les petites particularitez de ceste memorable auãture, qu'il semble que vous en faciez vn Roman, mais c'est de si bonne grace, qu'il n'y a celuy, comme ie iuge par moy-mesme, qui ne prenne vn singulier plaisir de vous entendre si bien filer vostre deduction. Reuenus, continua Serafic, on ne tua pas le veau gras, car on fait ceans vn perpetuel caresme; mais Basile fut remis en sa cellule & traitté comme meritoit, non sa coulpe, mais son inaduertance; ie veux dire en innocét. Bien luy prit, dit Florimond, de n'auoir pas affaire à Herode; car il eust esté mal traitté. Ceste gaillardise recrea l'esprit de Serafic qui commençoit à se lasser d'en tant dire. Cependant nouuelles viennent à Dom Prieur de la part de Sebastié & des freres de Dom Basile, toutes bien differentes, car celle-là n'ayant peu estre appaisee par ses enfans, formoit d'ameres plaintes contre son fils, representant sa faute, non comme elle estoit, mais comme elle la voyoit auec les lunettes de sa passion, qui changent les souris en montaignes. Les autres tesmoins oculaires & auriculaires de l'abondante satisfaction qu'il en auoit faite à Paris, promettoiét à Dom Prieur & à leur Frere d'appaiser cela en fin, mais auec le

Medecin ordinaire de ces maladies d'esprit, qui est le téps; seulement conseilloient-ils qu'on appliquast sur les playes de cet esprit vlceré les cataplasmes lenitifs de quelques lettres douces & satisfactoires, telles qu'il les falloit attédre de la pieté & de l'humilité de leur Frere: cet expediét fut treuué bon, & en tout cas Dom Prieur se resoluoit d'enuoyer plustost Dom Basile en personne demander pardon à sa Mere, afin qu'il ne semblast pas que ce fust aucú desdain qui l'eust porté à vne action qui pouuoit apporter du murmure & du scandale en des ames foibles & vulgaires. Dom Chrysogone appellé à Paris pour le seruice de ceste maison fut rendu porteur de ces lettres, afin que s'il estoit necessaire il côtribuast encor du sien à la consolation de cet esprit, à la descharge de l'Ordre, & sceust ce qu'elle desiroit de sõ fils pour reparatiõ de ce tort imaginaire, ce que les Superieurs remettoiét à sa volõté. Dom Chrysogone fut si heureux de ceste lettre tracee auec vn zele si discret & si plein de sincerité, que le tout reussit par dessus les desirs de tout le monde. Icy Florimond, Mais vous, gentil Serafic, qui sçauez tant de belles poësies, ne nous sçauriez-vous r'apporter la substance de ceste lettre, que vous coulez si legeremét? Ie l'ay veuë, reprit Serafic, encor plus legerement entre les mains de ses freres à Paris; & puisque vous le voulez il me semble que ie leu de semblables paroles en ceste lettre de Dom Basile à Sebastie.

Madame, C'est auec la plus extreme humilité que mon cœur puisse produire, que ie me jette en esprit à vos pieds, pour obtenir de vostre bonté le pardon de ma temerité & de mon insolence. Car c'est ainsi que ie veux appeller ma faute, qu'vn autre qui la voudroit pallier appelleroit inaduertance ou simplicité. Si ne faut-il pas pour m'humilier que ie trahisse la verité, ie l'ay ditte à mes freres qui vous ont peu rapporter quel motif me poussa à passer outre, ne pensant pas pouuoir sans offencer Dieu, arrester en vn lieu où ie n'auois aucune permission de sejourner, mais que cecy ne soit pas dit pour ma defence; apres auoir protesté que ie ne voulois pas m'excuser, mais plustost m'ascuser & me sousmettre à toutes les satisfactions qu'il plaira à vostre iuste indignation d'exiger de ma misere. Madame, il est vray, i'ay peché contre le Ciel & contre vous, & ie ne merite plus d'estre appellé vostre fils, traittez-moy en esclaue, i'y consens, mais en esclaue de IESVS-CHRIST, duquel l'esclauage est preferable aux Diademes & à l'Estat des Roys. Ie ne vous demande qu'vne grace en ceste disgrace, laquelle si i'obtiens, ie permets à vostre

fureur

fureur d'armer toutes sortes de vengeances contre moy ; En me chastiant souuenez-vous que vous estes ma Mere, & que rien ne peut faire que ie ne sois vostre fils; apres cela, taillez, couppez, faites de moy ce qu'il vous plaira comme de chose vostre, nos Superieurs me remettent à vostre discretion, & ie m'y consacre de toute l'estenduë de mon ame. Ie pourrois bien vous representer que le Sauueur du monde auroit quelquesfois dit à sa tres-saincte Mere, des paroles en apparence dures comme celles-cy : Femme qui a-t'il entre toy & moy. Et encores: Pourquoy me cherchiez-vous, ne sçauiez vous pas qu'il faut que i'execute les volontez de mon Pere? Et ceste autre repartie quand il dit que sa Mere & ses freres estoient ceux qui faisoient la volonté de son Pere. Mais ie ne veux pas estant pecheur prendre le testament du Seigneur par ma bouche, & estant indiscipliné, me iustifier par celuy qui est la reigle de toute iustice & discipline : Car ce mesme Sauueur sortit du Temple, & quitta tous les Docteurs pour se rendre sujet à sa Mere. Et mesme tout attaché qu'il estoit à la Croix parmy les douleurs de la mort qui l'enuironnoient, il ne l'oublia pas, ains il la consola parmy ses desolations, & la soulagea de l'assistance de son Disciple bien-aymé au plus fort de ses miseres, ne l'abandonnant pas lors mesme qu'il se plaignoit d'estre abandonné de son Pere. Tout cela, ma tres-hono-

Gg

ree mere, combat contre moy, & me fait treuuer ma faute si griefue, que sans la consideration de l'extreme bonté de Dieu & de la vostre, ie perdrois l'espoir de m'en pouuoir releuer. Mais rappellāt en ma memoire tant & tant de desplaisirs que ie vous ay causez dans le monde par mes malices, ie me flatte de ceste opinion que i'ay conceuë de vostre douceur, que vous aurez bien encor assez de misericorde pour l'estendre pour l'amour de IESVS crucifié, sur l'inconsideration de ce Moyne pecheur. Nostre Pere Prieur m'a commandé ce que mes propres desirs me recommandoient desia bien puissamment, de vous en demander pardon par ceste lettre, plus noire de ma douleur que de l'ancre qui la trace; si ie ne le puis obtenir par ces marques de ma main, il est resolu de me faire, pour ceste occasion, franchir la rigoureuse closture de nostre Ordre, pour m'aller prosterner deuant vous, & vous forcer sainctement par mes cris, mes souspirs & mes larmes de m'octroyer ceste grace digne de vostre pieté: mes freres depositaires de mes pensees vous en ont ja priee, i'y adiouste mes sanglots, i'y ioints les vœux de nostre saincte Congregation, i'y attache les playes du Saueur crucifié; rendez-vous à ces coniurations, Madame; & me soyez aussi propice que ie prie Dieu vous estre fauorable.

Que vous semble de ces humiliations & de ces obsecrations, Messieurs, les tenez-vous capables d'arracher les armes des mains les plus determinees à la vengeance, ou les larmes des yeux les plus secs ? Il fit vne autre lettre à ses freres, par laquelle il les conjuroit d'employer leurs efforts pour faire qu'il obtint ce pardon sans sortir de sa solitude, leur promettant de verser auec plus d'efficace sur leurs chefs la myrrhe premiere de son nouueau sacrifice : il leur representoit son ingenuité, la simplicité de sa procedure, & concluoit que si autresfois il auoit fait son possible pour les mettre en la bonne grace des Grands, & pour les introduire dans les affaires, ils luy rendissent le change en le remettant bien auec sa mere, estant l'vnique chose qui manquoit à sa felicité & à son repos. Dieu versa vne si puissante rosee de benedictiō sur ces fueilles, qu'elles pousserent des fruicts selon les fleurs de ses souhaits : & Dom Chrysogone digne Patron d'vne cause si deploree fit son ambassade auec tant de prudence, mesnageant l'esprit des freres de telle sorte, que les vns & les autres disposerent ceste bonne Mere à tout ce qui estoit demandé ; aussi sa pieté & sa maternité ne pouuoient-elles rien refuser à des prieres si iustes, humbles, & instantes ; car il y a toufiours dans le cœur des parens, principalement des meres, vne tendreffe naturelle fort indulgente fur leurs enfans, fi bien que pour griefues que foient leurs fautes, dés le premier eschantillon de repentir, ils obtiennēt la piece entiere du pardon. Ainfi fit le Pere du Prodigue de Euangile, lequel de tant loing qu'il vit fon fils, reuenāt en fi piteux equipage, à peine luy laiffa-t'il commencer la harangue qu'il auoit premeditee dans cefte region lointaine, où il s'eftoit perdu, qu'incontinent il accourut fe pancher fur fon col, noyant fon vifage de larmes, & touché d'vne prompte mifericorde, il commanda qu'on le remift en tel equipage, que fa cheute luy fut auantageufe. Cefte vertueufe Dame confola fon fils, non feulement de fa benediction, mais de fes lettres, recognoiffant que l'aufterité de fon obferuance reguliere l'auoit pluftoft porté à faire ce qu'il auoit fait que fa malice, n'ayant iamais creu qu'il euft eu vn fi mauuais courage, s'il n'y euft efté violenté de quelque extreme tētation ou d'vne defence expreffe: elle admettoit fes excufes, receuoit fes fatisfactions, & fe recommādoit au fouuenir de fes facrifices, luy recommandant la fidelité enuers Dieu, l'obferuāce eftroitte de fa regle, & la dilection enuers fes freres

& elle. Ce fut le sommaire du traitté de paix que l'Ambassadeur rapporta à l'arche de ceste maison, comme vn rameau d'oliue, pour signe que le deluge du courroux & du mescontentement estoit passé. Depuis ce temps là Dom Basile a esté laissé, & par ses parens, & par ses amis, en vn si profond repos, qu'on peut dire de luy ce qui est dit de cet Euesque en l'Apocalypse, Tel le pése viuant & il est mort, non pas certes à la grace, (qui est le sens de ce passage,) mais au monde, & tel le pense au rang des morts, bien qu'il soit encor plein de vie. Et c'est selõ ma coniecture ce qui l'a rendu si sauuage & si hagard: car cõme les oyseaux de leurre qui reuenoient sur le poing quand on les reclamoit, reprennẽt leur premiere ferocité, n'estans plus maniez, ainsi apres auoir abãdonné le mõde, le mõde l'abandõnant il abandonne derechef encor plus fortement le mõde, par vne horrible auersion qu'il en a: & parce que personne ne le void, il ne veut de son costé estre veu de personne, & ie pése que s'il pouuoit il se cacheroit à ses propres yeux. Voyla tout ce que ie sçay de ce bon personnage, que ie tiens pour vn grãd Religieux & pour fidele seruiteur de Dieu; ie ne puis passer ceste ligne equinoctiale, c'est là le pole soubs lequel ie l'ay veu, si

Dom Prieur vouloit dire ce qu'il en sçait, il nous déployeroit bien d'autres secrets, mais sa prudence sçait mieux que nous ce qu'il faut dire & ce qu'il faut taire. Ie ne sçay pas, dit icy Dom Prieur, ce qu'il faudroit, sinon se taire, apres que vous auez tout dit, & si bien dit, que peignant Antigonus en pourfil, vous auez sceu si dextremét cacher tous les defauts de ce Religieux, que vous nous auez fait tirer de l'edification mesme de ses manquemens : ie croy qu'il seroit auantageux à vn homme d'estre blasmé par vostre bouche. I'ay suiuy à la trace vostre discours qui m'a fait voir en sa suitte merueilleusement bien tissuë, le progrez de la grace de Dieu sur ceste ame pour l'amener auec vne prodigieuse suauité au port heureux de la Religion; car tantost les parfums qui l'ont attiré ont esté forts, tantost doux, tantost des chaisnons d'Adam, tantost de charité, en fin le Pere celeste auec la mignardise de sa disposition a atteint au but & mis cet esprit en vn repos opulent, & en vne multitude de paix qui tous les iours m'estonne: car vous diriez que l'esponge de l'oubly ayant pasé sur ceste ame les idees du siecle y soient tout à faict effacees, voire mesme qu'il n'en ait iamais eu d'impression, tant il a parfaittement despoüillé le vieil homme pour se reuestir du nouueau qui est selon Dieu. Mais toutesfois apres tant d'enquestes, ie voy bien qu'il vous reste tousiours le desir de sçauoir d'où luy est venu vn si estrange changement, & ne croyez pas que ie vueille par accortise dissimuler ce que i'en puis sçauoir, car ie vous asseure fort ingenuement, que ie n'en sçay point d'autre cause que l'vniuerselle, qui est Dieu, lequel mortifie & viuifie, esueille & endort, plonge aux abysmes, & en retire; c'est ce que dit Dauid, Vous les changerez Seigneur, & ils seront changez, mais vous estes tousiours vous mesme, & comme Dieu vous estes immuable. Nous sommes en sa main comme la boüe entre les doigts du potier; entre les miseres humaines celle du change perpetuel est mise aux premiers rangs par Iob qui les auoit toutes experimētees: nous sōmes des fueilles emportees par levēt des roseaux, que le moindre souffle panche tātost de l'vn, tātost de l'autre costé; celuy qui a diuersifié les humeurs en les creatnre les a pas faites en telle cōsistance qu'elles ne puissēt varier durant le cours de leur estre: nos esprits sōt des Protees, & sēblables à la matiere premiere susceptible de toutes sortes de formes, tātost clairs, tātost broüillez, cōme le temps, tantost joyeux, & tantost tristes, tantost aymans, tantost fuyans la frequentation; Iob mesme, quoy qu'il gardast vne grande egalité d'esprit parmy l'inegalité des accidens qui l'agiterent, confesse que durāt son angoisse telle chose luy estoit delicieuse qu'il abhorroit estāt en prosperité. C'est pourquoy il ne se faut pas esmerueiller si vn homme change par habitude de naturel, puisque l'accoustumance est vne autre nature; mais il se faut bien plus estonner quand il ne change pas, puisque tout ce qui est sublunaire est sujet à la variation, les aages, les saisons, les conditions, les intentions, tout change: & puis qu'il a changé de vie, de demeure & d'habit, se faut-il esbahir s'il a changé d'habitude & de commerce? Si vn roseau estoit immobile comme vn rocher il le faudroit imputer à semblable merueille que de voir ce Rocher de Megare mobile cōme vn roseau quād on le touche du bout du doigt. Pour moy, ie penserois que comme il y a certaines fontaines dont les eaux engendrēt à ceux qui en boiuēt vn tel degoust du vin qu'ils en deuiennēt abstemes, ainsi peut estre que Dom Basile a puisé auec tant de ioye dans les bōnes fontaines du Sauueur, que la practique des hommes luy est odieuse. C'est vne bonne chose à vn Moyne quand le monde luy est tellement en horreur, qu'il ne peut voir ses habitans sans impatience. Il n'est pas arriué tout à coup dans ceste humeur de Timon surnommé le Mysanthrope, pour la hayne que ce Philosophe portoit aux humains; mais par degrez, & petit à petit: i'ay combattu ceste inclination tant qu'il m'a esté possible par les remedes que i'estimois les plus conuenables à son esprit, & les plus capables de dissiper ceste melancholie; mais en fin ie ne l'ay peu surmonter, comme luy mesme ne l'a peu vaincre en soy. C'est vn Religieux de profonde Oraison & de grande mortification, ie dy non seulement exterieure, ce qui est commun à tous les Religieux qui sont en quelque obseruance, mais interieure, ce qui n'est pas commun à tous les Religieux qui paroissent plus rigides à leurs corps : sa docilité en suitte de cela est extreme, sa résignation & son obeissance; il a le iugement bon & solide : & conuaincu par mes raisons souuent ie luy ay veu donner non seulement les armes, mais les larmes, marry de voir le mieux & de faire le pire : mais n'est-il pas excusable, puisque ceste humeur n'est pas proprement vn peché, & puisque le diuin Apostre se disoit tellement oppressé de la rebellion de ceste guerre intestine dont il resentoit les assauts, qu'il se plaint de ne faire pas le bien qui luy estoit si plaisant, mais plustost le mal qui luy estoit si desagreable. Ie ne sçay quels efforts il n'a point faicts pour dompter ceste sombre façon de proceder, si contraire à ceste gayeté qui rend la solitude moins ennuyeuse, mais il luy arriuoit tousiours ou de se taire trop, ou s'il vouloit rompre cet obstiné silence, de parler auec tant d'aspreté qu'il estoit bien plus seant qu'il ne dist rien, ie dy mesme parmy ses Confreres, allant aux promenoirs, qui se font entre nous vne fois la sepmaine : car quant aux estrangers, lors qu'ils le venoient voir (ce qu'ils ne font plus que rarement, parce que chacun craint son abbord, comme celuy d'vn chardon) ie n'aurois iamais faict de vous raconter les brusques reuers & les merueilleuses reparties auec lesquelles il les renuoyoit. Florimond qui sentoit icy du gibier selon son appetit : Mais, mon cher Pere, dict-il, que nous en sçachions quelqu'vne. Puisque vous m'y contraignez, pour parler auec l'Apostre, la charité semble m'y obliger, dict Dom Prieur, & ce sera sans faire tort à Dom Basile; car vous verrez que cela ne luy prouient pas tant de l'auersion des personnes que de la hayne du monde, lequel nostre Seigneur nous a tant defendu d'affectionner, ny mesme rien qui y soit; & qui y est plus que les mondains qui le composent?

4. Vne fois vn de ses propres freres vint passer icy vne grande Feste, selon la loüable coustume de quelques seculiers, qui pour remonter de temps en temps le detracquement de leurs cœurs, se iettent dans les Monasteres aux iours Solemnels dediez à la deuotion, pour faire plus serieusement, comme plus tranquillement la reueuë de leurs consciences; il croyoit ioüir plus particulierement de la conuersation de Dom Basile, & tirer de sa conference quelque consolation: mais ce fut celuy de la Maison auquel il parla le moins, parce qu'à l'abord Dom Basile le pria de le laisser en paix durant ceste Feste, en laquelle il auoit grand besoin de recueillement pour esleuer son esprit en la contemplation du mystere qu'elle proposoit. Il ne laissa pas pour cela de le receuoir, mais il luy fit cognoistre par son silence que sa presence luy estoit pesante; si bien que l'autre par discretion s'abstint de le visiter en sa Cellule, & ne le vit qu'en arriuant, en s'en allant, & ceste fois qu'il ne luy dict presque rien, sinon que l'autre luy representant sa trop grãde taciturnité, qui sembloit faire tort à l'entretien que la biéseance l'obligeoit

de luy rendre. Celuy, repartit Basile, qui a du bausme dans vn vase se garde bien de l'esuenter en ouurant l'emboucheure; rien ne nous faict tant perdre le commerce de Dieu que celuy des hommes. Mais ie suis vostre frere, luy dict l'autre: Vous auez, dict Basile, deux autres freres sans moy, qui vous tiendront mieux coup à cause que ie ne sçaurois faire. Si est-ce que vous causiez autrefois des mieux, repartit l'autre aucunement alteré: Et c'est pour cela, reprit Basile, que ie circoncis maintenant ma langue par la taciturnité, puis qu'elle m'a tant trahy autrefois, il se faut chastier par où l'on a delinqué, & corriger en bien les erreurs qu'on a follement commises. L'autre voyant bien qu'il ne tireroit ny grand secours, ny grand discours d'vn homme resolu à se taire, se retira doucement, & le laissa auec Dieu.

5. Et cecy me faict souuenir tout à propos d'vne belle petite histoire, que i'ay autrefois leuë dans vn des Sermons de sainct Bernard sur l'Euangile du changement de l'eau en vin, que fit nostre Sauueur aux nopces de Cana en Galilee. Vn Anachorete estant vne fois visité par vn de ses Freres en son Hermitage; qui sous pretexte de se consoler venoit demander son assistance, & implorer sa faueur pour quelque affaire

qu'il auoit au siecle auec vn Seigneur qui faisoit grand estat de la saincteté de cet Hermite; cettuy-cy l'ayant renuoyé à l'entremise de leur frere aisné; Mais il est trespassé, repartit le requerant; Et moy, reprit l'Hermite, ne suis-je pas mort, laissez moy donc en paix dans le tombeau de ceste Cellule, sans me venir embarrasser l'esprit de vos negoces, j'ay depuis long-temps consacré les despoüilles de cet Holopherne mon ennemy, qui est le monde, en vn anatheme d'oubly; ie ne sçay qui est ce Seigneur, ny qui vous estes; mais ie sçay que celuy qui est deuoüé au Seigneur que ie sers, ne doit point s'empestrer de negociations seculieres; car ce sont des espines qui suffoquent la bonne semence de ses visites, & de ses inspirations: allez en la garde de Dieu, & ne me venez plus importuner de requestes tant inciuiles : il le renuoya ainsi. Et moy, dict Florimond, suis bien deceu, car mon cœur tressailloit desia d'vn sainct ayse, croyant entendre de la bouche de Dom Prieur quelque Histoire d'autant meilleure qu'elle eust esté plus longue, puis qu'on peut dire de ses conferences comme des actions de Demostene, que les plus amples sont les meilleures, & cepédant i'en demeure non seulement auec mon simple appetit, mais appetit aiguisé par ce grain de sel qui me faict venir l'eau à la langue. Mon fils, dict Dom Prieur, tout le monde ne peut pas imiter Serafic en la polisseure de son langage, & en la dilatation des imaginations; car il faut auoüer qu'il a vne narratiue extremement facile; & vne explicatiue qui n'est pas commune. Mon Pere, reprit Serafic, c'est vne pauure mercerie que de paroles; & qui en emballe le plus n'est pas le plus riche marchand; mais vous qui en trois mots dictes beaucoup de choses, ressemblez à ces Spagyriques qui reduisent en vne goutte de grande vertu vne grande masse de diuers ingrediens, au lieu que pour exprimer le moindre euenement il me faut vne redondance qui auroit besoin de la hache de Phocion. Mon cousin, dict icy Alexis, vous ne songez pas que Dom Prieur nous est encor reliquataire, selon sa promesse, de plusieurs reuers de Dom Basile, lesquels s'ils sont aussi bons que ce premier, feront de merueilleuses impressions en nos ames. Ces chasses dict Dom Prieur, ne meritent pas d'estre marquees par de si bons ioüeurs. Celles qu'on ne marque point, dict Florimond, qui entendoit le mestier de la paume, sont les meilleures, car elles sont au pied de la muraille. Puisque vous me pressez, reprit Dom Prieur, de vous dire les beaux effects de ceste belle humeur, voicy vn coup que vous treuuerez bien sec. Vn de ses grands amis l'estant venu visiter, apres nous auoir demandé, selon l'ordinaire, licence de le voir, comme il luy eust dict en le saluant qu'il auoit eu congé de nous de le voir: Et bien, reprit Basile, vous m'auez veu, adieu, & luy tournant les espaules le laisse en conuersation auec la porte. Ie sceus ceste boutade, ie reuiens auec ce Gentilhomme à sa Cellule, & comme ie le reprenois de ce qu'il auoit faict, reuenant à soy comme d'vne profonde abstraction, il se mit à genoux & demanda mille pardons à cet amy, autant estonné de son humilité que de la premiere reception qu'il luy auoit faicte. Vne autre fois il arriua ceans vn autre de ses plus grands associez lors qu'il estoit en Court en quelque degré de bienueillance auprés de ceste Faueur, dont la cheute nous a faict voir ces iours passez vn espouuantable spectacle, & qui deuoit apprendre à ceux qui luy ont succedé de craindre d'vne pareille & plus haute eleuation semblable ou plus profond precipice. Comme ils s'estoient veus en vn estat bien different de celuy auquel ils se reuoyoient dans vne Cellule. Mon Dieu, luy disoit le mondain, qu'il vous doit ennuyer dans le silence de ces boys, & dans ceste vaste solitude. A quoy Basile, Il ne m'ennuya iamais moins en ma vie que depuis que i'y suis retiré, les iours me semblent des momens, au lieu qu'à la Court l'impatience de mes desirs me changeoit les instans en annees. Ceux qui sont attachez aux amorces de Rachel, qui est la contemplation des choses celestes, ressemblent à Iacob, qui estima quatorze ans n'estre qu'vne minute, à cause de la vehemence de sa dilection.

Mieux vaut vn iour sous les portiques
De Dieu, qu'aux Palais magnifiques
Des Roys ne valent mille iours.

Et certes il faut que ie vous confesse que comme la solitude m'estoit en horreur lors que i'estois dans le commerce du monde, maintenant que i'ay treuué les delices de la retraitte & la Manne du desert, il ne m'ennuye iamais tant que quand ie voy quelqu'vn. Comment, dict l'autre, qui prit ceste replique au pied leué, ie vous suis donc ennuyeux. Basile m'a depuis auoüé qu'il se treuua lors bien entrepris; car s'il disoit que non, il se coupoit en offençant le vray, s'il acquiesçoit à ceste proposition il desobligeoit son amy. Amy Socrate, amy Platon, dict-il en luy-mesme, mais plus amie la verité.

verité. Sans diſſimuler autrement, il luy tranche le mot, & luy dict: Moyne & Courtiſan ſont deux benefices incompatibles: & comme vous autres ne venez voir les Religieux que par amuſement, & pour les troubler, vous feriez mieux de pourſuiure voſtre poincte dans le monde; mais mieux encor ſi vous le quittiez comme i'ay faict, pour entrer au port heureux de la Religion. L'autre qui n'eſtoit pas reſolu de chanter ſur ce ton là: Ie vous aſſeure, repliqua-t'il, que ſi ie ſuis iamais Moyne, il y en aura bien de trompez, & moy le premier; ie ſuis animal ſociable, & ie ne veux point eſtre loup-garou: Vous ne ſeriez, repliqua Baſile, ny loup, ny eſgaré, ſi vous auiez embraſſé vne ſi ſaincte Vocation, mais pluſtoſt vne brebis retrouuee; c'eſt à la Court qu'on s'eſgare, & que l'homme à l'homme eſt loup; que s'il y a de la ſocieté, c'eſt vne ſocieté de dragons & d'autruches, auſquels Iob compare ſes amis du ſiecle, amis qui ſous vn ſemblant d'aigneau portent vn cœur de tygre. Au moins m'auouerez-vous, dict le Courtiſan, qu'encor qu'il y ait bien des ambitions & des intereſts, on n'y eſt point ſi ſauuage que dans ces Cloiſtres, ou l'on ne void rien, où l'on ne parle à perſonne, ou l'on meurt de faim, de froid, de misere, où sans cesse on est en trauail, & la nuict & le iour. Ce n'est pas d'aujourd'huy, dict Basile, que les enfans du monde confondent tout, & mettent les tenebres pour la lumiere, & la lumiere pour les tenebres. Qu'appellez vous animaux sauuages, ne sont-ce pas ceux qui dans les forests & dans les cauernes ne viuent que de carnage & de proye? Et ne voyla pas vostre demeure, dict l'autre: Mais, reprit Basile, nous ne viuons pas de rapine & de fraude comme vous faictes à la Court, où la grace de l'vn est la disgrace de l'autre, vous entremangeans comme des loups, iouans à vn perpetuel boutehors, & à qui supplantera son compagnon. Si nous habitons les boys, c'est pour y retreuuer l'innocence des premiers Chrestiens, desquels le monde n'estoit pas digne, qui viuoient parmy les solitudes, habitans dans les cauernes des rochers & dans les antres de la terre. Vos plus grands Seigneurs mesme sont de cet aduis, qui broßent tous les iours les forests, pressez de l'impetueux plaisir de la chaße, le plus innocent de leurs exercices & le plus genereux. A la fin, dict le Courtisan, vous me feriez croire que vous estes plus heureux dans la pauureté, dans l'abstinence, dans la captiuité, que nous autres dans la liberté, l'opulence & la grandeur; mais cela est bon à dire à de petits esprits foiblets qui n'ont iamais experimenté les magnificences d'vn Louure; ie te prie par nostre ancienne amitié parlons d'autres choses, ces discours me feroient participer au chagrin de ta melancholie. Comme les sacs de farine blanchissent, repart Basile, aussi ceux de charbon noircissent; ie croy qu'il vaut mieux que vous repreniez vostre essor dans les libertez du siecle, (aussi bien estes vous oyseau de campagne & non de cage) sans venir troubler ma quietude; car il en est des ames retirees comme de l'eau stagnante, vne pierre iettee dedans y forme mille cercles, mais dans les vostres tousiours courantes, sans attraper beaucoup, nos raisons pour solides qu'elles soient ne font aucune impression: nous nous reuoirōs apres la mort, & lors selon le gain ou la perte de nostre procez nous voirons qui aura mieux playdé sa cause. C'est vn long terme, dict le Courtisan, nous aurōs loysir d'y péser. Peut estre est il plus court que vous ne pensez, & Dieu vous face la grace de songer en luy quád il arriuera. Vous ne parlez iamais que de propos melancholiques selon l'humeur qui domine en vous, dit le Courtisá, ie pésois vous entretenir de mille nouueautez qui sont suruenuës dans les affaires depuis que vous nous auez quitté; mais ie voy bien que ce n'est plus vostre humeur, c'est pourquoy pour ne vous importuner pas dauantage ie vous laisse: I'en laue mes pieds & mes mains, dict Basile, & puisque ie me suis desuestu de ces pensees, ie suis bien ayse de ne les reprendre pas; ie vous supplie de ne vous souuenir de moy qu'en Dieu, comme de ma part i'auray souuenance de vous à l'Autel. Cettuy-cy ne se retira pas autrement mal satisfaict: il me dict en partant que i'auois faict de son amy vn aussi bon Moyne qu'il l'auoit veu autrefois bon Courtisan. Voicy vne autre rencōtre: Quand l'ancre de la Faueur se brisa en mille morceaux, & que sa nauire perdit son mast, au milieu d'vne mer de peuple, l'escroulement de ce grand rocher traina beaucoup de petites pierres apres soy, & les escarta par son precipice. Il vint vn de ses supposts ceans apres ce furieux desbris, tellement effarouché qu'il sembloit auoir des Preuosts attachez à son collet; & mille morts peintes sur le visage; son introduction fut de demander Dom Basile, dont il auoit esté familier; & comme il luy eut raconté ceste nouuelle qu'il estimoit deuoir estre prise de luy auec horreur; l'autre froid & immobile comme du marbre, ne s'en esmeut en aucune façon: cet effrayé croyant que ce fust l'estonnemét qui le tinst ainsi en suspens: Ie me doutois bien, dict-il, que cela vous transiroit tout à fait, car on ne vid iamais vn tel escládre, vne telle fureur de peuple, vn tel renuersement de fortune. Ce n'est pas cela, dit Basile, mais c'est que ie consideroit la petite pierre de Daniel qui mettoit en poudre vn grand Colosse d'or par la teste, d'argent par les bras, de fer par les cuisses, mais qui n'a que les pieds de terre : en cela ie ne voy rien de nouueau, car quelle nouueauté de voir tourner vne rouë qui n'est rouë que pour tourner; la subsistance de la Fortune est vn Cygne noir, c'est vn Phœnix que l'on croit assez, mais que l'on ne void iamais : c'est ce que dict ce gentil Toscan,

D'vne haute saillie vne cheute profonde,
C'est l'ordinaire coup de la gloire du monde.

O! dict le suruenant, voyant ceste grande serenité d'esprit durant vn tel orage, que vous estes heureux de vous estre ietté au port deuant ceste tempeste; vous n'estes pas en peine de regretter comme ie fay auec mille desespoirs le nauffrage de vostre fortune, car la mienne est perduë pour iamais. Voyla ce que c'est, dict Basile, que de se confier aux enfans des hommes, ausquels il n'y a point de salut; maudit celuy qui se confie en l'homme, & qui appuye son bras sur la chair, car toute chair est foin, & plus subiette à la flestrisseure que l'herbe des champs. Il consola ainsi ce pauure homme, plongé en vne telle agonie qu'on auoit de la peine à le remettre. Mais où est le reuers, dict Florimond? Ha! dict Dom Prieur, vous m'en faictes souuenir. Comme il le voulut plus amplement entretenir sur les particularitez de ceste deffaicte, (car c'est la coustume de la calamité d'estre abondante en paroles.) Mon amy, luy dict Basile, ie ne veux point en sçauoir dauantage, ie n'en sçay desia que trop, que chacun porte sa croix, ie craindrois qu'en vous deschargeant d'autant par vostre recit vous ne me chargeassiez de distractions & de touble; vous n'en seriez pas mieux, & i'en serois pis; ma memoire seroit emplie d'idees que i'aurois apres de la peine à effacer, car rien ne se graue plus fortement dans le souuenir que ce qu'on veut oublier: l'ordre de la charité ordonne que ie vous console, mais sans me desoler; faisons comme en vne bourrasque de mer, ne regardons pas les escueils & les ondes, mais le Ciel; parlons de Dieu, sinon taisons nous. L'autre voyant ceste resolution le quitte, & apres s'estre vn peu r'affraichy à la Maison, tire pays & s'en va, disant à Dom Chrysogone en partant; Ie viens de voir vn Religieux qui ne se soucie gueres des affaires du monde, pleust à Dieu en estre aussi deliuré que luy. Mais c'est ainsi que parlent les Nautonniers au fort de la tempeste, loüans la douceur & la fermeté de leur maison de terre, où impatiens d'y souffrir la disette, ils tentent derechef le dos perfide de l'Occean. Ainsi fit ce fuyard, qui s'est, à ce que nous auons sceu depuis, remis au monde plus que iamais, faisant profit de son dommage. Quant à l'autre duquel ie parlois auparauant, vous eussiez dict que Basile luy parloit de la mort par esprit de Prophetie, parce qu'il mourut au temps de ce desbris, en ce memorable siege de Soissons, qui fut leué par vn coup de pistolet donné bien loing de là. Ie n'aurois iamais faict si ie voulois tenir regiftre de semblables actions & paroles que ceste humeur luy a faict produire, ie luy en ay souuent dict ce qui m'en semble, & representé le tort qu'il faict à l'habit Religieux, qui l'oblige à vne façon plus affable ; ie luy ay mille fois produict l'exemple de Theophore, duquel ie luy ay recommandé la conuersation ; ie l'ay mesme souuent enuoyé en sa Cellule, afin que la trempe de fer de cet esprit sombre prist de l'acier & de la douceur de l'autre ; luy-mesme hait ceste farouche façon plus qu'aucun autre, cependant il ne la peut tout à faict vaincre, elle l'emporte comme les cheuaux du Soleil ce temeraire iouuenceau qui en voulut conduire le Char ; il en est desplaisant, & moy desplaisant de son desplaisir. Apres tout, & comme pour le dessert, permettez que ie vous die qu'vn Poëte de la Court le vint voir passant par ce voysinage : or dire Poëte & Courtisan, c'est dire ensemble beaucoup de libertez, neantmoins pour monstrer que nos iugemens sont sujets à se tromper, ce fut le plus sage. Il vid Basile qu'il auoit veu dans les galanteries bien auant. Il l'auoit autrefois loüé aux desirs de son cœur, & l'auoit beny en ses vanitez, pour parler auec Dauid, il voulut aussi le priser en son changement de mal en bien ; mais auparauant il le voulut recognoistre. En le saluant, & le voyant si changé de ce qu'il auoit accoustumé d'estre : Est-ce vous, luy dict-il, Seigneur

Basile? l'autre froidement, Non, repartit-il, & si vous me voulez treuuer habillé en Seigneur, allez me chercher où vous m'auez laissé: voyla les brusques reparties du personnage. Et bien, dit l'autre d'vn esprit souple & gentil, & qui voyoit bien qu'il ne falloit pas effaroucher dauantage ce solitaire, si on ne vouloit qu'il eclypsast soudain, Mon Pere, ie vous treuue totalement changé, Dieu le vueille, dit Basile, & que ce changement soit bon & qu'il dure. Ie ne sçay pas s'il durera, dit le Poëte, mais il est bien dur, & on peut dire de vous,

Combien est-il changé de ce qu'il souloit estre,

Lors que dedans la Court on le voyoit paroistre.

Mais moy, mon Pere, ie ne suis point changé; Ie n'en sçay rien, dit Basile, car ie ne vous cognois pas. Si vous estiez deuenu bien grand, ie dirois que les honneurs changent les mœurs, repliqua le Poëte, mais vostre humilité qui vous rend mescognoissable à vous mesme ne vous fait pas mescognoistre vos amis, il me semble qu'il n'y a pas tât de temps que nous nous sommes veus, que i'aye changé de visage, de contenance, de parole ou de qualité. Si ie suis tout à fait changé, comme vous dittes, repliqua

Dom Basile, il faut aussi que i'aye changé de memoire, & si ie ne suis pas recognoissable comme serois-ie recognoissant, les yeux du Moyne voyent toutes choses, & ne se fichent sur aucune, l'indifference de toutes leur oste la difference des particulieres. Or disoit-il la verité, car ceste belle humeur (ne vous desplaise,) luy escarte tellement la veüe de dessus les personnes, qu'encor qu'il vous regarde il ne vous voit pas. L'autre côtrainct de se nommer par son nom, que nous voylerons de celuy de Fortunat, Basile alors déueloppant ses yeux ou enseuelis dans ses paupieres ou fichez contre terre, le recogneut & le salua humainement. Ce Poëte, dit Florimond, fit icy vn miracle qui n'en doit guere de retour à ce qu'on conte d'Amphion & d'Orphee, & il falloit que sa Muse fust bien puissante, puis qu'elle enchanta & fit mouuoir les rochers. De vous dire les particularitez de leur entretien, continua Dom Prieur, il ne m'en souuient pas bien distinctemét, car le temps les a effacees de ma memoire, de les feindre aussi, il est contre mon humeur, seulement ie me souuiens que Dom Basile me raconta qu'il auoit fait quelques rymes à l'improuiste sur sa solitude, sur son habit, sur sa cellule, sur son jardin, & sur diuerses occurréces, à peu prés comme celuy qui dit de soy,

Tout ce que i'essayois de dire estoit un vers.
Et ce Fortunat y rencontroit heureusemét, & dit-on que le hazard, comme à l'esponge du peintre, y apporte autant que l'esprit, il sortit neantmoins tres-content de ceste conuersation, peut estre parce que l'accortise de cet esprit auoit esueillé & adoucy la rigueur de nostre Basile.

La nuict,(car il coucha ceans,) luy donnant plus de loisir de resuer, il fit des Stances en faueur & en la personne de Basile, que ie treuuay bien faites, il me les donna le lendemain en partant comme pour son escot; que voulez-vous, chacun paye de sa monnoye, & celle des vers est de mise quád ils sont bié tissus. Si i'auois la memoire aussi heureuse que Serafic i'en ferois icy le rapport, mais ce n'est pas marchandise dont ie me charge, ie me contentay de les lire & de les estimer. Mon Pere, dit icy Florimód, que sont-ils deuenus, ne les sçauroit-on voir? Si vous me permettez, dit le Pere, de passer dans mon estude, ie pense que ie les treuueray en quelque recoin bien sombre, & il me semble qu'ils meritent plus de lumiere: il n'y eut celuy qui ne le priast de leur faire part de ceste gentillesse. Il les r'apporta, & il y auoit ainsi.

Mon ame maintenant veufue de sa franchise,
Se treuue en de saincts vœux si doucement surprise,
Que si i'ay du regret touchant ma liberté,
Ce n'est pas qu'engagé dans ce cher esclauage,
Ie regrette de viure & d'y passer mon aage,
Mais d'auoir tant vescu sans y auoir esté.
Ie ne crain pas la voix de la vaine commune,
Qui dit que dans ces vœux i'estouffe ma fortune,
En perdant ma maison pour perdre mon repos,
Si m'esloignant du bruict, ie cherche à me complaire,
En fuyant de la Court le tabut ordinaire,
C'est pour vn fruict plus doux que le fruict de Lothos.
Le monde donne aux siens de mauuaise monnoye,
Tous les iours des trauaux, & iamais de la ioye,
Mais trauaux continus & sans alleigement,

Si pour vn peu de mal qui de loin me me-
nace,
Au joug Religieux ie mesprisois la grace
De Dieu, n'aurois ie pas perdu le iuge-
ment?
Ie contemple du port les insolentes rages
Des vents de la Faueur, autheurs de nos
orages,
Allumer des mutins les desseins factieux,
Ie voy en vn clin d'œil par vn contraire
eschange,
L'vn trainé par le peuple au milieu de la
fange,
Et l'autre en mesme temps esleué dans les
Cieux.
Si ie n'habite point ces maisons magnifi-
ques,
Ces tours, ces chapiteaux, ces superbes
portiques,
Où la magnificence estale ses attraits,
Ie iouys des beautez qu'ont les saisons
nouuelles,
Ie voy de la verdure & des fleurs natu-
relles,
Qu'en ces riches lambris on ne voit que
portraicts.
Bien heureux separé de ceste multitude,
Ie deuide mes iours loing de la serui-
tude,

De ces Palais dorez où tout le monde ac-
court,
Sous vn chesne esleué les arbrisseaux s'en-
nuyent,
Et deuant le Soleil tous les astres s'en-
fuyent,
De peur d'estre obligez de luy faire la
court.
Roy de mes passions, i'ay ce que ie desire,
Le seruice de Dieu est mon plus grand
Empire,
Ma cellule est mon Louure, & mon Fon-
tainebleau,
C'est mon petit jardin où toute fleur
abonde,
Ie quitte de bon cœur les vanitez du
monde,
Aussi bien tout y passe ainsi qu'en vn
tableau.

Tous firent estat de la beauté de ceste piece: Et pour vn Poëte si gaillard, dit Florimond à Dom Prieur, comme vous nous l'a-
uez depeint, ie le treuue bien serieux.
C'est peut estre qu'ils auoient destrempé
leurs cœurs, repartit Dom Prieur, Basile &
luy, & que celuy-là empruntant la ioyeuseté de cestuy-cy luy fut moins reuesche,
& cestuy-cy deuint graue à l'aspect de la

contenance de celuy-là, duquel ie tranche icy la liste des merueilles de son estrange humeur, de laquelle encor auez vous plus à vous loüer qu'à vous plaindre, car ceux qu'il traitte le plus fauorablement ce sont ceux ausquels il ne dit mot, comme vous vistes hier qu'il confera auec vous en grand silence. Ils en estoient sur ce poinct-là, quand on entendit frapper à la porte de la cellule de Dom Prieur, & c'estoit Frere Gilles, qui plus ioyeux de la conseruation de son cerf qu'vn fauory ne l'est de la conqueste des bonnes graces d'vn Prince, venoit auertir la compagnie qu'il estoit temps de souper, prenant pour cela l'heure & l'obedience de Dom Prieur: Et ce Gentilhomme, luy dit Dom Prieur, qui a visité Dom Basile, est-il encor ceans, afin qu'il mange auec nous? Ceans, dit Frere Gilles, s'il court tousiours comme il faisoit quand il est party, il est bien auant sur le chemin de Paris: Comment sur le chemin de Paris, dit Dom Chrysogone, & il disoit qu'il vouloit aller coucher où est allé le Duc de Longueil: Ie pense qu'il y est allé aussi, dit le Frere, car il s'est mis en ceste route en dessein de l'aller treuuer. A-t'il esté long temps auec Dom Basile, dit Dom Prieur?

Environ autant qu'il y a que nous parlons, dit Frere Gilles; ces chasseurs, comme ie croy sont enfans des vents, de l'air & de la tempeste, car entrer, boire, sauter à cheual, s'en aller courir à bride abatuë, & vn esclair, c'est tout vn. Vous verrez, dit Dom Prieur, qu'il y a icy quelque nouueau miracle de la belle humeur de Dom-Basile, vous auez donc esté present quand ils ont parlé ensemble, dit il à Frere Gilles, Ie le croy bien, dit le Frere, ie ne vay pas si viste que ces coureurs : Et encor quel a esté leur entretien, dit Dom Prieur? Appellez vous entretien, bon iour & à Dieu, dit le Frere? Quoy, dit Dom Prieur, n'ont-ils dit autre chose? Mon Pere, dit Frere Gilles, vous sçauez comme Dom Basile parle peu, & point du tout apres vespres. Vous verrez, dit Dom Prieur, qu'il n'aura respondu que des espaules; Pardonnez-moy, dit le Frere, mais leur dialogue a esté bien court. Le Gentilhomme en entrant a dit; Mon Pere ie suis Speusippe l'vn de vos meilleurs amis, qui m'estant esgaré dans ces bois à la suitte du cerf que pourchassoit Môsieur le Gouuerneur, n'ay voulu passer si proche de ceste maison, où ie sçauois que vous auez choisy vostre retraitte, sans vous y venir baiser les mains, & vous asseurer de mon seruice.

Mon-

Monsieur, a repliqué Dom Basile, ces complimens doiuent estre reseruez pour d'autres que pour vn pauure Moyne mort au monde, & qui ne merite aucune place en vostre souuenir, que celuy qui peut obtenir la compassion de sa misere. Vous ne deuiez pas prendre la peine de vous destourner de la trace du Prince pour vn si maigre sujet. Mon Pere, a repliqué Speusippe, ie n'ay pas le loisir de vous tenir longue compagnie, car ie vous ennuyerois, & puis il me faut aller trouuer Monsieur le Duc de Longueil, qui est, à ce qu'on m'a appris, allé loger à vne lieuë d'icy chez vn Gentilhomme qui est de ma cognoissance. Vous auez iustement dit la verité, a repliqué Dom Basile, car il n'y a rien de si ennuyeux à vn solitaire que la longue conuersation d'vn seculier. Comment, mon Pere, a dit le Cheualier, vous suis-ie desia importun? Ie ne sçay pas, Monsieur, a dit le Pere, mais vous venez à vne heure qui n'est guere opportune, car apres Vespres ce n'est pas la coustume des Chartreux de parler à personne. A Dieu donc, mon Pere, a dit Speusippe: A Dieu, Monsieur, a dit Dom Basile: & se sont ainsi separez sans autre ceremonie. Ne voyla pas des traits de Dom Basile, dit Dom Prieur, se retournant vers les Pelerins? De là ce Gentilhomme me prenāt par sa main, poursuiuit le Conuers; Frere, m'a-t'il dit, le Pater a dit que vous me donneriez du vin, baillez-m'en, car ie meurs de soif, & n'ayez pas de peur, car ie n'ay pas tant de de faim que ie vous vueille māger en paste: Qu'est ce à dire en paste, dit Dom Prieur? alors Dom Chrysogone luy raconta deuant la compagnie les beaux equiuocques qui s'estoient faits entre Speusippe & Frere Gilles, ce qui espanouyt la ioye sur le front d'vn chacun. Apres auoir beu, cōtinua Frere Gilles, il a pris son chemin, me disant qu'il auoit veu autresfois Dom Basile aussi amoureux de compagnie, & de parler, qu'il l'estoit maintenant de la solitude & du silence; Et ie ne sçay pas, dit-il, s'il est bon Religieux, mais il est deuenu mauuais Courtisan. Ie crains, dit Florimond à Menandre, tout bas, que ce pauure Pere n'ait quelque mercuriale; Pourquoy, dit Menādre, releuant sa voix, ie ne voy rien en ceste humeur de reprehensible: Ie croy, dit alors Dom Prieur, que pour la changer il le faudroit refondre. Mon Pere, mon Pere, dit Menandre, les humeurs faciles sont des roseaux du desert, mais ces austeres sont les colomnes du Temple. Tandis que Frere Gilles par l'ordonnance de Dom Prieur va faire seruir le souppé, il fut treuué bon de faire vn tour de Cloistre, qui est à la verité vn des beaux & des agreables qui se puisse voir, soit pour les arbres, soit pour la verdure, soit pour la grandeur, soit pour sa belle simmetrie, soit pour le gazouillis des eaux, & le murmure des fontaines; entre autres choses gracieuses il y a vn petit ruisselet qui coule dans vn canal de pierres de taille bien iointes & cimentees, qui vient de la descharge des eaux des fontaines de la premiere cour, & de celles des Offices, lequel va coulât à ondelettes frisees & recrespees, & se perd dans le grâd canal, il trauerse sous le couuert du Cloistre : Florimond s'amusant à considerer le crystal de ceste eau, se souuint de ce Quatrain qui vient d'vne forte veine.

Voyez, Passans, couler ceste onde,
 Et s'escouler incontinent,
Ainsi fuit la gloire du Monde,
 Et rien que Dieu n'est permanent.

A peine auoient-ils acheué le circuit de ce specieux verger, quand on les vint appeller à la Table. Mais laissons leur prendre leur repas, tandis que nous prendrons nostre repos : Aussi-bien ne pourrons-nous pas enfiler la carriere d'vne nouuelle

Histoire, sans oster à ceste seconde Partie beaucoup de sa briefueté, & sans la rendre disproportionnee à la precedente. La Troisiesme fera sortir nos Pelerins de ce Paradis de delices spirituelles, pour aller retreuuer Meliton, qui les attend en l'Hermitage de sainct Anthoine auec impatience.

*Fin du sixiesme & dernier Liure de l'*ALEXIS *de* MONSEIGNEVR DE BELLEY.

Approbation des Docteurs.

NOvs soubsfignez Docteurs en la saincte Faculté de Theologie de l'Vniuersité de Paris, certifions auoir leu la seconde partie de l'*Alexis de Monseigneur l'Euesque de Belley*, Conseiller du Roy en ses Conseils d'Estat & Priués, où soubs la suitte de diuers Pelerinages sont deduittes plusieurs histoires tant anciennes que nouuelles, remplies d'enseignemens de Pieté: auquel n'auons rien treuué contraire à la Religion Catholique, Apostolique & Romaine, ains conformément au tiltre plusieurs documents à la pieté: en signe de quoy auons icy mis nos seings, ce douzieme de Feurier, 1622.

LE CREVX.   A. SOTO.

Extraict du Priuilege du Roy.

PAR grace & Priuilège du Roy, il est permis à Claude Chappelet Libraire Iuré en l'Vniuersité de Paris, d'imprimer, ou faire imprimer, & mettre en vente vn Liure intitulé, *La seconde Partie de l'Alexis de Monseigneur* l'Euesque de Belley, Conseiller du Roy en ses Conseils d'Estat & Priué; où soubs la suitte de diuers Pelerinages sont deduittes plusieurs histoires tant anciennes que nouuelles, remplies d'enseignemens de Pieté: Faisãt defences à tous Libraires, Imprimeurs, ou autres de quelque qualité & cõdition qu'ils soient, d'imprimer ou faire imprimer ladite seconde Partie de l'Alexis, la vendre, faire vendre, debiter, ny distribuer par nostre Royaume, durant le temps de dix ans, sur peine aux contreuenans de confiscation des exemplaires, & de mil liures d'amende, moitié à nous, & l'autre moitié audit exposant; comme il est contenu és lettres données à Paris le treiziesme iour de Feurier, 1622.

Par le Roy en son Conseil.   BERGERON.

www.ingramcontent.com/pod-product-compliance
Lightning Source LLC
Chambersburg PA
CBHW071615230426
43669CB00012B/1942